ハヤカワ文庫 NF

〈NF608〉

# 生産性が高い人の8つの原則

チャールズ・デュヒッグ

鈴木　晶訳

HAYAKAWA NONFICTION



早川書房

9045

SMARTER FASTER BETTER

*The Secrets of Being Productive in Life and Business*

by

Charles Duhigg



Translated by
Sho Suzuki
Published 2024 in Japan by
HAYAKAWA PUBLISHING, INC.
This book is published in Japan by
direct arrangement with
DUHIGGALTER CORP
c/o THE WYLIE AGENCY (UK) LTD.

# 生産性が高い人の8つの原則

# はじめに

私が「生産性の科学」について初めて知ったのは2011年の夏、友人の友人に、ある頼み事をしたときだった。

その頃、私は習慣形成の神経学と心理学に関する本〔『習慣の力〔新版〕』渡会圭子・訳、ハヤカワ文庫〕をほぼ書き上げていた。つまり執筆という仕事の最終段階の、嵐のような状態にあった。完成を目前にして、ひっきりなしに電話がかかってくるし、あちこちの文章を大慌てで書き直さなくてはならず、予定がどんどん遅れていくような絶望感に陥っていた。フルタイムの仕事をしている妻は、二番目の子どもを出産したばかりだった。私は「ニューヨーク・タイムズ」紙の記者で、昼間は読者の興味を惹《ひ》きそうな話を探しまわり、夜はこの本の原稿に手を入れるという生活をしていた。私の生活は、ToDoリスト〔やらなければいけないことの一覧表〕と、すぐに返信しなければならないメールと、大急ぎでの会議と、遅刻したことへの謝罪からなる、死ぬほど単調な繰り返しのように思われた。

そうやって東奔西走しつつ、私は心から尊敬している著述家に、出版上の助言をもらいたいという口実のもと、短いメールを書いた。その著述家はたまたま「ニューヨーク・タイムズ」紙の同僚の知人だった。彼の名前はアトゥール・ガワンデ。私にとって、彼は文字通り成功の見本だった。46歳で、権威ある雑誌の定期寄稿者であり、アメリカで最高の病院のひとつにつとめる有名な外科医であり、かつハーバード大学の准教授で、WHO（世界保健機関）の顧問であり、しかも医療のほとんどない地域に外科設備を送るNGOの創立者でもあった。おまけに3冊の著書はいずれもベストセラーで、既婚で、子どもが3人いた。2006年、彼はマッカーサー「天才」奨学金を授与されたが、賞金50万ドルの大部分を即座に慈善団体に寄付した。

生産力を自慢する人のなかには、たしかにその業績は華々しいが、最大の才能は自分を売り込むことではないかと疑われるような人も少なくない。そうした例とは対照的に、ガワンデのように、そのてきぱきとした仕事ぶりを見ていると、私たちとは違う次元に生きているのではないかと思いたくなるような人もいる。ガワンデの書くものは気が利いていて魅力的だ。並外れて優秀な外科医であることは誰もが認めている。両親にも心配りを怠らず、子どもたちにとっては良き父親だ。テレビのインタビュー番組では、いつでもリラックスしていて、思慮深い。医学においても、執筆活動においても、公衆衛生においても、重要な寄与をしている。

私はメールで「お目にかかって話をうかがえないか」と尋ねた。どうしてそんなに生産的なのか、それが知りたかったのだ。秘訣は何か？　それがわかれば、私の人生も変えることができるにちがいない。

もちろん「生産性」という語は、状況に応じてさまざまな意味をもちうる。朝に1時間ジムで汗を流し、子どもたちを学校まで送り届ければ、それでその日は生産的だったと考える人もいるだろう。オフィスにこもって次々にメールの返事を書き、大勢の顧客に電話をすれば、それで達成感が得られるという人もあろう。科学者や芸術家は、失敗した実験や破棄されたキャンバスのなかに生産性を見るかもしれない。失敗によって自分は新発見にいっそう近づいたのだ、と。一方、エンジニアにとっての生産性の尺度は、組み立てラインをこれまで以上に速くできるかどうか、ということかもしれない。生産的な週末とは子どもたちと公園を散歩することかもしれないし、生産的な週日とは子どもたちを保育園へ急いで送ることや、できるだけ朝早く出勤することかもしれない。

簡単にいうと、生産性の向上とは、最小の努力で最大の報いが得られる方法を見つけることであり、体力と知力と時間を最も効率よく用いる方法を発見することである。いいかえると、ストレスと葛藤を最小限にして成功するための方法を学習することである。つまり、大事な他のことをすべて犠牲にすることなく何かを達成することだ。

その定義からして、アトゥール・ガワンデの人生においてはすべてが見事にうまくいっているように思われた。

数日後、返事がきた。「お力になりたいのですが、残念ながら多方面の用事で、いまは身動きがとれません。ご理解いただけると幸いです」。そうか、ガワンデにすら限界があるのか。

その週、共通の友人に、このメールのやりとりのことを話した。私は少しも腹を立てていないということをガワンデに伝えてもらいたかった。実際、私はガワンデの返信に感心していた。きっと彼は毎日、患者を治療し、大学で教え、原稿を書き、世界最大の保健機関にあれこれ助言するという超多忙な生活を送っているのだろう。

「いや、そうじゃないんだ」と友人は言った。ガワンデはその週に限ってとくに忙しかったのだ。子どもたちをロック・コンサートに連れて行く約束をしていたからだ。しかもそのすぐ後、妻とふたりで束の間のバカンスを楽しむことになっていた。

実際、ガワンデはその共通の友人に、「今月中にもう一度メールしてほしいと伝言してくれ」と言っていた。「もう少しすれば時間がとれるから」と。

その瞬間、私はふたつのことに気づいた。

まず、私の生活が間違っていたこと。ここ9ヵ月間、私は一日も休みをとっておらず、「パパとベビーシッターのどっちがいい？」と訊《き》かれたら、子どもたちはベビーシッターを選ぶのではないかと不安になるほどだ。

第二に、こちらのほうが重要だが、世の中には、どうすれば生産性を上げられるかをちゃんと知っている人たちがいるということだ。ぜひその人たちに秘訣を伝授してもらおうではないか。

＊

本書は、生産性の秘密に関する私の調査の報告であり、どうして群を抜いて生産性の高い人や企業と、生産性の低い人や企業があるのか、両者の違いは何か、という問いに対する答えである。

4年前にガワンデにメールを出してから、私は神経学者、ビジネスマン、政府高官、心理学者、その他の生産性の専門家たちを探し回った。ディズニーの『アナと雪の女王』を制作した人びとに会って、その制作過程が時間との闘いであったことや、あやうく大失敗になるところを、自分たちのいわば創造的危機感を高めることで回避できたことを知った。グーグル社のデータ研究者や、初期の「サタデー・ナイト・ライブ」〔有名な長寿コメディ番組〕の脚本家たちの話を聞いてわかったのは、どちらの組織も、成功した要因は、相互援助と危険負担に関する、似たような不文律に従ったからだということだ。機敏な対応で誘拐事件を解決したFBI捜査官からも話を聞いた。カリフォルニア州フリーモントの古い自動車工場が広く及ぼした影響についても調べた。シンシナティの公立学校の廊下を歩き回りながら、教育改革とは、皮肉なことに、情報をわざと吸収しにくくすることで、生徒たちの生活を変えるのだということを知った。

ポーカープレイヤー、旅客機のパイロット、海兵隊の将軍、企業の幹部、認知心理学者など、さまざまな人にインタビューしていくうちに、鍵となるいくつかの発想が浮かび上がってきた。私は、誰もが繰り返し同じ概念に言及することに気づいた。それは、自分で自分をコントロールしているという意識だ。優秀な人材や企業と、そうでない人材や企業があるのはなぜか、その理由は、煎じ詰めると、ほんのいくつかの概念にまとめられることがわかった。

そこで本書は、生産性を高めるのに最も重要な8つのアイディアを提案し、探求する。たとえば第1章では、自分で自分をコントロールしているという意識が「やる気」を生むということ、また、「行動の引き金」となる選択を叩き込まれることで、なんの展望ももたないティーンエイジャーが優秀な海兵隊員に変身すること、について述べる。別の章では、私たちはメンタルモデルを構築することで、目標を見失わずに済むことについて述べ、パイロットたちが自分にあるストーリーを繰り返し語り聞かせることで、440人の乗客の命を救った話を紹介する。

本書は、野心的で大きな目標と小さな目標をどちらも失うことなく、正しい目標に到達する方法について語る。どうしてイスラエルの指導者たちはヨムキプール戦争（第四次中東戦争）の準備過程で誤った観念に取り憑《つ》かれていたのか、についても語る。自分の願望に囚《とら》われず、未来を複数の可能性として捉え、それに従って決断することの重要性についても語る。ある女性がポーカーの世界選手権で優勝したときに用いた方法も紹介する。シリコンバレーのいくつかの企業が、献身的努力が難しいときでも従業員たちを援助するような「献身の文化」を築き上げることで、巨大企業にまで成長したことについても述べる。

この8つの観念に通底しているのは、ひとつの強力な原理だ。生産性を高めるのに必要なのは、今よりもっと働き、もっと汗を流すことではない。より長時間デスクにしがみつき、仕事以外のことを犠牲にしたからといって、生産性が高まるわけではない。

そうではなく、生産性とは、いくつかの方法を用いて正しい選択をすることである。私たちは日々の決断をするとき、自分をどのように見ているのか。私たちは物語を自分に話して聞かせる。安易な目標は斥《しりぞ》ける。チームメイトとの間に連帯感を築く。指導者として創造的な雰囲気を作り出す。たんに忙しいのと、真に生産的であることとの違いはそこにある。

現代社会では、いつなんどきでも同僚に連絡できるし、スマートフォンで重要書類を読めるし、どんな情報も数秒のうちに入手できるし、ほとんどどんな商品も24時間以内に届く。企業は、カリフォルニアで商品を設計し、バルセロナの顧客の注文を受け、メールで深圳《しんせん》に青写真を送ることができ、地球上のどこからでも配送状況をチェックできる。親たちは家族の予定をスマホで自動的に同期させることができるし、ベッドの中からネットで光熱費を振り込むこともできるし、子どものケータイに門限をセットすることもできる。私たちは過去の農業革命や産業革命に勝るとも劣らない経済的・社会的変動の時代を生きている。

そうしたコミュニケーションと科学技術の発達のおかげで、生活が楽になったかのように見えるが、実際にはこれまで以上の仕事とストレスを抱えているのではあるまいか。

それはひとつには、私たちが誤った改革に眼を奪われてきたからだ。私たちは生産性を上げる手段、つまりさまざまなＴｏＤｏリストに追いつくための機器やアプリや複雑な分類方法にばかり眼を向けてきた。むしろ眼を向けるべきは「科学技術は私たちにどんな教訓を与えようとしているか」である。

実際に、たえず変化していくこの世界を生き抜く方法を体得した人たちもいる。この急激な変化の中にどうやって利益を見出すかを発見した企業もある。

彼らの事例を研究して、次のようなことが明らかになった。どうすれば生産性を上げられるか。どの選択がいちばん重要か。どうすれば成功を引き寄せられるか。どうすれば大胆な計画を実現可能にするような目標を設定できるか。状況に対する視点をどう変えれば、問題点しか見えなかったところに、隠された可能性が見えてくるか。新しい創造的な繋がりに対して、どのように心を開けばいいのか。高速で過ぎ去っていくデータのスピードをどのように落とせば、より速く学べるか。

本書は、真に生産性を高めるような選択をどう見抜いたらいいかについて語る。この本は、これまで私たちの生活を変えてきた科学・技術・チャンスへの入門書である。最小限の努力で成功を収める方法を体得した人びともいる。最小限の出費で驚くべき商品を開発した企業もある。周囲の人びとを変えた指導者たちもいる。

生活のすべての面において、より賢く、より速く、より良くなるにはどうしたらいいのか。本書はその答えを提供する。

目次

# 第1章 やる気を引き出す

## ——ブートキャンプ改革、老人ホームの反乱と指令中枢

### 無気力という病

その1ヵ月間の南米旅行は、自分たちへのご褒美のつもりだった。60歳になったばかりのロバートと妻ヴァイオラは、ブラジルからアンデスを越えてボリビア、ペルーを回る予定だった。旅行にはインカ遺跡観光、チチカカ湖周遊、手工芸品ショッピング、野鳥観察などが含まれていた。

出発前、ロバートは友人たちに「こんなに長く休養するのは危険だ」と冗談を言っていた。南米から秘書に電話するには相当な金がかかるだろう、とも心配していた。この50年

間に、ロバート・フィリップは小さなガソリンスタンドでのアルバイトから始めて、ルイジアナ州の自動車部品帝国を築き上げ、その勤勉さとカリスマでメキシコ湾岸地帯の帝王になっていた。自動車部品製造のほかに、化学製品業、オフィス向けの紙の供給会社を経営し、あちこちに土地を所有し、不動産業も営んでいた。だが還暦を迎え、妻に説得されて、1ヵ月間の南米旅行に出かけることになったのだ。でも彼が最初に考えたのは、南米ではルイジアナ州立大学対ミシシッピ州立大学のフットボールの試合がテレビで見られないということだった。

「メキシコ湾沿岸の泥道や裏道で、一度も通ったことのない道は一本もない」とロバートは豪語していた。フィリップ社が成長するにつれ、ロバートの仕事のやり方はあまねく知られるようになった。ニューオーリンズやアトランタのような大都市から大物ビジネスマンを呼んでは場末のバーに連れて行き、彼らが肉をきれいに平らげ、ボトルを何本も空けるまで帰さない。翌朝、二日酔いに苦しむビジネスマンたちを叩き起こし、何百万ドルもの契約書にサインさせるのだった。バーテンダーはちゃんと心得ていて、遠方から来たビジネスマンにカクテルを出す一方で、ロバートのグラスには炭酸水を注ぐ。ロバートはもう長いこと一滴も酒を飲んでいなかった。

ロバートは、コロンブス騎士会〔カトリックの国際的友愛組織〕や商工会議所のメンバーで、ルイジアナ卸売業協会やバトンルージュ水運協会の会長、地元の銀行の理事長などをつとめ、営業許可をすぐに出してくれるなら、どんな政党にも献金した。「あんなによく働く人は他に見たことがない」と、娘のロクサンは著者に語った。

ロバートと妻ヴァイオラはこの旅行を心待ちにしていたが、旅の真ん中あたり、ボリビアの首都ラパスの空港に着いたとたん、ロバートは奇妙な振る舞いをするようになった。空港内を行くその足どりはまさに千鳥足で、手荷物受取所では椅子に座って呼吸を整えなくてはならなかった。子どもたちに小銭をせびられると、その足もとに金をばらまき、大声で笑った。ホテルに向かうバスの中で、突然、これまでに訪ねたさまざまな国のこと、そしてそこの女性たちの魅力について、大声で独り言を言った。おそらくは高度のせいだろう。ラパスは標高３６００メートルと、世界で最も高地に位置する都市のひとつだ。

ホテルの部屋に落ち着くと、ヴァイオラはロバートに昼寝を勧めたが、彼は「そんなのはつまらん」と言って、妻を連れて出かけた。それから１時間、町をうろつき、つまらない物をあれこれ買っては、相手が英語を理解しないと言って激昂した。ようやくホテルに帰ることに同意し、ベッドに入ったが、何度も目を覚ましては嘔吐《おうと》した。翌朝、目眩《めまい》がすると訴えたが、妻が休息を勧めると激昂した。もう１日ベッドで過ごし、４日目、妻は旅行を切り上げて帰国する決断をした。

ルイジアナに戻ると、ロバートは快復したようだった。方向感覚を取り戻し、奇妙なことも言わなくなった。だが妻や子どもたちは不安を拭《ぬぐ》えなかった。ロバートはまったく無気力になり、こちらから懇願しないと家から出なかった。妻は、夫は家に戻ったらすぐにでも会社に飛んでいくだろうと思っていたのに、4日経っても、戻ったことを秘書に連絡すらしなかった。「もうすぐ鹿狩りのシーズンだから、狩猟許可を申請したら？」と妻が言うと、今年は行かないと答えた。妻は医者に電話した。すぐに夫婦はニューオーリンズのオクスナー病院に行くことになった。

神経科主任のリチャード・ストラブは一連の検査をした。バイタル〔心拍数、呼吸数、血圧、体温〕は正常で、血液にも異常は見られなかった。感染症も糖尿病も心臓発作も脳卒中も認められなかった。その日の新聞も理解できたし、子ども時代のこともはっきり覚えていた。短い物語も理解できた。改訂版ウェクスラー成人知能検査でも正常だった。

「どんなお仕事をされているのか、話してくれますか」とストラブ医師が尋ねると、ロバートは自分の会社の組織を説明し、最近取りつけたいくつかの契約について細かく説明した。

「奥さんは、あなたの行動がおかしいと言っていますが」とストラブ医師が言うと、ロバートはこう答えた。「ええ、以前とちがって、何もやる気がしないんです」

後にストラブ医師は著者にこう語った。「彼は何ひとつ困っていないようでした。自分の性格が変わってしまったことを、まるで天気の話をするように、ごく当たり前のことのように話すのです」

突然無気力になってしまったことを除けば、病気や怪我の兆候はまったく見られなかった。医師はヴァイオラに、2～3週間様子を見ることにしましょう、と言ったが、1ヵ月経ってもまったく変化が見られなかった。妻の話では、古い友人たちにも会おうとせず、新聞も雑誌も読まなくなった。以前は、彼といっしょにテレビを見ていると、すごく苛《いら》ついた。どこかで面白い番組をやっていないかと、ひっきりなしにチャンネルを変えるからだ。それが今ではテレビ画面をぼんやり眺めているだけで、その内容には何の関心も示さない。ようやく妻に説得されて会社に出たものの、秘書の話では、空中を見つめたまま一日じゅうデスクに座っているだけだった。

「苦しいですか？　気持ちが塞《ふさ》いでいますか？」とストラブ医師は尋ねた。

「いいえ、気分はいいです」とロバートは答えた。

「昨日は何をしましたか」

一日じゅうテレビを見ていたとロバートは答えた。

「奥さんのお話では、あなたがほとんど会社に出てこないので、社員たちが心配しているそうですよ」

「会社には興味ないんです」

「ではどんなことに興味があるんですか？」

「わかりません」。ロバートはそう言うと黙り込み、じっと壁を見つめていた。

ストラブ医師は、ホルモンバランスを改善する薬とか、注意力散漫を治す薬などを処方したが、どれも効果は得られなかった。鬱病《うつびょう》の患者は、自分は不幸だと言い、絶望的な考えをあれこれ語るものだが、ロバートは人生に満足していると言う。突然性格が変わったのが奇妙であることはロバート自身も認めていたが、そのことで動揺してはいなかった。

脳のＭＲＩ検査の結果、脳の中心近くに小さな影が認められた。血管が破れて、線条体と呼ばれる部分に一時的に血液が溜まっている可能性がある。こうした出血は、稀にではあるが、脳障害とか気分変動を引き起こすことがある。だが無気力であることを除けば、ロバートの行動には、神経障害を起こしていることを示唆するものはほとんどなかった。

1年後、ストラブ医師は「神経学論集」に論文を投稿した。「ロバートの行動の変化の特徴は、無気力とやる気喪失である。趣味にしていたことにも興味を失い、仕事上でも適切な判断を下せなかった。会社でどんな行動が求められているのかわかっているのだが、決断をぐずぐず先延ばしし、細部には注意を払わなかった。だが、それで落ち込んでいる様子は見られなかった」。ストラブ医師の推測では、やる気喪失の原因は脳内のわずかな損傷で、それはボリビアの標高によって引き起こされたのだろう。だがそれも仮説にすぎない。「出血は偶然だったのかもしれず、高度は生理学的には無関係だったのかもしれない」

「この症例はまことに興味深いが、決定的なことは何ひとつわからない」とストラブ医師は結んでいる。

＊

その後の20年間に、似たような症例がいくつか医学雑誌で紹介された。ある60歳の大学教授は突然の「関心喪失」を経験した。彼はまじめで熱心な研究者で、その分野では権威だった。ところがある日突然、何もしなくなった。彼は医師にこう語った。「とにかく気力が湧いてこないんです。何もやる気がしない。朝起きるのもやっとなのです」

ある19歳の女性は、一酸化炭素中毒でしばし意識を失った後、日常の基本的行動がいっさいできなくなった。誰かが動かさないと、一日じゅう同じ姿勢で座っている。父親は神経科の医師に語った。「独りにしておけないんです。ビーチに行ったとき、ビーチパラソルの下に寝かせておいて、数時間後に戻ったら、太陽の位置が変わっているのに、同じ場所に寝ていて真っ赤に日焼けしていました。でも熟睡していたわけではなく、たんに移動する気力がないんです」

ある退職した警察官は、あるときから「朝なかなか起きず、顔も洗おうとしない。妻に言われて、ようやく洗うのだった。一日じゅうソファに座って、動こうとしなかった」。妻にある中年男性は、スズメバチに刺されてからしばらく後、妻とも子どもとも仕事仲間とも話をしなくなった。

1980年代後半、マルセイユに住むフランス人神経学者ミシェル・アビブは、そうした症例をいくつか聞いて興味をもち、学術雑誌をあさって同様の症例を探した。見つかった研究の数はわずかだったが、どれも驚くほど似ていた。いずれの場合も、家族が患者を医院に連れてきて「突然行動が変わり、何もやろうとしなくなった」と訴えたが、医師は医学的な問題点を何ひとつ見出せなかった。精神障害の検査の結果は正常で、知能指数は平均か平均以上だったし、身体的には健康に見えた。しかも気分が落ち込むと訴えた者や、やる気が起きないことで悩んでいる者はひとりもなかった。

アビブはそうした患者を診察した医師たちに連絡してMRI画像を集め、もうひとつの共通点を見つけた。無気力な患者たち全員に、ロバートの脳に見られた影と同じ場所、すなわち線条体に針の穴ほどの血管破裂が見られた。

線条体は、いってみれば脳の中央電信局だ。前頭前野のような、決断が下される部分からの命令を、神経のより深い部分、すなわち運動や感情が生まれる大脳基底核へと伝達する。神経学者によれば、線条体は決断を行動に翻訳する助けをする器官で、私たちの気分の変化に大きく関与している。アビブの同僚たちは「無気力な患者の線条体に起きた出血は、患者の行動の変化を説明するには小さすぎる」と反論した。だがアビブは、針の穴ほどの大きさの血管破裂以外に、やる気が失せた理由を説明できるものは何ひとつ発見できなかった。

神経学者たちは以前から線条体の損傷に関心を寄せていた。線条体はパーキンソン病に関係しているからだ。しかしパーキンソン病はしばしば、震え、身体制御不能、抑鬱を伴う。それに対し、アビブが研究した患者たちはたんにやる気を失っただけだ。アビブは著者にこう語った。「パーキンソン病の患者は運動ができないのですが、無気力な患者は運動機能には問題がない。たんに、動こうという意欲がないのです」。たとえばビーチで動こうとしなかった19歳の女性は、部屋の掃除も、皿洗いも、洗濯物をたたむこともできたし、母親が手順を教えれば料理することもできた。ところが何も指示されないと、一日じゅうじっとしている。母親が「夕食は何がいい？」と訊いても、「なんでもいい」と答えるのだった。

アビブによると、60歳の大学教授は、診察を受けたとき、「医師の前に座ったまま、身動きひとつせず、いつまでも黙りこくっていた。最初の質問を待っているのだった」。どんな仕事をしているのかと訊かれると、非常に複雑な説明をし、記憶しているさまざまな論文からの引用を口にしたが、その後、また口を閉ざし、次の質問を待つのだった。

アビブが調べたどの患者も、薬がまったく効かず、カウンセリングも功を奏さなかった。「ふつうなら、肯定的にせよ否定的にせよ、なんらかの感情的反応を引き起こすような出来事に対して、なんの感情的な反応も示さない」とアビブは書いている。

「彼らの脳の中の、やる気が住んでいる部分、生命力が蓄積されている部分が、完全に消滅してしまったかのようでした」と、アビブは著者に語った。「否定的な考えも、肯定的な考えもない。考えというものがまるでないのです。頭がわるくなったとか、まわりのことに気づかなくなったというのではないんです。かつての人格はまだ内部にあるのですが、動機や引き金がないのです。それでやる気がまったく失せてしまったのです」

## 退屈なゲーム

その実験がおこなわれたのはピッツバーグ大学の、明るい黄色に塗られた部屋で、ｆＭ

RI装置とコンピュータ・モニターがあり、そこにいたのは、あまりに若くて、とても博士号をもっているようには見えない研究者だった。被験者は、その部屋に入ると、宝石を外し、ポケットから金属製品を出すように指示され、fMRI装置の中へとスライドしていくプラスチック板の上に寝るように指示される。

被験者が横になると、目の前にコンピュータ画面がある。研究者はこう説明する――画面上に1から9までの数字がアトランダムにあらわれる。被験者は、数字があらわれる前に、次にあらわれる数字が5より多いか少ないかを推測し、それぞれのボタンを押す。実験は何度もおこなわれる。とくに技術は必要としないし、被験者の知能を試験するわけではない、と。じつは被験者には打ち明けなかったが、研究者自身は、これ以上退屈なゲームはないと考えていた。いや実際のところ、できるだけ退屈になるようにゲームを設計したのである。

じつはその研究者、マウリチオ・デルガードにとって、被験者の推測が正しいかどうかはどうでもよかった。彼の関心事は、これほど退屈なゲームをやっているときに被験者の脳のどの部分が活性化されるかということだった。被験者が推測をするとき、fMRIは被験者の脳内の活動を記録する。デルガードは、興奮と期待の神経的感覚がどこで生まれるか、つまりやる気がどこで発生するのかを突き止めたかったのだ。彼はそれまでの経験から知っていた——被験者たちは何度も（時には何時間も）ゲームを続け、自分の推測が正しかったのかどうかを知りたがるのだった。

被験者はｆＭＲＩ装置の中に横たわり、コンピュータ画面を真剣に見つめ、推測し、ボタンを押す。当たると喜び、外れるとがっかりする者もいた。彼らの脳内の活動を観察していたデルガードは、結果とは無関係に、被験者が推測をする瞬間に線条体、すなわち例の中央電信局が活性化することを知った。線条体のこの種の活性化は感情的反応、とくに期待や興奮といった感情と関係があることを、デルガードは知っていた。

実験の後、ある被験者は家に持って帰ってやってもいいかと訊いた。デルガードは「それはできません」と答え、このゲームはこのコンピュータの中にしかないのだと説明した。さらに彼は被験者に秘密を打ち明けた——じつはこのゲームの結果はあらかじめ決まっているのだ。デルガードは、被験者全員に同じ結果が出るよう、誰もが１回目は当たり、２回目は外れ、３回目は当たり、４回目は外れ、というふうにあらかじめプログラムしておいた。結果は最初から決まっていたのである。両面が同じコインで賭けをするようなものだ。

ところが被験者は「それでもかまいません。やりたいんですよ」と答えた。デルガードは後に著者にこう語った。「耳を疑った。結果は最初から決まっているとわかっているのに、どうしてゲームを続けたいのか。そんなゲームのどこが面白いんだろう。どちらを選んでも結果は同じなのに。それでも、ゲームを家に持って帰りたいという人を説得するのに5分もかかった」

それから何日も、その被験者のことがデルガードの頭から離れなかった。彼はこのゲームのどこに惹かれたのだろう。実験のデータによって、推測ゲームをやるときに被験者の脳のどこが活性化されるのかは明らかになったが、そもそもなぜこのゲームをやる気になるのか、それについてデータは説明してくれなかった。

数年後、デルガードは新しい実験を思いついた。新しい被験者たちが呼ばれた。前回と同じく、推測ゲームだったが、今回は重要な違いがあった。半分は被験者が推測するのだが、半分はコンピュータが彼らに代わって推測するのだ。

被験者がゲームを始めると、デルガードは線条体の状態を観察した。被験者自身が推測するときには、脳は前回と同じように活性化した。期待と興奮を示す神経が活性化したのだ。だが被験者が推測に関与しないとき、つまり彼らに代わってコンピュータが推測するときは、被験者の線条体は沈黙していた。脳がゲームに興味をもっていないかのようだった。デルガードと共同研究者たちは後にこう書いている――「被験者自身が推測するときだけ、尾状核が明確に活性化した。推測するときの期待感そのものは、皮質線条体領域、とくに腹側線条体の活性化と結びついていた。これは感情ややる気と関係のある部位である」。

さらに、デルガードが被験者たちにゲームの感想を訊くと、自分で推測するときのほうがずっと楽しいと答えた。当たり外れが気になるのだった。それに対し、コンピュータが推測するときは、ゲームが無理やりやらされている仕事みたいに感じられ、退屈し、早く終わってほしいと思ったという。

デルガードにはよく理解できなかった。被験者自身が推測しようと、コンピュータが推測しようと、当たり外れの確率はまったく同じなのだ。だからコンピュータに推測させるのではなく、自分で推測したとしても、ゲーム体験が違うはずがない。神経の反応はどちらも同じはずだ。ところがなぜか、被験者自身に推測させると、ゲームが退屈な仕事からやりがいのあるものへと変容する。被験者たちのやる気が増すのは、ひとえに「自分が自分をコントロールしているのだ」と信じているからだ。

## 自己決定の喜び

近年、長引く不況の結果、終身雇用が減り、転職を繰り返す人やフリーで仕事をする人が増えるにつれ、やる気や意欲というものを理解することがますます重要になってきた。1980年代には全米の労働人口の90パーセント以上が正規雇用だった。つまり彼らには上司がいた。現在、アメリカの労働人口の3分の1以上がフリーランサー、契約社員などの不安定な地位にいる。この新しい状況下でどんな人たちが成功を収めたかというと、自分の時間をいかに使い、エネルギーをどう配分するかを、自分で決められる人たちだ。彼らは、どのように目標を設定すべきか、仕事の優先順位をどう決めるか、そのプロジェクトをどう進めるべきかを理解している。いくつかの研究によると、自分で自分のやる気を引き出せる人は、同輩たちよりも収入が多く、幸福度も高く、家族にも仕事にも人生にも満足している。

しばしば自己啓発本やリーダーシップのマニュアル本には、やる気や意欲はたんに人格の一部であるかのように、あるいは無意識のうちに努力と報酬を比べてしまう私たちの神経作用の結果であるかのように書かれている。だが科学者によれば、やる気はもっと複雑である。やる気というのはむしろ読み書きのような能力であり、習得したり磨いたりできる能力である。もし正しい練習を積めば、自分で自分のやる気を引き出すのがうまくなるという。研究者たちによれば、やる気の必要条件は、自分は自分の行動や周囲に対して主導権を握っていると信じることであり、それを理解することが重要だ。自分で自分のやる気を引き出すためには、自分がすべてをコントロールしているのだと感じていなくてはならない。

「コントロールしたいという欲求は生物学的要請である」と、コロンビア大学の心理学者のグループは2010年に「認知科学の諸潮流」誌に書いている。自分が自分をコントロールしていると思うと、人はより懸命に働き、自分で自分を鼓舞する。だいたいにおいて、彼らはそうでない人よりも自信があり、失敗してもより早く立ち直る。自分で自分をコントロールしていると信じている人は、そうでない人よりも長生きする傾向がある。自分をコントロールしたいという本能は、私たちの脳の発達にとってひじょうに重要な役割を演じているので、子どもは、どうやって食べていけばいいのかをひとたび習得すると、服従したほうが生きやすい場合でも、自分をコントロールしようとする大人に抵抗する。

自分がコントロールしているのだということを自分に対して証明するひとつの方法は、決断することだ。コロンビア大学のチームはこう書いている。「たとえどんなに小さな決断でも、ひとつ決断するたびに、自分は自分をコントロールできている、自分は有能だ、という確信が強まる」。たとえその決断がなんの利益も生まなくとも、人はそれでも選択の自由を欲する。「たとえ選択することで報酬が増えなくとも、非選択よりも選択を好む傾向が人間にも動物にも見られる」と、デルガードは2011年に「心理科学」誌に発表した論文で述べている。

これらの洞察から、やる気に関するひとつの理論が浮かび上がる。やる気を引き出す第一歩は、選択する機会を与えることだ。それによって自立と自己決定の感覚が生まれる。実験によれば、命令されたのではなく自分で選んだものなら、人はどんなにつまらない仕事でも進んでやる傾向が見られる。だからケーブルテレビ会社から、カード払いがいいか請求書払いがいいか、ウルトラ・パッケージがいいかプラチナ・ラインがいいか、ケーブルテレビのチャンネルはＨＢＯがいいかショウタイムがいいかを尋ねられると、毎月すんで視聴料を支払うようになる。自己決定をしていると確信していると、喜んで金を払うものである。

デルガードは言う。「高速道路で渋滞に巻き込まれたとき、どこかの出口が近づいてくると、たとえそちらのほうが遠回りでも、出たくなるものだ。自己決定できるという可能性が脳を興奮させるからだ。たぶんそちらのほうが時間はかかるのだが、自分で決めたと思うと気分がいい」

これは自分から、あるいは誰かから、やる気を引き出そうとしている人にとっては有益な教訓だ。行動しようという意志の引き金を引く簡単な方法を示唆しているからだ。その方法とは、とにかくなんでもいいから選択することだ。それによって「自分をコントロールしている」という確信が得られる。大量の退屈なメールに返信しなくてはならないときは、メールボックスのちょうど真ん中のメールに返信することにすればいい。課題を与えられたときは、最初に結論を書く、あるいはまずグラフを描く。とにかくいちばん楽そうなことから始めようと決断すればいい。不愉快な部下に話をしなくてはならないときは、話をする場所をまず選ぶ。セールスの電話をかけるときは、最初に何を質問するかをまず決める。

やる気を引き出すには、まず選択することだ。それによって、自分で自分をコントロールしているという感覚が生まれる。この自己決定感に比べたら、どんな選択をするかは大した問題ではない。私たちを駆り立てるのはこの自己決定感なのだ。だからデルガードの被験者たちは、自分が決定していると感じると、いつまでもゲームを続けたがったのだ。ただし、やる気を引き出すことは簡単だと言っているのではない。実際、たんに選択するだけでは不十分なこともある。本当のやる気を出すためには、しばしばそれ以上のものが必要だ。これから、それについて述べる。

## 海兵隊の改革

エリック・クインタニラが書類にサインし、正式に海兵隊員になったとき、新兵採用担当者は彼の手を握り、じっと目を見て、きみは正しい選択をしたと言った。

「これ以外の選択は考えられません」とクインタニラは答えた。自信に満ちて聞こえるように言ったつもりだったが、実際には声が震え、手は汗びっしょりだったので、手を離した後、双方ともズボンで手を拭った。

クインタニラは23歳。5年前、シカゴから車で南に1時間行ったところにある小さな町の高校を卒業した。以前は大学に進学するつもりだったが、何を勉強したいのかが自分でもわからず、卒業後に自分が何をしたいのかもわからなかった。それで結局、地元のコミュニティ・カレッジに入り、一般教育の準学士を取得した。これがあればショッピングモールの携帯ショップで雇ってもらえるだろうと思ったのだ。クインタニラはこう語った。

「10店くらい応募したんですが、ひとつも返事がきませんでした」

結局、ホビーショップにアルバイトとして雇われ、時たま正社員が病欠や休暇のときに冷凍運送車を運転した。夜はいつもビデオゲームをやっていた。だがクインタニラはそんな生活を望んでいたわけではなかった。もう少しましな生活を求めていた。そこで高校時代から付き合っていたガールフレンドに結婚を申し込んだ。結婚式は盛大だった。だが式が終わると、前と同じ生活が待っていた。やがて妻が妊娠した。彼はもう一度携帯ショップに履歴書を送り、面接までこぎつけた。前の晩、彼は妻といっしょに面接の練習をした。「自分を売り込まなくちゃ。いま何に熱中しているかを話すのよ」と妻は言った。

翌日、店長から「どうして携帯ショップに勤めたいのか」と質問されたクインタニラは凍り付いてしまった。「わかりません」としか答えられなかった。それは事実だった。自分でもわからないのだ。

数週間後、クインタニラはパーティで、かつてのクラスメイトの一人と会った。彼は新兵訓練から帰ってきたばかりで、10キロ体重が減り、自信たっぷりだった。ジョークを飛ばし、さかんに女の子を口説いていた。翌朝クインタニラは妻に、海兵隊に入ろうかなと言った。妻も母も反対したが、クインタニラは他に何も思い浮かばなかった。ある晩、彼はキッチンのテーブルで、白紙の真ん中に縦線を引き、左側に「海兵隊」と書いてから、右には他の選択肢を書こうとしたが、思いついたのは「ホビーショップで昇進」だけだった。

5ヵ月後のある夜中、彼はサンディエゴ海兵隊採用本部に出頭した。他の80人の若者といっしょに、髪を刈り上げ、血液検査をし、作業服に着替え、新生活へと乗り出した。

2010年にクインタニラが受けた13週間にわたる新兵訓練は、完璧な隊員を育成しようという海兵隊の235年にわたる努力の歴史において、比較的最近導入された実験だった。新兵訓練プログラムは、その歴史のほとんどを通じて、だらしない若者の群れを訓練された部隊に鍛え上げることに主眼が置かれていた。ところがクインタニラが入隊する15年前、チャールズ・C・クルーラックという53歳の大将が海兵隊総司令官に昇進した。海兵隊のトップである。彼は基礎訓練を変える必要があると考えていた。クルーラックは著者にこう語った。「やってくる若者たちは以前よりもなよなよしていた。その多くは訓練だけでは不十分で、精神改造が必要だった。スポーツもやったことがないし、定職に就いたこともない。何もやったことがないのだ。野心のかけらもない。入隊するまで、人から言われるままに生きてきたのだ」

これは大きな問題だった。海兵隊は以前にも増して、独自の判断ができる隊員を必要としていたからだ。海兵隊員なら胸を張ってこう言うだろう――われわれはふつうの兵士や水兵とは違う、と。クルーラックの言葉を借りれば、「われわれは最初に到着し、最後に去る。海兵隊には、すべてを率先してやる兵士が必要なのだ」。とくに最近、海兵隊はソマリアやバグダッドで戦える男女を必要としている。そうした場所では規則や作戦が予想外の変化をし、海兵隊は独自に、かつリアルタイムで最善の作戦を立てなければならない。

クルーラックは言う。「新兵たちに自分の頭で考えさせるにはどんな職業訓練をしたらいいのか、私は心理学者や精神科医に相談した。知力も体力もある、素晴らしい新兵もいる。だがそいつらもやる気はないし、判断力もない。最低限をこなせばいいとだけ考えている。それじゃまるで役に立たない。海兵隊が役立たずの集団じゃ困る」

　クルーラックは、自分で自分のやる気を引き出す方法をどう教えたらいいかに関する研究報告を漁《あさ》るうちに、むかし海兵隊がおこなったある調査に目がとまった。その調査によると、最も成功を収めた海兵隊員は強力な「指令中枢」〔心理学ではふつう「統制の所在」と呼ばれる〕が自分の内側にある、すなわち「自分の選択によって自分の運命を変えられる」という確信を抱いている。

　心理学の分野でも１９５０年代から「指令中枢」が大きなテーマになっていた。多くの研究によれば、指令中枢が自分の内部にある人は、成功したにせよ失敗したにせよ、自分を褒めたり責めたりする傾向がある。指令中枢が自分の外にある人は、自分の自由にならない外部の要因に責任をなすりつける。たとえば強力な指令中枢が自分の内部にある学生は、いい成績をとったとき、まじめに勉強したからだと考え、生まれつき頭がいいのだとは考えない。指令中枢が自分の内部にあるセールスマンは、売り上げが悪いとき、運が悪かったとは考えず、自分の努力が足りなかったせいだと考える。

「指令中枢が内部にある人は、学業で成功を収め、やる気があり、社会的にも成熟しており、ストレスや鬱屈が少なく、寿命も長い」と、ある心理学者のチームは２０１２年に

「経営の諸問題と展望」誌に書いている。指令中枢が自分の内部にある人は収入が多く、友人も多く、結婚生活は長続きし、職業上の成功を収め、満足度も高いという。反対に、指令中枢が自分の外側にある人、つまり自分の人生は何よりも自分の自由にならない外部の出来事に左右されていると信じている人は、「自分の力では状況をどうすることもできないと思い込んでいるので、ストレスの度合いが高い」と、その心理学者のチームは書いている。

いくつかの研究によると、指令中枢の所在は訓練とフィードバックによって変わりうる。たとえば１９９８年におこなわれたある実験では、１２８人の小学5年生に難しい問題をやらせた。その後、一人ひとりの児童に「とてもよくできました」と言う。半数の児童には「きっと一所懸命に取り組んだからだね」とも言う。そう言われた児童は自分の内部にある指令中枢を活性化することがわかった。一所懸命取り組むことは、自分の意志ですることだからだ。一所懸命やったと児童を褒めると、自分は自分自身を、そして周囲をも自分でコントロールできるのだという確信を強めることになる。

残りの半数の児童にもやはり「とてもよくできました」と告げたが、さらに「きっときみはこういう問題が得意なんだね」と付け加えた。児童の知能を褒めると、外側の指令中枢を強化する。小学5年生は自分の頭脳を変えられるとは思っていないからだ。一般に子どもは、知能は生まれつきの能力だと思っているから、頭がいいと褒めると、成功や失敗は自分の自由にはならないものに左右されるのだと考えるようになる。

その後、児童に難易度の異なる問題をさらに三つやらせる。

知性を褒められた児童たち、すなわち物事は自分の自由にはならないのだと教えられた子どもたちは、より易しい問題に集中する傾向があった。頭がいいと言われたのにもかかわらず、である。努力しようという気が起きないのだ。この子どもたちは実験の後、つまらなかったと感想を述べた。

それとは対照的に、懸命に取り組んだことを褒められた子どもたち、つまり自己決定によって経験を積み上げていけるのだと教え込まれた児童たちは、難しい問題に取り組んだ。時間はより長くかかったが、成績はより良かった。そしてテストの後で、「面白かった」と答えた。

「内的な指令中枢というのは習得した技術です」と、その実験を主導したスタンフォード大学の心理学者キャロル・ドウェックは著者に語った。「私たちの多くは、幼いときにそれを身につけます。しかし成育環境や経験によって、自己決定の感覚が抑圧されてしまうこともあり、自分の人生に自分がどの程度影響を与えられるのかを忘れてしまうのです」

「そのときこそ訓練が役に立ちます。自分で自分をコントロールしているという感覚の訓練が、できるような状況、つまり内側の指令中枢がふたたび覚醒するような状況に置かれると、自分は自分の人生を手中にしていると感じられるような習慣を身につけることができます。そして、そのように感じられれば感じられるほど、実際にそれだけ自分をコントロールできるようになります」

クルーラックはそうした研究こそ、新兵にやる気を教えるための鍵だと思った。自分で選択しなければならない状況に新兵を追い込むような基礎訓練法を開発すれば、その刺激が習慣化するだろう。クルーラックは著者にこう語った。「今ではこの訓練法を『行動推進法』と呼んでいる。新兵はいくつかの状況をコントロールできるようになると、それが快感をもたらすことを覚える」

「われわれは、生まれついての指導者などいないと教え込む。『生まれつき』ということは自分の自由にならないということだ。そうではなく、指導力は習得するものであり、努力の成果なのだと教える。われわれは新兵に、自分をコントロールするときのスリルを、責任を引き受けるときの高揚感を味わわせるのだ。いったんその味を覚えると病みつきになる」

クインタニラが入隊するとすぐにこの訓練が始まった。最初のうちは行軍、腹筋運動、腕立て伏せ、そして退屈な銃の練習が延々と続いた。教官たちはひっきりなしにクインタニラをどなりつけた（「鬼教官のイメージを植えつける必要がある」とクルーラックは著者に語った）。だがそれと併行してクインタニラは、決断を下し、状況を掌握しなければならないような状況に、次から次へと直面させられた。

たとえば訓練の4週目、クインタニラが所属していた小隊は、散らかった食堂を片付けるよう命じられた。新兵たちには、どうやって片付けたらいいのかまるで見当がつかなかった。掃除用具がどこにあるのか、業務用食洗機をどう操作したらいいのかさえ知らなかった。昼食が終わった直後だったが、残飯を保存すべきなのか、捨てるべきなのかもわからなかった。誰かが教官に助言を求めるたびに、教官は黙って睨《にら》み返した。仕方なく新兵たちは自分たちで判断した。ポテトサラダは捨て、残ったハンバーガーは冷蔵庫に入れた。食洗機に洗剤を入れすぎたため、床一面が泡だらけになった。小隊が食堂をきれいにするのに、床の泡をモップで拭く時間も含め、3時間半かかった。新兵たちは食べられる食品を誤って捨て、まちがって冷凍庫の電源を切ってしまい、20本のフォークを違う場所にしまった。作業が終わると、教官はいちばん小柄でいちばん内気そうな新兵に近づいて、「ケチャップをどこにしまうかが問題になったとき、おまえは思い切って自己主張したな、ちゃんと見ていたぞ」と言った。じつはケチャップをどこにしまうかは自明だった。ケチャップばかりが並んでいる棚があったのだ。それでもその新兵は褒められると顔を輝かせた。

「相手が予想もしていなかったことを褒めてやるんだ」と、ある日、採用本部を案内してくれたデニス・ジョイ軍曹は著者に語った。見るからに怖そうな教官だった。「自分にとって簡単なことをやったって褒めちゃもらえない。陸上の選手が速く走れたって、誰も褒めちゃくれない。内気な新兵だけが、指導的立場に立ったときに褒めてもらえる。そいつにとって難しいことをやったときだけ褒めてやるのさ。それによって彼らは、自分にもできるんだと確信するんだ」

クルーラックが改定した新兵訓練のクライマックスは、最後の3日間に置かれた過酷な「地獄のシゴキ」だった。クインタニラはこれを恐れていた。彼と仲間たちは夜になるとこの訓練のことをあれこれ話した。怖い噂が流れていた。前年には片脚を失った新兵がいたとか。クインタニラの「地獄のシゴキ」は火曜の朝に始まった。小隊は午前2時に起こされ、すぐに身支度をして、障害物のある50マイル〔約80キロメートル〕のコースを行軍し、這い、よじ登るのだ。各人の装備は15キログラム。54時間のあいだに食事は2回のみ。睡眠はほんの2〜3時間。当然、怪我が予想される。途中で動けなくなった者や、のろのろして遅れた者は落第。

「地獄のシゴキ」の真ん中くらいに、「ティンマーマン軍曹の水槽」と呼ばれる難関が待っていた。「敵はこの一帯を化学兵器で汚染した」と教官は怒鳴り、フットボール場くらいの窪地を指した。「装備とガスマスクをつけてここを渡る。地面に足が着いたらアウト。最初からやり直し。60分以上かかったらアウト。やり直し。チーム・リーダーに従うこと。チーム・リーダーの言葉による命令を聞かずに動いてはならん。行動する前にかならず聞くこと。そうでなければやり直し」

クインタニラのチームは円陣を組み、基礎訓練で習得した技術を使うことにした。

「われわれの目標は？」ひとりの新兵が言った。

「窪地を横断すること」誰かが答えた。

「板をどうやって使おうか」別の新兵が言い、ロープのついた厚板を指さした。

「端から端まで並べればいい」と誰かが答えた。チーム・リーダーは言葉で命令を下し、小隊は円陣を解いて、窪地の端に沿って板を並べてみた。全員で1枚の板に乗り、もう1枚を前に送った。だが誰ひとりとしてバランスを保てなかった。彼らはふたたび円陣を組んだ。「板についてるロープをどう使うんだ？」とひとりが聞いた。

「板を引っ張りあげるんだ」と誰かが答えた。2枚の板に片足ずつ乗せ、スキーみたいに左右交互に板を上に引っ張ればいいと提案した。

全員がガスマスクをつけ、リーダーを先頭に2枚の板の上に立った。「左！　右！」と

## ティンマーマン軍曹の水槽

リーダーが叫ぶたびに、新兵たちは一方の板を前方に引っ張った。彼らは窪地をのろのろと進み始めた。だが10分後、これではだめなことが判明した。何人かは板を持ち上げるのが早すぎ、何人かは板を引っ張りすぎる。そもそもガスマスクをつけているために、リーダーの命令が聞こえない。かなり進んだから今更引き返せないが、かといってこの速度では渡るのに何時間もかかってしまう。新兵たちは怒鳴り合って、停止した。

リーダーは休息を命じた。彼は後ろを振り返り、ガスマスク越しにすぐ後ろの男に叫んだ。「おれの肩を見ろ」。リーダーは左肩をそびやかし、次に右肩をそびやかした。そのリズムを見れば、後ろの男は板を引っ張りあげるタイミングがわかる。ただし問題がひとつあった。規則を破ってしまうことだ。彼らは、チーム・リーダーからの言葉での命令が聞こえるまで何もしてはいけないと命じられていた。だがガスマスクをしているので、実際には何も聞こえない。そうはいっても他に方法はない。そこでチーム・リーダーは肩をそびやかし、腕を振りながら、大声で命令した。だが誰にも聞こえなかったので、長い行軍のときに習った歌を大声で歌い始めた。すぐ後ろの男にはそれがなんとか聞こえ、合唱することができた。その後ろも同じだった。結局、全員でそろって歌い、肩をそびやかし、体を揺らしながら、28分で窪地を抜けた。

教練担当軍曹は著者にこう語った。「厳密にいえば、彼らにやり直しさせることもできた。誰も、チーム・リーダーからの言葉による命令を聞いていなかったんだから。でも訓練の狙いはそこにあった。ガスマスクをしたら何も聞こえないことくらい、われわれもわかっている。窪地を渡る唯一の方法は応急措置を考えることだ。われわれが教えたいのは、命令に従っているだけじゃだめだということだ。自分の頭で考え、自分で判断することが必要なのだ」

その後の24時間に別の10ほどの課題をこなした後、クインタニラの所属する小隊は「地獄のシゴキ」の最後の課題に取り組むため、基地に集合した。最後の課題は「恐怖の死神」と呼ばれる高い山をよじ登ることだった。クルーラックはこう語った。「たがいに助け合う必要はない。実際にそういう例はあった。新兵たちが落ちたので、助けに行って、結局全員が取り残された」

その時点で、クインタニラはすでに2日間行軍し、4時間足らずしか眠っていなかった。顔はまったくの無表情、手は豆だらけ、おまけに水の入ったドラム缶を担いで障害物の間を抜けるという訓練で傷を負っていた。後に彼は著者にこう語った。「何人かは『死神』を放棄した。ひとりは腕を包帯で吊っていた」。新兵たちはおぼつかない足取りで山を登り始めた。疲労が極致に達していたので、まるでスローモーションで動いているようで、ほとんど前に進まなかった。そこで、誰もが斜面を滑り落ちないように、全員がしっかりと腕を組んで進んだ。

「おれたち、なぜこんなことをしてるんだ？」クインタニラの仲間がぜいぜい言いながら訊いた。それは自然に、行軍のときに練習した質疑応答になっていった。教官は言っていた——いちばん苦しいとき、おたがいに「なぜ」で始める質問をぶつけ合え、と。

「海兵隊に入り、家族のためにより良い生活を築くためだ」とクインタニラは答えた。

その前週、妻はゾーイという女の子を出産していた。出産後、クインタニラは5分間だけ電話で妻と話すことを許可された。この2ヵ月間で唯一の、外界との通信だった。「地獄のシゴキ」を終えれば、妻や娘に会える。

どんなに難しい課題であっても、それを自分が選択したのだと思えれば、ずっと容易になる。クインタニラの教官は前にこう言っていた——だからおたがいに「なぜ」という質問をし合うべきなのだ、と。選択を意味ある決断にすることができれば、やる気が湧いてくるものだ。

太陽がいちばん高くなる頃、小隊は頂上に到達した。全員が無言だった。ついにやり遂げたのだ。「地獄のシゴキ」は終わった。教官は整列した新兵たちの前を歩き、一人ひとりの手に、鷲、地球、錨《いかり》の描かれたバッジを置いた。これで彼らは正式に海兵隊員になったのだ。

クインタニラは著者にこう語った。「新兵訓練というと、教官に怒鳴りつけられ、必死に課題をこなすだけだと思っているかもしれませんが、そうじゃありません。全然ちがいます。できないと思っていたことをどうすればできるようになるか、それを学ぶんです。ひじょうに精神的なものです」

海兵隊そのものもそうだが、基礎訓練の報酬は少ない。海兵隊員の初任給は年1万7616ドル〔2010年のレートで約150万円〕である。しかし海兵隊は、自分の仕事に対する満足度ではトップクラスだ。毎年およそ4万人の新兵に対しておこなわれる訓練は、これまでに数百万人の、クインタニラのような、自分の生活を築き上げたいのにどうやって自分からやる気を引き出したらいいのかわからず、どの方向に進んだらいいのかわからない若者の人生を変えてきた。クルーラックの改革以来、新兵の定着率と成績はどちらも20パーセント以上あがった。調査によると、平均的な新兵の内的な指令中枢は基礎訓練のあいだに著しく強化された。デルガードの実験はやる気を理解するための出発点だった。海兵隊は、自己決定に慣れていない若者にやる気を教え込む方法を示し、デルガードの実験を補完してくれる。コントロールの感覚をおぼえる機会を与え、選択の機会を与えれば、人は意志の力をどう行使するかを学ぶ。自力で選択することが習慣になれば、習慣的にやる気を引き出せるようになる。

さらに、やる気の出し方をもっと簡単に自分に叩き込むには、「選択は、たんに自分で自分をコントロールしていることのあらわれではなく、自分の価値観や目標を確かめることでもある」ということを習得する必要がある。だから新兵たちはたがいに「なぜ」と問いかけ合う。それによって、小さな課題と大きな希望をどう結びつけたらいいかがわかるのだ。

この発見の重要性は、1990年代に老人ホームでおこなわれた一連の実験からもわかる。研究者たちが注目したのは、どうして元気で長生きする人と、肉体的にも精神的にも急速に衰弱していく人がいるのかということだった。調査の結果わかったことは、老人ホームが押しつける、融通の利かないスケジュール、決められたメニュー、厳格な規則に逆らうような選択をした人が元気で長生きするということである。

研究者たちはそういう老人たちを「反逆者」と呼んだ。彼らの決断の多くは、現状に対するささやかな反乱を示していたからだ。たとえばサンタフェ老人ホームのあるグループは、食事のときに与えられた物を素直に食べるのではなく、毎回おたがいに交換して自分好みの献立に作りかえた。ある老人は研究者にこう言った――「ケーキは好きなんだが、毎回誰かにあげる。たとえB級であろうと、自分で選んだ物を食べるほうがいいからね」。リトルロック老人ホームのあるグループは規則に逆らって、家具を動かして自分の好みの寝室に作り替えた。洋服ダンスは壁に作り付けだったので、彼らは工具倉庫からバールを持ち出して壁から引き剥《は》がした。管理者側はみんなを集めてミーティングを開き、「わざわざ自分で模様替えをする必要はありません、助けが必要ならスタッフがやります」と告げた。老人たちは管理者に言った。「助力は必要ない、許可を求めるのはいやだ、これからも自分の好きなようにやる」

ささやかな反抗は、全体から見れば些細なことだ。しかし反逆者たちにとっては重要な心理学的意味をもっている。反逆者たちにとっては、ちょっとした反抗でも、自分が今でも生活を自分でコントロールしていることの証明なのだ。平均して、反逆者たちは老人ホームの他の住人に比べて2倍歩いていた。食べる量も他の住人より3割多かった。反逆者たちは医師の指示によく従い、ちゃんと薬を飲み、ジムに通い、家族や友人たちとの付き合いも保っていた。この種の老人たちは、老人ホームに入所したときには他の住人たちと同じ健康上の問題を抱えていたが、いったん入所すると寿命はより長く、幸福度も高く、より活動的で、知的な課題にも積極的に取り組んだ。

「それが、さまざまな決断をし、自分はまだ生活をコントロールしていることを証明しようとする人と、自分はただ死を待っているのだという精神状態に陥ってしまう人との違いです」と、ミネソタ大学の老年学者ロザリー・ケインは言う。「ケーキを食べるか食べないかはどうでもいいことです。しかしケーキを食べるのを拒否することは、自分にはまだ決断力があると自分に証明することなのです」。反逆者たちは自分がすべてを仕切る方法を知っている。それはクインタニラの小隊が「地獄のシゴキ」の最中に、規則をどう解釈するかを自分たちなりに決定し、破格のやり方で窪地を横断することができたのと同じだ。

いいかえると、やる気を引き出すのにいちばん効果的な選択は、ふたつのことを成し遂げることだ。ひとつは、自分で自分をコントロールしているのだと自分に確信させること。もうひとつは、その行動に、より大きな意味を与えること。山に登るという選択をすることは、幼い娘に対する愛の表明にもなりうる。老人ホームで反乱を起こすことは、自分がまだ生きていることの証明になりうる。つまらない雑事を「意味ある選択」に変容させる心理的習慣が発達すれば、生活の主体は自分自身なのだという確信が生まれ、自己内部の指令中枢が形成されるのだ。

クインタニラは2010年に新兵訓練を終え、海兵隊に3年間勤務した後、除隊した。実人生に飛び込んでいく準備ができたという自信が生まれたからだ。彼は別の仕事に就いたが、同僚たちの間に仲間意識がないことに失望した。誰ひとりとして向上心を抱いていなかった。それでクインタニラは2015年に再入隊した。「海兵隊は、自分にできないことはないということをつねに思い出させてくれる。それが懐かしくなったんです。より良い自分になるよう、まわりが後押ししてくれるんです」

## 妻の作戦

先に紹介したルイジアナ州の自動車部品業界のドン、ロバート・フィリップの妻ヴァイオラは、じつは夫と南米に行く前から、いわばやる気の引き出し方の専門家だった。彼女は生まれつき白皮症だった。すなわち彼女の体はメラニン合成に欠かせないチロシナーゼ酵素を生産できないので、皮膚も髪も眼も色素を欠き、視力はひどく悪かった。いや実際、ほとんど視力がなく、本や新聞に顔を近づけ、拡大鏡を使わないと何も読めなかった。「でも、あんなに行動力のある人は見たことがありません。なんでもできました」と、娘のロクサンは著者に語った。

ヴァイオラが小学生のとき、脳ではなく眼が問題であるにもかかわらず、教育委員会は彼女を特殊学級に移そうとした。彼女は自分の教室から出て行くことを拒み、結局、教育委員会のほうが折れた。高校卒業後、ルイジアナ州立大学に進学したが、彼女は大学側に教科書を声に出して読んでくれるボランティアをつけてほしいと要請し、大学側は承諾した。2年生のときにロバートと知り合ったが、じきにロバートは大学を辞めて、地元のフォードの販売店で洗車ワックスの仕事を始めた。彼はヴァイオラにも退学を勧めたが、彼女は丁重に断り、卒業証書を手にした。その4ヵ月後の1950年12月にふたりは結婚した。

ロバートが自動車部品帝国の建設に奔走し、ヴァイオラが家事に専念している間に、6人の子どもが次々に生まれた。毎朝、家族会議が開かれ、家族それぞれがその日に何をしなければならないかを確認するのだった。金曜の晩にはふたたび家族会議が開かれ、一人ひとりが翌週の目標を発表する。「父と母は瓜二つで、ふたりともつねに全力疾走でした」とロクサンは言う。「ママは自分の障害をものともしませんでした。だからパパが突然変わってしまったとき、本当にショックだったと思います」

ロバートが完全に無気力になったとき、ヴァイオラは最初、夫の世話に全精力を傾けた。看護師を雇って夫に運動させ、夫の弟とふたりで会社を切り盛りし、その後、売却した。だがしばらくすると、することがなくなった。彼女は、すべてに前向きな精力溢れる男と結婚したのだった。夫は道で会う人すべてとおしゃべりをするものだから、近くのスーパーまで辿り着けないほどだった。その夫が今では一日じゅうテレビの前に座っている。ヴァイオラは悲しかった。「夫は私に話しかけようともしませんでした」と、彼女は法廷で証言した。夫が神経障害を負ったとして、旅行保険請求の訴訟を起こしたのである。「私のすることに、夫はまったく興味をもちませんでした。少なくとも興味を示しませんでした。でも私は食事を作り続けました。ほとんど介護士みたいでした。いや実際、介護士そのものでした」

2～3年の間、彼女は自分の身を嘆き続けた。その後、腹が立ってきた。そして行動を起こした。夫に自分の人生を取り戻そうという意欲がないのなら、私が無理にでも夫を駆り立てなくては。働かせなくては。彼女は夫に次から次へと機関銃のように質問した。昼食を用意するときも、山のような質問をした。サンドイッチがいいか、スープがいいか。

レタスか、トマトか。ハムかターキーか。マヨネーズを付けるかどうか。氷の入った水か、ジュースか。最初は、とくに質問の中身が重要なわけではなかった。とにかく夫に何かしゃべってもらいたかったのだ。

そして夫を質問攻めにしているうちに、無理に選択させようとするたびに、夫が自分の殻から少しだけ出てくるようだと気づいた。ちょっとしたジョークを言ったり、それまで見ていたテレビ番組の話をしたりした。ある晩、夕食は何にするか、どこのテーブルで食べるか、どんな音楽をかけるか、など山のような質問に答えさせようとすると、夫は新婚の頃のある出来事を長々と話しだした。ふたりは嵐の晩に誤って家に鍵をかけてしまい、閉め出されてしまった。彼はごく気楽に思い出話をし、バールで窓をこじ開けようとしたことを思い出しながら、くすくす笑った。ヴァイオラは夫が笑うのを見るのは数年ぶりだった。ほんの数分間、昔の夫が戻ってきたかのようだった。だが次の瞬間、彼はテレビのほうを向いて口を閉ざした。

ヴァイオラは作戦を続行した。時間はかかったが、少しずつ昔の夫が戻ってきた。ほんの束の間でも夫が昔の夫のように見えると、彼女は祝福し、甘い言葉で喝采し、何かご褒美を贈った。毎年定期的にニューオーリンズの神経学者ストラブ医師の診察を受けていたが、南米旅行の7年後の診察のとき、医師は変化に気づいた。ストラブ医師によると、

「彼は看護師たちに挨拶し、彼女たちの子どもは元気かと尋ねた。私に対しても自分から会話を切り出し、私の趣味について質問したりした。どのルートで家まで帰るべきかという話もした。あんな例は初めてだったが、彼の場合、誰かがまた灯《あか》りのスイッチを次々に入れているみたいだった」。

私たちの脳の中でやる気がどのように発生するのかを研究するにつれ、神経学者たちは、ロバートのような患者は、やる気が起きないからといって意欲をまったく失ったわけではないのだと確信するようになった。むしろ彼らの無気力の原因は感情の機能不全なのだ。フランスの神経学者アビブによれば、彼が研究した人たちに共通して見られたのは独特の無感動だった。ある無気力な女性は「父親が死んだときにもほとんど何も感じなかった」と打ち明けた。ある男性は「無気力になって以来、妻や子どもたちをハグしようという気にならなくなった」と話した。アビブが「自分の人生が変わってしまって悲しいか」と質問すると、全員が「いいえ」と答えた。彼らは何も感じていなかったのだ。

神経学者たちによれば、感情が麻痺しているためにやる気が起きないのだ。アビブの患者たちは、線条体の損傷のせいで、自分で自分をコントロールしていると確信したときの快感を得られない。選択することがどんなに気分がいいかを忘れてしまったために、やる気が眠り込んでしまったのだ。別の事例では、選択を迫られることがないような環境で育ったために、あるいは、老人ホームに入って自立から得られる喜びを忘れてしまったために、自己決定するときの感覚が身についていないのだ。

右のような理論から、自分の、あるいは他の人びとの、内的な指令中枢を強化する方法がおのずと見えてくる。自発的行動には褒美を与え、やる気を出した人を褒め称え、子どもが自活したいと言ったら祝福すればよいのだ。反抗的で独善的で頑固な子どもには拍手を送り、規則を迂回して仕事をやり遂げる方法を見つけた生徒には褒美をやるべきなのだ。

もちろん「言うは易く、行うは難し」である。幼児がどうしても靴を履こうとしなかったり、老いた両親が壁からタンスを引き剝がしたり、若者が規則を無視したりすると、やる気を褒めるのが果たして良いことかどうか、疑問に思ってしまう。だが、そうした行動が内的な指令中枢を強化するのだ。そのとき、私たちの脳は、自分がすべてをコントロールすることがいかに快いかを習得し、記憶する。自己決定力を鍛え、反抗的な自己主張に対して自分が感情的報酬を与えなければ、やる気を引き出す能力は退化してしまう。

それだけでなく、私たちは自分の選択には意味があるということを、自分に対して証明する必要がある。新しい課題に取り組むとき、あるいは面白くない仕事を与えられたとき、ひと呼吸おいて、自分に「なぜ？」と問いかけてみよう。なぜ私たちはこの山を登らなくてはならないのか？　なぜテレビから離れなくてはいけないのか？　なぜこの同僚からのメールに返信することが、あるいは大した用事もなさそうな同僚の話に付き合うことが、そんなに重要なのか？

ひとたび自分に「なぜ？」という疑問をぶつけると、ごく些細な課題が、より大きな計画・目標・価値の体系の一部になる。そして、たとえ些細な課題でも大きな感情的報酬をもたらしうるということがわかってくる。なぜなら自分が意味のある選択をしており、本当に自分の人生をコントロールしているのだということを、些細な課題が証明してくれるからだ。そのとき、やる気が湧いてくる。そのとき私たちは気づく――メールに返信することや、同僚の話に付き合うこと自体はさして重要なことではないが、それはより大きな達成目標の一部なのだ。自分はその目標を信じ、達成を願い、自分で選びとったのだ。いいかえれば、やる気というのはひとつの選択である。それは、いますぐ片づけなければならない仕事よりも感情的報酬の多い、より大きな何かの一部なのだ。

夫と南米旅行に出かけてから22年後の2010年、ヴァイオラは卵巣癌と診断された。病が彼女の命を奪ったのはその2年後だった。ロバートはその間ずっと妻に寄り添い、朝はベッドから起き上がるのを手伝い、夜は薬を飲むのを助けた。痛みを忘れさせるために次から次へと妻に質問し、体が衰弱してくると自分で食事を作って食べさせた。妻が亡くなった後、ロバートは空になったベッドのそばに何日もじっと座っていた。子どもたちは父親が無気力状態に戻ってしまうことを恐れ、ニューオーリンズの神経科医に再び診てもらうことを勧めた。きっと医師は無気力状態に戻るのを防ぐための方法を教えてくれるだろう、と。

ロバートは「ノー」と答えた。彼が家から出ないのは無気力のせいではなかった。62年間の結婚生活を振り返る時間が必要だったのだ。妻はロバートが人生を築くのを助けてくれた。人生のすべてが彼の指の間からこぼれてしまったとき、再建するのを助けてくれた。数日かけてそのことを静かに讃えたいのだ、彼は子どもたちにそう語った。1週間後、彼はふらりとブランチにやってきて、孫たちの相手をした。その2年後の2014年に彼は亡くなった。新聞の訃報欄には「最後まで活動的だった」と書かれていた。

# 第2章 チームワークを築く

## ――グーグル社の心理的安全と「サタデー・ナイト・ライブ」

### グーグル社の生産性向上プロジェクト

ジュリア・ロゾフスキーは25歳のとき、人生を変えたいと思い立った。だが自分が何をしたいのか、よくわからなかった。タフツ大学〔マサチューセッツ州の有名な研究大学〕では数学と経済学を専攻し、卒業後はコンサルティング会社に勤めたが、満足感が得られず、ハーバード大学の研究員になった。面白い仕事だったが、任期付きの身分だった。

大企業に就職しようか、学者になるべきか、それともテクノロジーのスタートアップ〔新しいビジネスモデルを開発し、短期間で急激な成長を狙う一時的集団。日本でいうベンチャー企業とは微妙に異なる」に加わろうか。どうしても決められなかった。結局、彼女は選択の必要がない道を選んだ。２０１０年にイエール大学の経営学大学院に入学したのである。

彼女は、クラスメイトたちと固い絆を築こうという強い意志をもって、イエール大学のあるコネチカット州ニューヘイブンにやってきた。すべての新入生と同じく、彼女もある学習グループに振り分けられた。ここでは学習グループが教育の重要な一部を占める。グループに属する学生たちは親友になり、いっしょに学び、重要な問題を議論し、たがいに助け合って自分の将来像を発見する。

・ほとんどのＭＢＡ（経営学修士）プログラムで、学習グループは通過儀礼であり、学生たちはチームで何かに取り組むことを学ぶ。イエール大学のホームページにはこう書かれている。「グループのメンバーは同じ時間割りで授業をとり、協力してグループ課題に取り組む。グループは、学生の経歴や文化的環境を考慮して入念に構成される」。ジュリアと他の４人のメンバーは、毎日昼食時や夕食後に集まって、宿題について討論し、表計算ソフトをたがいに比べ、試験対策を講じ、ノートの貸し借りをした。じつのところジュリアのグループの学生たちの経歴はそれほど多様ではなかった。ふたりはジュリアと同じく元経営コンサルタントで、ひとりはスタートアップに参加していた。みんな頭が良く、好奇心旺盛で、社交的だった。経歴が似通っているから絆を築きやすいだろう、とジュリアは期待した。「経営学大学院を出た人はみんな、いちばんの親友は同じグループの学生たちだったと言います。でも私の場合そうではありませんでした」とジュリアは言う。

ほとんど最初から学習グループはストレスの源になった。「全然リラックスできませんでした。つねに自分の能力を証明しなくてはという思いに急《せ》き立てられていました」。すぐに緊張関係が生じ、ジュリアはイライラするようになった。各人が自分こそがリーダーだと暗に主張し、教師から課題が出るたびに誰がリーダーになるかで揉めた。「誰もが大声を出して、自分の権威を示そうとし、みんなを説得しようとしました」とジュリアは語る。宿題の分担を決める際には、誰かひとりが先んじてみんなに分担箇所を割り当てる。すると他の4人がそれを批判する。今度は別の人が、自分はこの分野には詳しいと自己主張し、他のメンバーは「早い者勝ち」と言わんばかりに自分にできそうな分担箇所を確保しようとする。「自分に自信がなかったせいだと思いますが、とにかく間違いをしないようにと気を遣いました」とジュリアは言う。「みんなたがいに批判的で、冗談めかしてちくりと刺そうとするのでした。受け身のふりをしながら攻撃するという感じでした」

「仲良しグループを期待していたのに、全然打ち解けないので、落ち込みました」

そこでジュリアは、別のグループに入れないか、つまり別の形でクラスメイトと絆が築けないかと模索した。ある人からこう教わった——自分たちでチームを結成して「事例コンテスト」に応募している学生もいる、と。「事例コンテスト」とは、現実のビジネスの問題に対して、経営学大学院の学生が革新的な解決法を提案するというもので、実際の事例を受け取り、数週間でビジネス・プランを提出し、著名な経営者と教授が審査する。いくつかの企業がこのコンテストのスポンサーになっており、学生たちは賞金がもらえ、就職先が得られることもある。ジュリアはこれに参加することにした。

イエール大学にはそうしたチームが10ほどあった。ジュリアが参加したチームは学習グループとは違って、メンバーの経歴はばらばらで、元陸軍将校、シンクタンクの調査員、健康教育のNGOの代表、難民プログラム管理者だった。だが彼らは最初から意気投合した。新しい事例が届くたびに、チームは図書館に集まってすぐに課題に取り組み、考えられる選択肢について議論し、調査の分担を決め、執筆分担も決めた。その後も頻繁に集まった。ジュリアによれば、「私たちが手がけた最高の事例のひとつはイエール大学自体でした。学内には昔から学生が運営する軽食堂があったのですが、大学が食品販売を引き取ることになったので、経営学大学院が店舗のオーバーホールを引き受けたのです。1週間、毎晩集まりました。私は昼寝スペースを作るべきだと提案しましたが、別の人はゲームセンターにしようと言いました。服の交換場所というアイディアもありましたし、他にも突拍子もないアイディアが山ほど出ました」。どんな提案をしても、メンバーの誰もそれを潰そうとはしなかった。昼寝スペースという案ですら却下されなかった。ジュリアの学習グループも、授業の課題として山ほどの議論をしたが、「もし私が、たとえば昼寝スペースみたいな案を出すと、かならず誰かが眼をくるくるさせて、それが馬鹿げたアイディアである理由を15くらい並べるのでした。たしかに馬鹿馬鹿しいアイディアです。でも事例コンテストのチームはそういう馬鹿げたアイディアが好きでした。おたがいの馬鹿げた提案を尊重し合ったのです。耳栓を売ったら儲けが出るんじゃないか、といった議論が1時間も続きました」。

結局、ジュリアのチームは、学生運営の軽食堂をミニ・スポーツジムに改装し、トレーニング器械を入れ、エクササイズのクラスを開く、という案に落ち着いた。彼らは数週間かけて費用を試算し、器械の製造会社に相談したりした。そしてジュリアのチームはコンテストで優勝し、そのジムは現在もある。同じ年、ジュリアの事例コンテスト・チームはまた1ヵ月かけて、環境に優しいコンビニ・チェーンがノースキャロライナに事業拡大する方法に取り組んだ。「20以上の案が出ました。そのほとんどはまるで馬鹿げていました」。オレゴン州ポートランドでコンテストの全国大会が開かれ、ジュリアのチームはそこで最終案を発表した。それはこのチェーンの健康食品を前面に押し出すという戦略だったが、この案によって彼らは全国1位になった。

ジュリアの学習グループは、2年生のときにひとり抜け、またひとり抜け、ついには自然消滅した。事例コンテスト・チームのほうは、参加を希望する新入生が何人もいたため、どんどん人数が増えていった。ジュリアを含めて5人からなる中核グループは、イエールを卒業するまでひとりも辞めなかった。現在も彼らは仲良しで、メンバーの結婚式に出席したり、旅行の際にはたがいの家を訪ねたり、電話でアドバイスを求め合ったり、求人情報を伝えたりしている。

どうしてふたつのチームがあれほど違ったふうに感じられたのか、ジュリアは不思議でならなかった。学習グループがストレスに満ちていたのは、誰もが上に立ちたがり、誰もが他人の意見を批判したからだ。事例コンテスト・チームがあれほどエキサイティングだったのは誰もが協力的で熱心だったからだ。しかしどちらのグループも基本的には同じ種類の人間たちから構成されていた。みんな頭が良く、チームを離れれば友好的だった。なのに、どうして学習グループはあれほど競争的で、事例コンテスト・チームはあんなに居心地がよかったのだろう。

ジュリアは言う。「どうしてあんなに違ったのか、どうしてもその理由がわかりません。あれが必然だったとは思えないのです」

＊

卒業後、ジュリアはグーグル社に就職し、ピープル・アナリティクス（職場の人間科学）部門に配属された。社員が自分の時間をどのように使っているかを、ほとんどあらゆる側面から研究する部門である。彼女に課せられた課題は、データを分析し、どうして社員たちはある種の決まった行動の仕方をするのかを解明することだった。

グーグル社は6年続けて「フォーチュン」誌からアメリカで最高の職場のひとつと評価された。その理由について、経営陣はこう信じていた――5万3000人の社員を抱えるまでに成長した現在も、グーグル社は社員一人ひとりの幸福と生産性の研究に膨大なエネルギーを注いでいるからだ、と。人的資源管理部門の一部であるピープル・アナリティクス部は、社員が上司や同僚に満足しているか、働き過ぎだと感じていないか、知的刺激を受けているか、十分な報酬を得ているか、ワーク・ライフ・バランスは適切か、その他数百項目を調査する。またこの部門は採用や解雇の決定にも関わり、誰を昇進させるべきか、この社員は昇進が早すぎたのではないか、といった意見書も提出する。ジュリアが就職する前から、ピープル・アナリティクス部は、86パーセントの自信をもって、採用面接は4回で十分だという結論を出していた。また、出産休暇を12週から18週に増やせば、子どもを産んだ女性の離職率は50パーセント減少するというコンピュータ・シミュレーションの結果にもとづいて、出産休暇の拡大を経営陣に認めさせた。この部署の目標は、いちばん基本的なところでは、グーグル社での生活を少し向上させ、生産性を格段に向上させることだった。ピープル・アナリティクス部は、十分なデータさえあれば、社員の行動のいかなる謎も解けると確信していた。

ピープル・アナリティクス部が最近手がけた最大の課題は、管理職の間で差ができるのはなぜかという研究である。公開されるまではプロジェクト・オキシジェンというコードネームで呼ばれていた。最終的に、研究者たちは8つの決定的なマネジメント・スキルを発見した。* ピープル・アナリティクス部の管理職アビア・ダビーは言う。「プロジェクト・オキシジェンは大成功だった。それは良いマネジメントとそうでないマネジメントの違いがどこにあるのか、それを向上させるにはどうしたらいいか、を明確にした」。実際、プロジェクト・オキシジェンがひじょうに有益な結果をもたらしたので、ちょうどジュリ

＊プロジェクト・オキシジェンによれば、よい管理職は（1）優れたコーチである、（2）部下に権限を割り当て、細かいことに口を出さない、（3）部下の成功と幸福を気にかけているということを態度で示す、（4）結果志向である、（5）情報に耳を傾け、共有する、（6）キャリア構築に協力する、（7）明確なヴィジョンと戦略をもっている、（8）重要な専門的スキルを身につけている。

アが就職した頃、グーグル社はふたたび大規模な計画に着手した。これはプロジェクト・アリストテレスというコードネームで呼ばれた。

ダビーと同僚たちは、グーグル社の社員は社内調査の際にかならずといっていいほどチームの重要性に言及することに前から気づいていた。ダビーによると、「グーグルの社員は『上司は素晴らしいが、私のチームはどうも息が合わない』とか『私の上司は大したことないが、チームの団結力が強いから大丈夫だ』というふうに言う。これはまさしく目から鱗《うろこ》だった。プロジェクト・オキシジェンは指導力に焦点を当てたが、チームがどのように機能しているか、とか、どういう人間を組み合わせるのが最適か、といったことには目を向けていなかった」。ダビーと同僚たちは、どのようにしたら完璧なチームを作れるのかを解明しようと考えた。ジュリアはそのプロジェクトのメンバーに加わった。

プロジェクトは学術文献の渉猟から始まった。外向性と内向性の比率が同じ程度の人間を集めたときにチームは最高に機能するという研究もあったし、重要なのは性格のバランスだという研究もあった。チームメイトが似たような好みや趣味をもっていることが重要だという研究もあれば、できるだけ多様な人間を集めたほうがいいという研究もあった。共同作業の好きな人間を集める必要があるという研究もあれば、適度なライバルがいたほうがいいという研究もあった。要するに研究結果はてんでんばらばらだった。

そこでプロジェクト・アリストテレスは150時間以上かけて、社員にチームが成果を上げるのに必要なのは何だとあなたは考えるかと質問した。ダビーは言う。「優れたチームかどうかは、それを見る人の視点による。外側から見たら素晴らしいチームでも、メンバーたちはひどい状態かもしれない」。最終的にプロジェクトは、売り上げ目標を達成したかどうかのような外的要因にもとづいてチームを判定すると同時に、メンバーたちがどう感じているかといった内的要因からも判定することにした。さらにプロジェクト・アリストテレスは、可能な限りすべての行動を計測・集計した。チームメイトはどれくらいの頻度で職場外の付き合いをしているか、どうやってチーム内で仕事を分担するか、など。さらに複雑な表を作成し、ひとりがふたつ以上のチームに参加している場合、どのチームが部門の目標を達成しているかを調べた。また、チームがどれくらいの期間継続するか、男女の比率は成果に影響を及ぼすか、といったことも調べた。

だがデータをどうアレンジしても、なんのパターンも見出せなかった。つまりチームの構成と成果の関連を示すいかなる証拠も見出せなかった。ダビーによると、「社内の180のチームについて調べた。データは十分にあったのに、性格、スキル、経歴などと成果との関連はいっさい見つからなかった。メンバーが誰であろうと、成果とは関係ないように思われた」。

たとえばグーグル社でとくに生産的なチームのいくつかは、職場外でいっしょにスポーツをする友だち集団だった。いくつかのチームは、会議室以外ではまったく顔を合わせなかった。強い上司を好むチームもあったし、上下関係を嫌うチームもあった。いちばん当惑させたのは、メンバー構成がほとんど同じふたつのチームで、両方に属するメンバーもいたにもかかわらず、成果がまったく違うことだった。「グーグルは個性的なので、パターンを抽出することは容易なのに、この場合だけはまったく見つからなかった」

そこでプロジェクト・アリストテレスは別の角度からアプローチすることにした。一群の学術文献は「集団的規範」と呼ばれるものに焦点を当てていた。「スポーツ社会学」誌に掲載された、ある心理学グループの論文にはこう書かれていた。「どのようなグループでも、時間が経つうちに、適切な行動に関する集団的規範が作られる」。規範とは、集団の機能を支配する伝統・行動基準・不文律である。あるチームに、論争よりも不和を避けることのほうが大事だという暗黙の了解があったとしたら、それが規範である。あるチームの中に、意見の対立を奨励して集団思考を排除するような雰囲気があったとしたら、そこにもまた規範が働いているといえる。チームのメンバーは、たとえば権威を嫌って自主的に働くことを好むといったように、ある面では個人として活動するかもしれないが、チーム内部ではしばしば、そうした好みよりも優先され、チームへの忠誠を奨励するような一群の規範があるものだ。

プロジェクト・アリストテレスのメンバーはデータに戻り、分析をやり直し、今度は規範を探してみた。あるメンバーが別のメンバーの話に割って入ることが奨励されていたチームもあれば、かならず順番を決めて発言するチームもあった。メンバーの誕生日を祝い、かならず仕事と無関係なおしゃべりを数分してから会議を始めるチームもあれば、いきなり本題に入るチームもあった。外向的な人間ばかりなのに、会議室に集まると規範に忠実に従うチームもあったし、内向的な人間ばかりなのに、会議が始まるとそろって殻から出てくるというチームもあった。

データ分析の結果、いくつかの規範はチームの成果と明らかに相関していた。たとえばあるエンジニアは調査員にこう語った——「私たちのチーム・リーダーは何事につけストレートで、いわば安全な場所を確保してくれるので、そのおかげで私たちは安心して危険を冒すことができます。彼女はかならず『調子はどう？』『何か手伝えることがある？』と訊いてくれます」。これがグーグル社で最も成果を上げているチームだった。

一方、あるエンジニアは自分のチームについてこう語った。「チーム・リーダーは感情のコントロールが下手で、ちょっとしたことですぐパニックになり、たえず私たちを縛り付けておこうとします。彼を助手席に乗せて運転したら怖いでしょうねえ。たえずハンドルを握ろうとして、車をぶつけてしまうでしょうから」。そのチームの成果は貧弱だった。

何よりも、メンバーたちがチームをどう感じているかは千差万別だった。ジュリアは語る。「私には理解できます。イエールでの経験があるので。いくつかのチームでは本当に疲れ果てましたが、私にたくさんエネルギーをくれるチームもありましたから」

チームへの所属をメンバーがどのように感情的に経験するかに関して、集団的規範が決定的な役割を演じることは明らかである。イエール、ハーバード、バークレー、オレゴンその他の大学の心理学者たちによれば、メンバー各人が安全と感じるか脅威を感じるか、気力をそがれるか元気づけられるか、やる気を引き出されるか失うか、それらを決定するのは規範である。たとえばイエール大学でのジュリアの学習グループは、年じゅう主導権争いがあり、自分に専門的知識があることをつねに証明しなければならず、たがいがいつでも批判し合う、といった規範のために、ジュリアはやる気をそがれるように感じ、つねに身構えていなければならなかった。それとは対照的に、事例コンテスト・チームは、どんなアイディアでも尊重され、批判は控えられ、指導的立場に立ってもいいし、後ろから付いていってもよかった。そのおかげで全員が友好的で、束縛感もなかった。共同作業は容易だった。

グーグル社の全チームを改良する鍵は集団的規範である、とプロジェクト・アリストテレスの調査は結論づけた。ダビーは言う。「ようやくデータの意味がわかってきた。重要なのは『誰が』ではなく『いかに』だったのだ」

しかし問題は、どの規範が最も重要かということだ。グーグル社の調査は重要と思われる規範を10個くらい発見した。ただし、ある有能なチームの規範と、別の同じくらい有能なチームの規範が矛盾していることもあった。全員に好きなだけ話させるほうがいいのか、強いリーダーがだらだら続く論争に終止符を打つのがいいのか。たがいに真っ向から対立するほうがいいのか、対立は避けるべきなのか。どんな規範がいちばん重要なのだろうか。

## 最も効果的な規範

1991年、エイミー・エドモンドソンという博士課程1年生が、良い医療には良いチームワークが必要であることを証明するため、病院を訪ねた。だが集めたデータは、彼女が誤っていることを示していた。

ハーバードの大学院で組織内行動を研究していたエドモンドソンは、ある教授から医療ミスの研究を手伝ってほしいと頼まれた。そこでエドモンドソンは博士論文のテーマを見つけるため、ボストンのふたつの病院で回復室を訪れ、看護師から話を聞き、医療ミスの報告書を読み漁った。彼女は心臓疾患病棟で、看護師が患者に、抗血液凝固剤ヘパリンの代わりに誤って局所麻酔薬リドカインを投与してしまったことを知った。整形外科病棟では、アスピリンの代わりに覚醒剤アンフェタミンを与えてしまうというミスがあった。エドモンドソンは著者にこう語った。「毎日じつにたくさんのミスが起きているのを知って、驚愕しました。能力不足のせいではなく、病院というのは本当に複雑な場所で、20人もの看護師、技師、医師からなる大きなチームがひとりの患者を担当しています。何かが隙間から洩れる危険性はそこらじゅうにあるのです」

だが、とくに事故の起こりやすい部署がいくつかあった。たとえば整形外科病棟の報告では、3週間に一度事故が起きていた。エドモンドソンはまた、病棟によって雰囲気がずいぶん違うことを知った。心臓疾患病棟の看護師はおしゃべりが多く、がやがやした雰囲気だった。廊下で他人の噂話をしたり、壁に自分の子どもの写真を貼ったりしていた。整形外科病棟はもっと静かだった。師長は白衣ではなくビジネス・スーツを着ていて、共有スペースには私物を置かないようにと看護師たちに言っていた。さまざまなチームの雰囲気を調べれば、ミスの発生率との相関関係がわかるかもしれないとエドモンドソンは考えた。

エドモンドソンともうひとりの共同研究者は、さまざまな病棟のチーム結束力を調べよ

う と考え、チーム・リーダーはどれくらいの頻度で明確な目標を提示するか、チームのメンバーたちはオープンに議論を闘わせるか、それとも微妙な問題は避けるか、などについて看護師たちに質問した。エドモンドソンは各グループの満足度、幸福度、やる気を調べ、研究助手を雇って2ヵ月間各病棟を観察した。

エドモンドソンは言う。「結果は明白だろうと推測していました。チームワーク意識のいちばん高いチームが、ミスがいちばん少ないだろう、と」。ところがデータを表にしてみると、結果は正反対だった。結束力のいちばん強いチームが、圧倒的にミスが多かったのである。どうしてそんなことになるのか？

困惑したエドモンドソンは、質問に対する看護師たちの回答一つひとつを詳しく調べてみれば説明がつくかもしれないと考えた。彼女は質問項目の中に、ミスと個人の責任の関係についての質問をひとつ入れていた。「ミスをすると、チーム内での自分の立場が悪くなる」という文にイエスかノーで答えさせるという質問だった。その回答とミス発生率を比較してみてはじめて実情がわかった。結束力の強いチームのいる病棟に事故が多いのではなく、結束力の強いチームに所属する看護師は気楽に自分のミスを報告するのだ。データは、ひとつの規範があることを物語っていた。ミスをしたときに罰せられるか否かが、ミスをした後で正直になれるかどうかを決定するのだ。

結束力の強いチームのリーダーは、「ミスについて話し合えるような自由な雰囲気を作り出しており、そのせいでミスの発生率が高くなるのである」と、エドモンドソンは1996年の「応用行動科学」誌に書いている。だがさらに詳しく調べてみると、話はもっと複雑だった。たんに結束力の強いチームでは自由に議論ができ、弱いチームではできない、というような単純な話ではないのだ。同じように結束力の強いチームの中にも、ミスを告白しやすいチームとそうでないチームがあった。その差を生み出したのはチームの結束力ではなく、むしろチームの雰囲気だった。「たとえば、ある結束力の強いチームが所属する病棟では、現場を仕切るマネージャーが看護師に目を配っていた。マネージャーは巧みに看護師から質問や心配事を聞き出した。マネージャーによれば、『ある程度のミスはどうしても起きる』。そのミスを生産的に処理するには『処罰しない環境づくり』が何よりも重要なのだ」と、エドモンドソンは書いている。ある看護師はエドモンドソンの助手にこう語った。「ここには、たがいに手を貸し、チェックし合うという暗黙のルールがあります。ここのみんなはすすんでミスを告白します。マネージャーが一肌脱いでくれるからです」

別の病棟のあるチームは、同じように結束が固く見えたが、ある看護師の話では、採血のときに患者を傷つけてしまったことを告白すると、「マネージャーはまるで検事のように私を追及した」。別の看護師によれば、「私たちはミスを犯すと、ドクターから大目玉を食らう」。にもかかわらず、この病棟のチームの結束力はかなり強かった。ある看護師はエドモンドソンの助手に、この病棟は「清潔で、つねに整頓されていて、職業意識が高いことを誇りに思っている」と語った。この病棟の看護マネージャーはビジネス・スーツを着ていて、看護師を叱るときにはかならず誰もいないところで叱責した。スタッフたちはマネージャーの手腕を尊敬していて、自分たちの病棟に誇りをもち、強い団結心を抱いていた。エドモンドソンの目には、メンバーたちはたがいを心から尊重し合っているように見えた。それでも看護師たちは、この病棟にはミスを告白しにくい雰囲気があると述べた。

エドモンドソンは博士論文に着手した頃、科学技術会社や工場を訪問し、彼らの行動を無言のうちに規制しているルールがあるかどうか質問した。エドモンドソンは後に著者にこう語った。「みんなこんなふうに言いました。『今までで最高のチームだ。ここでは仕事用の顔をしなくてすむから』。あるいは『クレイジーなアイディアでも遠慮せずに提案できる』」。そうしたチームでは熱意と支援の規範が支配していて、全員が意見を述べ、冒険するよう後押しされているのだった。「一方、こんなふうに言うチームもありました。『私のグループは本当に仲間思いなので、持ち場を離れるときはかならず監督に相談する』。あるいは『全員が一丸となっているから、うまくいくという確信がなければアイディアを提案しない』』。こうしたチームでは忠誠の規範が支配しているため、何か提案しようとか、チャンスを生かそうという個人の意欲をそいでいる。

熱意も忠誠もけっこうな規範だ。上司は、自分が部下たちの行動にそれほどの影響力をもっているということに気づいてはいなかった。だが、実際に影響力をもっていた。こういう状況だと、熱意の規範はチームを向上させ、忠誠の規範は成果を半減させた。エドモンドソンによれば、「上司は自分が不健康な規範を押しつけているとは全然思っていません。でも、アイディアを提示する前に十分練り上げるように、という暗黙の命令があると、結局チームの成果は上がらないのです」。

エドモンドソンは研究を進める過程で、より高い生産性とつねに関係しているように思われるいくつかの良い規範を見つけた。たとえば最良のチームではリーダーがみんなに遠慮なくしゃべるようにと促し、メンバーたちはたがいに弱点を見せることを恐れず、罰を恐れずに意見を述べることができる。規範のリストが長くなっていくにつれ、エドモンドソンはすべてに共通する属性があることに気づいた。それらの行動はすべて仲間意識を高めると同時に、あえて冒険することを促す。

「私たちはそれを『心理的安全』と呼びます」とエドモンドソンは言う。彼女は1999

年の論文にこう書いている。「心理的安全とは、危険を冒すにはチームがいちばん安全な場所だという、メンバー全員が共通して抱いている信念であり、意見を述べても気まずくならない、拒否されない、罰せられないという安心感である。それは、メンバーがありのままの自分でいられるような、相互信頼と相互尊重に特徴づけられるチームの雰囲気のことである」

グーグル社のジュリアと同僚たちは、規範を調査していたときにエドモンドソンの論文を見つけ、これこそがグーグル社にとって重要なことは何かを的確に捉えていると思った。グーグル社の調査が最も効果的な規範と見なしたのは、働いていて心理的に安全だと感じることだった。誰かが失敗しても後々まで影響が残らないように努力する、突飛な意見を尊重する、他人の選択について遠慮なく質問する、等々。そして、誰も自分の足を引っ張ろうとはしていないという安心感。ジュリアは言う。「心理的安全という概念が、最も重要な規範は何かを鋭く指摘していることはすぐにわかりましたが、問題はグーグル社内でそれをどう教えるか、でした。ここの社員はみんなものすごく忙しいのです。これがグーグル社にとってきわめて重要であることを示し、心理的安全を作り出すための明快なガイドラインを作る必要があります。しかも、反論や意見の衝突を排除せずに」。いいかえると、反対してもかまわないと言いつつ、心理的に安全だと確信させるにはどうしたらいいのか。

「昔から、これこそが問題の核心だったのです」とエドモンドソンは著者に語った。「チームメイトがたがいに心を開くのが大事だということはわかっていました。何か変なことがあったときに黙っていないのが大事だということも、誰もが知っていました。でも現実には、それによってチームがばらばらになってしまうこともあります。どうしてあるチームではたがいに衝突しても心理的安全が保たれ、別のチームでは内部で衝突が起きるとすべてが崩壊してしまうのか、それがわからなかったのです」

## 伝説的お笑い番組の誕生

後に「サタデー・ナイト・ライブ」として有名になるテレビ番組のオーディションの初日、次から次へと芸人たちがやってきてオーディションは永遠に終わらないのではないかと思われた。あるふたりの女性コメディアンは、年中行事になっている天災に備えている田舎の主婦を演じた（「今年の竜巻に備えて、お宅のテーブルクロスを貸してくれない？」）。ある歌手は、女性解放運動のテーマソング「アイ・アム・ウーマン」（1972年に大ヒットしたヘレン・レディの歌）をパロディにした「アイ・アム・ア・ドッグ」という自作の歌をうたった。ローラースケート靴を履いた物まね芸人と、ミートローフという芸名の正体不明の歌手が芸を披露する頃には、昼になっていた。まだ応募者リストには、俳優のモーガン・フリーマン、コメディアンのラリー・デイヴィッド、4人のジャグラー、5人のパントマイミストが載っていた。疲労困憊《こんぱい》した審査員たちには、ボストンとワシントンの間の芸人全員が押し寄せてきたかのように思われた。

番組のプロデューサー、30歳のローン・マイケルズが望んでいたのはまさにそれだった。1年近く前から、マイケルズはバンガーからサンディエゴまで旅し、何百ものコメディ・ショーを覗《のぞ》いた。また、テレビやラジオの台本作家や、すべての雑誌のユーモア・コラムの筆者に会った。後に彼自身が語っているところによれば、彼の目標は「アメリカじゅうのすべてのおかしい人に会う」ことだった。

2日目の昼頃になると、予定がどんどん遅れてきた。そのとき、ひとりの男が飛び込んできて舞台に飛び乗り、プロデューサーに「こっちを見ろ」と合図した。きれいに刈り込んだ口ひげで、スリーピースのスーツを着込み、雨傘とアタッシュ・ケースをもっていた。男はいきなり怒鳴り散らした。「外で3時間も待っていたんだぜ。もうこれ以上は待てん！」。彼は舞台を端から端まで大股で歩き、怒鳴り続けた。「飛行機に乗り遅れる！もういい！　あんたたちはせっかくのチャンスをみすみす逃したんだ！」。彼はそう言うと、走って出て行った。

「何者だ、あいつは?」とプロデューサーのひとりが訊いた。

「ああ、あいつはダン・エイクロイドだ」とマイケルズは答えた。ふたりはトロント時代からの知り合いだった。エイクロイドは、マイケルズが受け持っていた即興演技の授業の受講生だったのだ。「たぶん、あいつを使うよ」

マイケルズはその後1ヵ月かけて残りの出演者を決めたが、同じことが何度も繰り返された。オーディションにきた何百人もの芸人の中から選ぶのではなく、前から知り合いの芸人と、友だちが推薦した芸人を選んだのである。マイケルズはカナダ時代からエイクロイドを知っていたが、そのエイクロイドはシカゴで会ったジョン・ベルーシという名の男を崇拝していた。ベルーシは最初、テレビは最低のメディアだから絶対に出ないと言い、代わりに「ナショナル・ランプーン・ラジオ・アワー」で共演していたギルダ・ラドナー〔喜劇女優。ジーン・ワイルダーの妻〕を推薦してきた(マイケルズはすでにラドナーを雇っていた。『ゴッドスペル』〔イエス・キリストの最後の日々を描いたオフ・ブロードウェイのロック・ミュージカル〕で知り合ったのだ)。「ナショナル・ランプーン・ラジオ・アワー」はいわば、作家マイケル・オドナヒューが創刊した雑誌「ナショナル・ランプーン」のラジオ版で、オドナヒューはアン・ビーツというコメディ作家と同棲していた。

これらの人びとが「サタデー・ナイト・ライブ」の第1シーズンを創った。音楽監督のハワード・ショアはマイケルズといっしょにサマー・キャンプに行ったことがあった。タレント・コーディネーターのニール・レヴィはマイケルズの従弟《いとこ》だった。マイケルズはチェヴィ・チェイスとは、ハリウッドで『モンティ・パイソン・アンド・ホーリー・グレイル』を観るために並んでいるときに知り合った。作家のトム・シラーは、マイケルズといっしょにカリフォルニアのジョシュア・ツリー国立公園にマジックマッシュルームを食べに行った仲で、マイケルズは駆け出し時代に、ハリウッドの作家だったシラーの父親の世話になっていた。

「サタデー・ナイト・ライブ」のオリジナル・キャストと作家たちは主にカナダ、シカゴ、ロサンゼルスで集められ、全員が1975年にニューヨークに移住した。作家としてマイケルズが雇ったマリリン・スザンヌ・ミラー（ふたりはロサンゼルスの「リリー・トムリン・スペシャル」でいっしょに働いたことがあった）は言う。「当時、マンハッタンはショービジネスの不毛地帯でした。マイケルズによって火星に送り込まれたみたいな気分でした」

ニューヨークに到着したスタッフたちは、自分たち以外の誰ひとりとして知り合いがいなかった。彼らの多くは自分のことを反資本主義者あるいは反戦活動家だと思っていた。

少なくとも活動家たちが用いていた麻薬を愛していた。その彼らが、スタジオが建設されつつあったロックフェラーセンター31階に、何着ものスーツを抱えてエレベーターで通ってくるのだった。トム・シラーは著者にこう語った。「われわれはみんな21歳か22歳くらいに見えた。一文無しだったし、自分が何をやっているのか、まるでわからなかったので、朝から晩までとにかく誰かを笑わせようとしていた。食事は全員いっしょに食べたし、夜は同じバーに行った。もし離ればなれになったら、誰かが迷子になり、そのまま行方不明になってしまうのではないかと恐れていた」

やがて「サタデー・ナイト・ライブ」はテレビ史上最も人気のある、最長寿番組のひとつとなる。それに伴い、一種の神話が生まれた。ジャーナリストのマルコム・グラッドウェルは2002年に書いている。「『サタデー・ナイト・ライブ』の初期は、みんながみんなを知っていて、つねに誰かが誰かの仕事に関わっていた。それが複雑に絡み合って、あの番組のキャストの間に特別な化学反応を起こしたのである」。彼らの武勇伝を紹介した本は何冊もある。夜中にジョン・ベルーシが仲間のアパートに押し入ってスパゲティを作ったとか、マリファナたばこの扱いを誤って部屋が火事になったとか、作家たちがたがいの家具を天井にくっつけたとか、たがいのオフィスにいたずら電話をかけたとか、新しい部署にピザを30枚注文し、警備員に扮装してピザを盗み、ジャーナリストに請求書を押しつけたとか。「サタデー・ナイト・ライブ」の誰が誰と寝たかという相関図もある（じつに複雑で、マイケルズは作家ロージー・シャスターと結婚していたが、シャスターはダン・エイクロイドといっしょになり、エイクロイドはギルダ・ラドナーと付き合っていて、ギルダは作家アラン・ツヴァイベルと恋仲だと噂されていた。ただしツヴァイベルは後に本を書き、その中で、たしかに愛し合ってはいたが何もなかったと説明している。そもそもラドナーは後に「サタデー・ナイト・ライブ」のバンドのメンバーと結婚した。ミラーは著者にこう語った。「何しろ70年代のことだから、セックスがすべてだった」）。

「サタデー・ナイト・ライブ」は、偉大なチームワークの模範のひとつと見なされてきた。適正な条件が与えられ、結束力が固いと、集団がどれだけのことを成し遂げられるか、その例として大学の教科書にも載っている。

そうした理論によれば、「サタデー・ナイト・ライブ」を制作した集団があれほどの大成功を収めたのは、共通の文化が個人の欲求に取って代わったからだ。共通の経験（「私たちはみんな高校時代に、出来のいい生徒ではなかった」とビーツは言う）、共通のソーシャル・ネットワーク（作家のブルース・マッコールは言う。「マイケルズはカルト宗教の指導者だった。集団に対して原理運動的な忠誠を誓っていれば、問題なかった」）、そして集団の要求が個人のエゴに優先した（ツヴァイベルは言う。「言葉は悪いけど、われわれは高層ビルのガイアナ人民寺院〔1978年に集団自殺したカルト集団〕か、捕虜収容所みたいだった」)。

だが「サタデー・ナイト・ライブ」初代チームのメンバーたちに話を聞いてみると、実際にはもっとずっと複雑だったことがわかる。作家や芸人たちが膨大な時間をいっしょに過ごし、強い団結意識をもっていたことは確かだが、それは強制されたからでもなく、経歴が共通していたからでもなく、またとくにたがいが好きだったからでもない。実際、「サタデー・ナイト・ライブ」を支配していた規範は、力だけでなく軋轢《あつれき》も生んだ。ビーツは言う。「競争意識や内輪揉めも凄かったわ。みんな若かったから、自分をどうコントロールしたらいいかわからなかったのよ。年じゅう喧嘩していたわ」

ある晩、作家たちが仕事をしている部屋で、ビーツはこんなジョークを言った――ヒトラーがユダヤ人を600万人も殺してくれてよかった、そうでなかったらニューヨークでアパートが見つからなかっただろう、と。ビーツの話では、「マリリン・ミラーは2週間口をきいてくれなかった。ユダヤ人であるマリリンはヒトラーにまつわるジョークには拒否反応を示した。心から私を憎んでいたんだと思うわ。何時間もじっと睨み合っていた」。嫉妬、対抗意識、マイケルズの愛情をめぐる争奪戦、放映時間の取り合い。ビーツによれば、「もちろん自分の書いた場面を放映してもらいたい。そうすると、誰かの場面をカットすることになる。自分が成功するということは、誰かが失敗することを意味した」。アラン・ツヴァイベルとギルダ・ラドナーのような親密な関係ですら危険をはらんでいた。ツヴァイベルは語る。「ギルダと僕はロゼアンヌ・ロゼアンナダンナというキャラクターを思いついた。そこで僕は毎週金曜にオフィスに行って、夜遅くまで8ページか9ページの原稿を書いた。翌日の昼頃ギルダが清々しい顔でやってきて、まるで学校の先生みたいに赤ペンでばっさばっさと削っていった。僕はすっかり頭にきた。そこでオフィスに戻って最初から書き直す。するとまた彼女がそれを真っ赤にする。最終原稿ができあがる頃には、ふたりは口もきかない関係になっていた。3週間、彼女のためにはいっさいコントを書けなかったこともある。わざといいネタは別の人のためにとっておいたのだ」

それだけでなく、「サタデー・ナイト・ライブ」のメンバーたちがいっしょに過ごすのを楽しんでいた、というのもかならずしも真実ではない。番組唯一の黒人役者ギャレット・モリスはのけ者にされていると感じ、十分金を稼いだらすぐにでも辞めようと考えていた。ジェーン・カーティンは週末になると、夫のもとに飛んで帰った。何人かが徒党を組むと、すぐに対抗グループが結成され、諍《いさか》いになるのだった。第2シーズンに作家として参加したブルース・マッコールは言う。「年じゅう派閥闘争が繰り広げられていた。その派閥がしょっちゅう変わるんだ。荒《すさ》んだ雰囲気だった」

そもそも、あれほど資質の違う人間たちがひとつにまとまっていたこと自体が驚きだ。結果的に、マイケルズはまるで異なる趣味をもった人間ばかりを集めていた。ツヴァイベルはボルシチベルト〔ユダヤ人芸人が集まった、ニューヨーク州北部のリゾート地〕風のジョークの専門家だった。マイケル・オドナヒューは、ケネディ暗殺のような事件を扱った暗くて苦い風刺を書いた（秘書が取り乱して「エルヴィスが死んだ」と知らせると、オドナヒューは平然と「華麗な転身だ」と答えた）。トム・シラーは芸術映画を制作したかった。たがいの感性が衝突すると、誰もが痛烈な批判者になった。ギャレットが数週間かけて書き上げた原稿を読んだオドナヒューは「凄いじゃないか、ギャレット。凄くいいぞ」と言って、原稿をゴミ箱に捨てた。

「コメディ作家というのは腹にいっぱい怒りを抱えているんだ」とシラーは言う。「みんな意地悪だった。誰かが面白いことを思いついても、他のみんなが面白いと思わないと、ひどいことになった」

ではなぜ、そんなにも緊張関係と内輪揉めがあったにもかかわらず、「サタデー・ナイト・ライブ」のクリエイターたちはかくも効果的・生産的なチームになりえたのか？ それは彼らが一日じゅういっしょにいたからではないし、個人のエゴよりも集団の要求を優先したからでもない。

むしろ「サタデー・ナイト・ライブ」のチームが意気投合したのは、いっしょにいると安心してジョークを飛ばしたりアイディアを提案したりできたからだ。他人のアイディアはとことんけなし、他人の足を引っ張り、放映時間の取り合いをしたのだったが、それでも作家や役者たちはこの仲間といっしょなら冒険もできるし、歯に衣着せぬことを言っても大丈夫だという雰囲気の中で仕事をしていたのだ。

マイケルズは著者にこう語った。「『チームに私はない』という言葉があるだろ。私の目標はその反対だった。私が求めていたのは『私』の群れだった。みんながみんなの話に耳を傾ける。でも誰も集団の中に没入しない」

そうやって心理的安全が生まれたのである。

＊

ふたつのチームのうちのどちらかに入るようにと言われたとする。

Aチームは男が8人、女がふたり。全員が飛び抜けて頭が良く、経歴も華やかだ。彼らの仕事ぶりをビデオで見ると、見るからにプロという感じの人びとが順番に話をし、その話しぶりは丁寧で、礼儀正しい。問題が発生したとき、どうやらこの問題に関する専門家らしいひとりが長々と話をし、他のみんなはじっと聞いている。誰もその話に割って入らない。ひとりがテーマから逸《そ》れた話を始めると、別のメンバーが控え目に、テーマが何であるかを思い出させ、会話を本筋に戻す。すべてが効率よくすすめられている。会議は予定の時刻にぴったり終わる。

Bチームはまったく違う。男女は同数で、輝かしい経歴の管理職もいるが、これまであまり成果を上げたことのない中間管理職も交じっている。ビデオで見ると、チームメイトたちはそれぞれ勝手に議論に参加したり抜けたりしている。長々と話す者もいれば、ほんの一言しか話さない者もいる。頻繁にたがいの話に口を挟むので、話の流れがつかみにくい。誰かがいきなり話題を変え、テーマから逸脱すると、他のメンバーたちもそれに従ってどんどん脱線していく。会議が終わっても、実際には終わらない。みんなそのまま座って、世間話をしている。

あなたはどちらのグループに入りたいか？

それを決める前に、情報をもうひとつ与えられたとしよう。両方のチームが結成されたとき、メンバー全員が「眼を見て心を読む」というテスト（91ページ）を課せられた。これは一人ひとりに人の眼の写真を36枚見せ、その人物が抱いている感情を4つの選択肢からひとつ選ぶ、というテストだ（正解は93ページ）。

これは人の共感度を測るテストです、と告げられる。Aチームのメンバーの平均正解率

## 「眼を見て心を読む」テスト

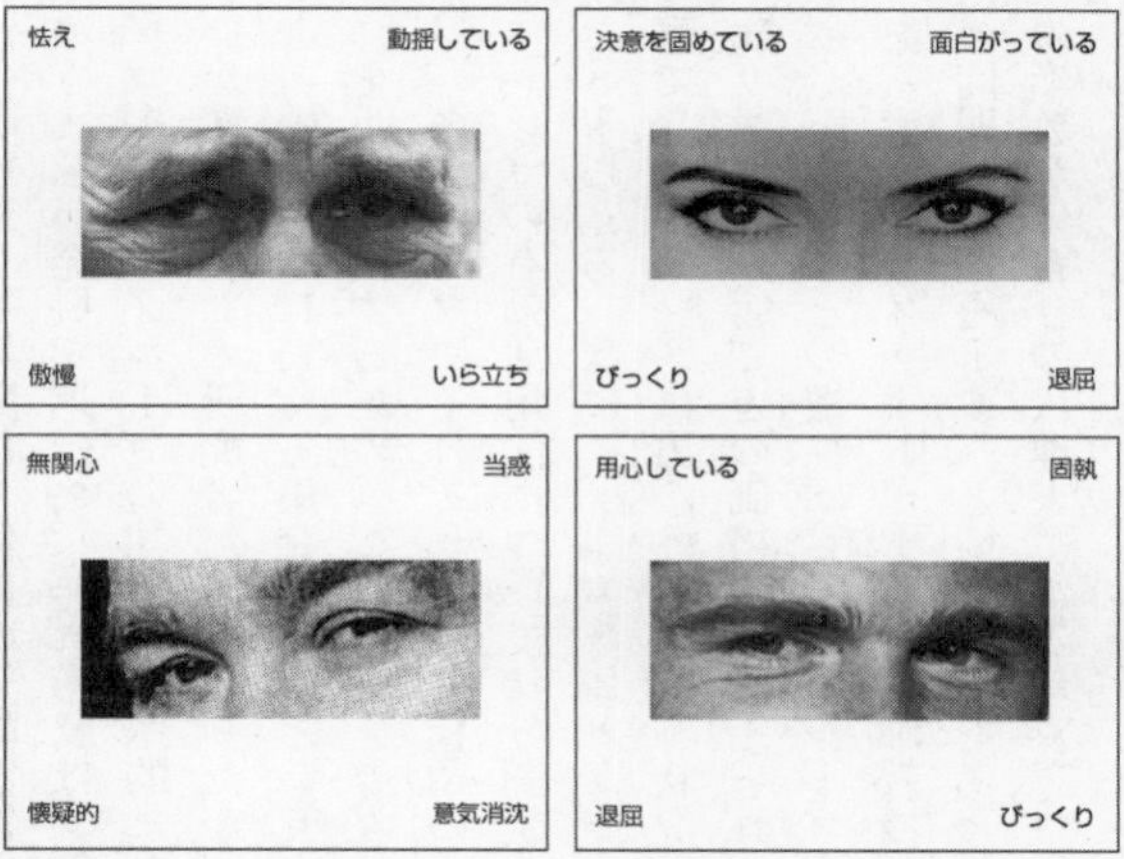


は49パーセント、Bチームは58パーセントだった。

　これを知って、あなたの選択は変わるだろうか？

　２００８年、カーネギーメロン大学とマサチューセッツ工科大学（ＭＩＴ）の心理学者たちは、どういうチームが圧倒的に優れているかを知る方法はないだろうかと考えた。彼らは２０１０年の「サイエンス」誌にこう書いている。「最近、調査、マネジメント、その他さまざまな仕事がますますチームでおこなわれるようになってきた（実際に人が集まってやる場合もあれば、ヴァーチャルな共同作業もある）。そのため、どういうチームが優れているかを明らかにすることが以前にもまして必要になってきた。この100年間に、個人の知能を定義し体系的に計測することに関しては、心理学はめざましい発展を遂げた。われわれは、彼らが個人の知能を測るために開発した統計的アプローチを、グループの知能を体系的に計測することに応用した」

いいかえると、この研究者たちが知りたかったのは、個々のメンバーの知能とは別に、チームの中で生まれてくる集合的知能というものが存在するのか、ということである。

これを明らかにするため、この研究チームは699人の被験者を集め、152のチームに分け、各グループにそれぞれ異なる種類の共同作業を必要とする一連の課題を与えた。最初にレンガの有効活用法について10分間議論し、ユニークなアイディアが出るたびに1ポイントもらえる。次に、チームメイトがハウスシェアをしている同居人だと仮定し、1台の車でショッピングに出かけるという状況を仮定する。各メンバーにはそれぞれ異なる買い物リストと、店ごとの価格表が与えられる。点数を稼ぐには、各メンバーが自分が本当に欲しい物をひとつ犠牲にして、グループ全体に役立つ物を買わなくてはならない。また、ある大学のバスケットボール選手が教授に賄賂を渡したという状況を想定し、この教育上の問題に裁定を下す、という課題もあった。メンバーの半数が大学側の利益を代表し、残りの半数が体育会の代理人になる。双方の利益を最大にするような裁定を出せれば、ポイントがもらえる。

どの課題もメンバーが全員で取り組む必要がある。そして課題ごとに異なった種類の共同作業が必要とされる。チームが課題に取り組むのを観察していた研究者たちは、そこにさまざまな力関係が生まれることに気づいた。あるチームはレンガのじつに有効な用途を何十も思いつき、買い物の分担もたやすくこなし、関係者全員を幸せにする裁定を下すことができた。別のあるチームはレンガの同じ使い方を違った言葉でいくつも列挙し、誰も妥協しなかったためにアイスクリームとフルーツループ〔ケロッグ社のシリアル〕しか買えず、一部の人間をのけ者にするような裁定を下した。興味深いことに、ある課題をうまくこなしたチームは他の課題も見事にこなした。反対に、ある課題で失敗したチームはどの課題をやってもだめだった。

ここから、「良いチーム」が良い成果を上げたのはメンバーの知能が高かったからだ、すなわち集合的知能とはメンバーの個人的知能の総計以上のものではない、という仮説を立てることもできよう。だが研究者たちはあらかじめ参加者たちの知能を測っていて、個人の知能とチームの能力とは比例しないことがわかった。知能の高い10人の人たちをいっしょの部屋に入れておけばたやすく課題がこなせるわけではないのだ。実際、知能の高い

＊　正解は左上から時計回りに、動揺している、決意を固めている、用心している、懐疑的。

人たちのチームはしばしば、知能が比較的低い人たちのチームに負けた。

良いチームには有能なリーダーがいたにちがいない、という意見も出るだろうが、研究の結果によるとこれも間違いだった。

最終的に研究者たちはこう結論づけた――良いチームを成功に導いたのは、メンバーたちの生まれつきの資質ではなく、メンバーたちがたがいにどう接するかである、と。いいかえると、いちばん成果を上げたチームでは、メンバー全員がチームに溶け込めるような規範が支配していたのである。

研究者たちは「サイエンス」誌にこう書いている。「さまざまな課題における集団の有能さをもたらすのは集団的知能という要因である。それを示す有力な証拠が得られた。集団的知能は集団それ自体の属性であり、メンバー個々人の知能とは無関係である」。チームを賢くするのは、それを構成しているメンバーではなく、そのチームを支配している規範なのだ。個々人が凡庸であっても、その規範が集団的知能を引き上げる。たとえメンバー全員が飛び抜けて知能が高くとも、誤った規範が支配しているとチームは低空飛行しかできない。

だが研究者たちがいくつかの優秀なチームの活動のビデオを見直してみると、規範が同じでないことに気づいた。研究リーダーのアニータ・ウーリーは語る。「彼らの行動は驚くほど異なっていました。あるチームはメンバー全員が頭脳明晰で、瞬く間に課題を公平に分担しました。別のあるチームは平均的な人間の集まりでしたが、各人の長所をうまく引き出す方法を見つけていました。いくつかのチームには強いリーダーがいました。他のチームはもっと流動的で、メンバーが交代でリーダーをつとめていました」

それでも優秀なチームに共通する行動がふたつあった。

ひとつは、良いチームではメンバー全員がほとんど同じくらい発言していたことである。研究者たちはこの現象を「発言の公平的配分」と呼ぶ。たとえばいくつかのチームでは、それぞれの課題で全員がかならず発言した。別のチームは、課題によって発言回数はまちまちだったが、1日の終わりに集計してみると全員が同じだけ発言していた。「全員に発言のチャンスがあるチームは成果を上げます。一方、特定のひとり、またはひとつの小集団だけが発言しているチームは集団的知能が低下します。発話はつねに公平である必要はありませんが、全体としては公平でなくてはならないのです」

第二に、優秀なチームは「メンバーの社会的感性が高かった」。つまり、メンバーたちの声の調子、自己抑制の様子、顔の表情などから、各人がどんなふうに感じているかを鋭く見抜く能力が高かったということである。

社会的感性を測るいちばん簡単な方法は、先に紹介した共感テストである。つまり、人の眼の写真を見せて、この人物が何を考えているか、どう感じているかを答えるのである。この「眼を見て心を読む」テストの考案者、ケンブリッジ大学のサイモン・バロン＝コーエンによれば、このテストが計測するのは「被験者がどれだけ他人の心の中に入り込めるか、つまりどれだけその人に『波長を合わせられるか』、である」。男性の場合、写真の人の感情を正しく見抜けるのは52パーセントだが、女性の場合は61パーセントである。

ウーリーの実験で成果を上げたチームのメンバーたちは、「眼を見て心を読む」テストの成績が平均以上だった。人が動揺していたり、のけ者にされていると感じたりしているのを鋭く見抜けるようだった。彼らは頻繁に、何を考えているのかとたがいに訊き合った。また優秀なチームは女性の割合が高かった。

どちらのチームに入るかという問題に戻ると、もし、まじめでプロらしいAチームと、気楽なBチームとの選択ならば、Bチームにすべきだ。Aチームは効率が良く、頭のいい同僚に恵まれている。個人としてはメンバー全員が優秀だが、チームとしては、やはり個人がそれぞれ独立して活動する傾向がある。そのため、集団としての知能が高いかどうかとなると疑問だ。全員が対等に話ができるかどうか、みんなが他のメンバーの感情や要求に敏感かどうかわからないからだ。

それに比べて、Bチームはいささか雑然としている。すぐに他人の話に割って入るし、すぐに話が脱線するし、テーマを追求すべきなのに無駄話に花が咲く。でも誰もが話したいだけ話ができる。なんでも公平に聞いてもらえるし、身体言語や表情を見て、波長を合わせてくれる。他のメンバーがどんな反応を示すか、懸命に予測しようとする。Bチームにはスター的存在はいないかもしれないが、いったん団結すると個人の総和よりもずっと力が出る。

＊

「サタデー・ナイト・ライブ」の初代チームのメンバーたちに、どうしてあれほどの成功を収めたのかと訊けば、みんなローン・マイケルズの名を挙げるだろう。彼の指導力にはみんなを団結させる何か特別な力があった、と答えるはずだ。誰もが、彼は自分の話を聞いてくれると感じていたし、どんなに自己中心的な役者や作家にもたがいの話を尊重させた。過去40年の芸能界で、タレント発掘に関しては彼の右に出る者はない、と。

一方、マイケルズはけっして打ち解けず、社交的ではなく、傲慢で、嫉妬深く、誰かをクビにしようと思ったら完全に切って捨てる、と証言する人もいるはずだ。友だちにはしたくない人間だ、と。だが「サタデー・ナイト・ライブ」のリーダーとして彼が成し遂げたことはまさに金字塔だ。自分のことしか考えない芸人たちの才能を使って、史上最長寿番組のひとつを生み出したのだ。芸人たちは、自分たちの狂気は脇にのけて、年に20回、40年間にわたって、たった1週間の準備で生番組を続けたのだ。

今も制作総指揮者であるマイケルズ自身、「サタデー・ナイト・ライブ」が成功したのは、自分が必死にみんなの尻を叩いてチームを作ったからだと言っている。それがうまくいったのは、彼に言わせれば、他人の意見に耳を傾けるだけの感受性がある人間を集め、全員に発言の機会を与えたからだ。

作家のマリリン・ミラーは著者にこう語った。「たしかにローンは、誰もがアイディアを出せるようにと気を配っていた。よく、『今週はあの女の子たちが出られるコントがあるか？』とか『しばらく出てないのは誰だ？』と言ってたわ」

アラン・ツヴァイベルは言う。「彼には誰をも惹きつける、一種の超能力があった。だから40年も続いているんだと僕は本気で信じている。どの台本も最初に、それに関わった全員のイニシャルが書かれていた。ローンはよく、イニシャルの数が多いほどうれしいと言っていた」

マイケルズはほとんどこれ見よがしに、自分には社会的感性があるのだということを示し、芸人や作家たちが自分を見習うことを期待した。初めの頃、疲れ果てた作家が彼のオフィスで泣いていると、彼は優しく慰めた。よくリハーサルや台本の読み合わせを中断して、そっと役者を脇に連れていき、何か私生活で問題があるんじゃないかと尋ねた。作家のマイケル・オドナヒューがコマーシャルの猥褻なパロディを思いついて、彼にしては珍しいほど自慢したことがあった。マイケルズはそれをリハーサルで18回音読させた。検閲に引っかかって放映されないことは、誰にもわかっていたのだが。

ミラーは言う。「あるとき、ローンのところに行って、こう言ったの。『いいネタを思いついたわ。初めてパジャマ・パーティを開いた女の子たちが、どういうふうにセックスするのかを教え合うの』。ローンは『それで台本を書いて』と答えた。いつもそんなふうだった。何も訊かないの。それからインデックス・カードを取り出して、次週のショーのボードに貼り付けた」。1976年5月8日の「サタデー・ナイト・ライブ」で放映されたその寸劇は、この番組でいちばんヒットした寸劇になった。「私は最高の気分だった。彼にはそういう社会的な超能力がある。誰にでも『自分は世界一重要な人間だ』と思わせるコツを知っているの」

「サタデー・ナイト・ライブ」初代の芸人や作家たちのほとんどは、あまり付き合いやすい人たちではなかった。今でも彼らは堂々と言ってのける――自分たちは喧嘩っ早いし、人の悪口が好きだし、とにかく卑劣だ。だがいっしょに仕事をするときはたがいの感情に気を遣った。マイケル・オドナヒューはギャレット・モリスの台本をゴミ箱に捨ててしまったかもしれないが、後で「あれは冗談だったのさ」と釈明したし、モリスがブラックな童話はどうだろうかと提案したとき、オドナヒューは「死んだちびっこ汽車」（有名な絵本『ちびっこきかんしゃだいじょうぶ』のパロディ）というアイディアを思いついた（「わかってるさ、できるよ。わかってるさ、できるよ。心臓発作だ。心臓発作だ。ああ、痛い！」）。「サタデー・ナイト・ライブ」のチームは正面切って喧嘩をすることは避けた（先にも触れたように、ビーツは著者にこう言った。「私がヒトラーのジョークを言ったとき、マリリンは口をきいてくれなかった。でもそこがミソだった。彼女はただ黙っていた。大騒ぎしたりしなかった」）。みんなは他人のアイディアをけなしたが、それでも、悪口をどこまで言っていいかについては神経を遣った。年じゅう意見が衝突したが、台本の読み合わせには全員が参加したし、批判や競争をしながらもどこか他人をかばうところもあった。「誰もがみんなを愛していた。少なくとも必死に愛しているふりをしていた」とドン・ノヴェロは言う。彼はこの番組の70年代・80年代の作家で、グイド・サルドゥッチ神父の役を演じた俳優だ。「信じられないかもしれないが、われわれは心からおたがいを信頼していた」

チームの中に心理的安全が生まれるには、チーム全員が友だちである必要はないが、社会的感性をそなえ、誰もが自分の意見を聞いてもらえると思えるような雰囲気を作り出さなくてはならない。現在はハーバード大学ビジネススクールで教授をつとめているエイミー・エドモンドソンは著者にこう語った。「心理的安全を確立する最良の方法は、チーム・リーダーが模範を示すことです。リーダーはひとりで前へ進まず、ときどき立ち止まって、『誰もが自分の意見をちゃんと聞いてくれる』とみんなに思わせる必要があります。たとえば会議を始めるときに『なにか見落としているような気がするので、みんな、私が間違っていないかどうか注意して下さい』とか、『ジム、きみはここしばらく話していないけど、きみはどう思う?』とか言うのです。些細なことだと思われるかもしれませんが、これができるかどうかが大きな違いなのです」

エドモンドソンの病院研究では、心理的安全が最高だったチームは、みんなの意見によく耳を傾け、社会的感性の高いリーダーのいるチームと一致していた。そういうリーダーは、誰もが意見を言えるような雰囲気作りに努めていた。また自分自身がどう感じているかも率直に話した。他人の話には割って入らない。誰かが不安に陥っていたり動揺したりしているときは、みんなで支えてあげようと暗黙のうちに指示した。他人がどんな反応を示すかを予想し、その反応にうまく対応した。だから、メンバーたちはたがいに正直でありつつ、時には意見を衝突させることができるし、喧嘩もできるのだ。心理的安全というのはそうやって生まれてくるものだ。みんなが意見を述べることができるような雰囲気作りをし、彼らの社会的感性を育むのである。

マイケルズ自身、規範を作ることが自分のいちばんの務めだと言う。「この番組で仕事をする人は一人ひとりまったく違う。だから一人ひとりに、私はきみに他の人とは違ったふうに接しているということを示してやる。そして他のメンバーにも、私はみんなそれぞれに違ったふうに接しているのだということを示す必要がある。全員からそれぞれのユニークな才能を引き出すにはそれが必要なんだ。『サタデー・ナイト・ライブ』がうまくいくためには、違った作風と芸風がぶつかり合ってひとつに溶け合わなくてはならない。それをするのが私の仕事だ。各人の意見を尊重すると同時に、共同作業に参加させる。作家や芸人たちが番組に参加する前からもっている特異な才能を保たせたい。と同時に、軋轢を乗り越えられるだけの感性をもってもらいたい。そうでないと、毎週、番組が終わるたびに誰かが誰かを殺すことになってしまいかねない」

## リーダーの役割

グーグル社のプロジェクト・アリストテレスの研究者たちは、2015年の夏までにデータを集計し、聞き取り調査を行い、2年間かけて統計を分析した。数万のデータを精査し、そこからなんらかの傾向を読み取るために何十ものソフトウェア・プログラムを書いた。そしてついにその結論を社員たちに公開することになった。

発表会はカリフォルニア州マウンテンビューにある本社で開かれることになった。数千人の社員が集まり、それ以上の社員がビデオで視聴した。グーグル社の人事管理部長のラズロ・ボックが演壇に立ち、挨拶をした。「この調査から学ぶべき最も重要なことは、さまざまな点で大事なのはチームがどのように活動するかであり、誰がチームメンバーかではないということです」

スピーチに先立って、ボックは著者にこう語った。「誰もがある神話を信じている。スーパースターが必要だという神話だ。でもわれわれの調査が出した結論はそうではなかった。平均的なメンバーを集めて共同作業の正しいあり方を教育すれば、スーパースターでもできないことを成し遂げる。神話は他にもある。販売チームと技術チームは違った運営方法が必要だ、とか、最良のチームはすべての面で同意見でなくてはならない、とか、成果を上げるチームは効率を維持するためにたくさんの仕事をする必要がある、とか、メンバーは実際に顔を合わせて仕事をする必要がある、とか。でも、これらはすべて間違いであることがわかった。データは、チームの成功の秘訣は普遍的であることを示している。チームのメンバー全員が、自分の意見を聞いてもらえると確信していることが大事だ。ただし、実際に意見を述べたり判断を下したりすることは大して重要じゃない。顔を合わせて仕事をすべきかどうか、たくさん仕事をすべきかどうかも重要ではない。大事なのは意見が言えることと、社会的感性だ」

演壇上のボックは社員たちにいくつかのスライドを見せた。「重要なのは五つの中心的規範です」

**チームは、自分たちが重要な仕事をしていると信じなくてはいけない。**
**チームは、自分たちの仕事が個々人にとっても意味があると感じている必要がある。**
**チームは、目標と役割分担を明確にしなくてはならない。**
**チームメンバーは、たがいに頼ってもいいのだということを知る必要がある。**
**そして最後に、最も重要なことは、チームには心理的安全が必要だということである。**

ボックは続ける——心理的安全を生み出すためには、リーダーが正しい行動の模範を示さなくてはならない。グーグル社が考案したリーダーのためのチェックリストがある——リーダーは議論のときにチームメイトの話を遮ってはいけない。遮ると、みんながみんなの話を遮るという習慣ができてしまう。ちゃんと話を聞いていることを示すため、誰かの

## チームの成功の秘訣

話が終わったら、それを要約する。自分が知らないことは素直に認める。メンバー全員が少なくとも一回発言するまで、会議を終えてはいけない。メンバーが動揺して不満を述べるのを促し、他のメンバーがそれに否定的に反応するのを促進すべきだ。チーム内の対立には目をつぶらず、みんなでオープンに議論すべきである。

チェックリストにはこうした戦術が何十も書かれている。だがそれらを煎じ詰めれば、ふたつの大原則に集約される――メンバー全員が、自分も意見を述べていいのだと感じていること。そして、他のメンバーの感じていることに対して自分は敏感だということを示すこと。そうすればチームワークはうまくいく。

アビア・ダビーは著者にこう語った。「リーダーにできるちょっとしたことはいくらでもある。会議で誰かが話しているときに、『ちょっと質問していいか』と口を挟むか、それとも話が終わるまで待つか。メンバーのひとりが動揺しているときにどう対応するか。そうしたことはどれも些細なことだが、大きな影響を及ぼす。チームは一つひとつ違う。だからグーグルのような会社では、技師だろうが営業だろうが、自分の信念のために闘えと教えられることは珍しくない。でも議論を破壊的ではなく生産的にするような適切な規範が必要だ。そうでないとチームは絶対に強くなれない」

3ヵ月間、プロジェクト・アリストテレスのチームは社内の各部署を回り、自分たちの発見について説明し、チーム・リーダーに指導した。グーグル社の首脳陣は、チームメンバーが心理的安全を感じているかどうかをチェックできるツールと、チームのリーダーやチームメイトが業績を上げるためのワークシートを発表した。

分析技術部門のトップとしてグーグル社内最大のチームのひとつを率いているセニック・ナンディは言う。「僕は定量分析を叩き込まれたので、裏づけデータを見ないと何も信じない。だからこのデータを見たときは、文字通り目から鱗が落ちる思いがした。技術者はソフトウェアのバグを探すのが好きだ。ちょっといじるだけで、効率が10パーセント上がるから。でも人間関係のバグを見つけるなんて考えてみたこともなかった。人を集めて、うまくいくことを願う。それだけさ。うまくいくこともあれば、いかないこともある。たいていその理由はよくわからない。プロジェクト・アリストテレスのおかげで、人間関係のバグ探しができるようになった。これによって会議の進め方ががらりと変わった。どうやって聞き方の見本を示すか、話を中断すべきか、どうやって全員に話させるか、そういったことを前よりもずっと意識するようになった」

プロジェクト・アリストテレスはこのプロジェクト・チームそのものにも影響を及ぼした。ジュリア・ロゾフスキーは言う。「数ヵ月前、私は会議でひとつミスをした。大したミスではなかったけど、ちょっと面倒なミスだった。そこで、どうしてそんなミスをしたのか、何がいけなかったのか、それを修正するにはどうしたらいいかについてメンバー全員にメールを送った。すぐにひとりから返事が来たんだけど、ただ一言、『痛！』とだけ書かれていたの」

「胸にぐさっときたわ。すでに自分がミスを犯したことで動揺しているのに、その傷をえぐるような一言だった。でも、自分たちがこれまで調査してきたことを思い起こし、すぐに返信しました。『朝っぱらから他人の心理的安全を破壊するのに、〝痛！〟は最高ね』。彼からすぐに返事がきました。『リーダーの回復力を試してるんですよ』。これを読んで激怒する人もいるかもしれないけど、これこそ、私がそのとき聞きたかった言葉でした。

ほんの30秒のやりとりで、すっかり緊張が解けました。チームの能力に関する研究にチームで取り組むのは皮肉というか、滑稽というか。自分の調査していることをすぐに実地に移すことになる。これでわかったことは、誰もが『自分も意見を言っていいのだ』と思っていて、『ぜひみんなの意見を聞きたい』と思っているということを全身で示すことができれば、みんなが自分を支えてくれているという確信が得られるということです」

この20年間に、アメリカの職場はチーム中心になった。今日、平均的な会社員は営業チーム、ユニットマネージャーのグループ、将来の製品を開発するチーム、休日のパーティを企画するチームなど、なんらかのチームに所属している。管理職もまた報酬、企業方針、新規採用、解雇、社内規律立案、コスト削減などについて検討するチームに属している。毎日会議で顔を合わせることもあるだろうし、世界各地に散らばっていて電話やメールで意見を交換する場合もあろう。いたるところでチームは重要な役割を担っている。個々の企業でも、複合企業でも、政府機関でも、学校でも、組織の基本単位はいまやチームである。

そして、チームを成功に導くか失敗に導くかの分かれ目となる不文律はどこでも同じだ。証券マンのチームと整形外科の看護師のチームでは、役割分担のやり方が違うように見えるかもしれない。実際、具体的な規律は異なるだろう。しかしチームがうまくいく秘訣はまったく同じだ。どちらの場合も、メンバーたちが心理的安全を得ていることだ。うまくいくチームのメンバーたちは、自分たちは信頼し合っていて、処罰される心配なしに本音の議論ができると信じている。うまくいくチームでは、メンバー全員がだいたい同じくらい発言する。メンバーたちは、自分がたがいの感情や要求に敏感だということを示す。

一般に、心理的安全の確立へと至る道の入り口はリーダーである。社員のグループであろうとスポーツのチームであろうと、教会の集まりであろうと家族の夕食であろうと、もしあなたがリーダーだとしたら、自分の選択がどんなメッセージを発信しているのかについて考えてみよう。みんなが公平に発言できるよう配慮しているか、それとも声の大きい人を贔屓《ひいき》しているか。よい聞き手の見本を示しているか。みんなの思考や感情に対して敏感であることを示しているか、あまり他人の意見を聞かず、なんでも自分で決める強いリーダーが良いと思っているのではないか。

しばしば、心理的安全を損なうような行動を選択してしまうものだ。議論を打ち切って、すばやく結論を出し、その分野にいちばん詳しい人の意見だけを聞き、他の人にはしゃべらせないほうが、しばしば効率的だ。だが良きにつけ、悪しきにつけ、チームとは個人が内に抱えている文化の拡大版である。多くの研究が示しているように、心理的安全は短期間で見ればより効率が低いかもしれないが、長い目で見ればより生産的である。

自分を自分でコントロールしているという感覚がやる気を生むとしたら、個人が集まってグループを作るときに忘れてならないのは心理的安全である。コントロールには、たんなる自己決定以上のものが必要である。自分がリーダーでないかぎり、反抗的であることが必要だ。

チーム・リーダーはみんなをコントロールする必要がある。グーグル社のリーダーの何人かは、チームの名簿をもち、発言するたびにその名前の横に印をつけ、その数がだいたい同じになるまでコントロールを共有する。メンバーのほうは、自分が真剣に聞いていることを示すことでコントロールを共有する。たとえば、誰かが言ったことを反復する。コメントに答える。誰かが動揺していたり不満そうだったりしたら、見て見ないふりをするのではなく、なにがしかの反応をして思いやりを示す。誰かの判断に従うことで、あるいは誰かが不安を吐露したときに自分も不安だと表明することで、私たちはチームをコントロールすることができ、心理的安全が確保される。

ローン・マイケルズは言う。「僕が好きなのは、スタジオで役者たちが実際に台本を演じてみせ、モニターを覗いていた作家たちがハイタッチして大喜びし、脇で見ているスタッフが大笑いし、別のチームは早くも、この役者をこれ以上面白くするにはどうしたらいいかと考えている、そんな風景だ。ひとつのものからチーム全員がなんらかのインスピレーションを得られると、すべてがうまくいく。その瞬間、チームワークがしっかりと根づき、誰もが、自分がスターになったような気分になるんだ」

# 第3章　集中力を上げる

## ——認知のトンネル化、墜落したエールフランス機とメンタルモデルの力

### コックピットの混乱

残骸が発見されたときにはじめて、乗客は墜落するまで、危険が迫っていることにまったく気づいていなかったことが判明した。乗客はシートベルトを締めていなかったし、食事用トレーも出しっ放しだった。酸素マスクは天井のパネルにしっかり収納されたままだった。大西洋の海底を捜索した潜水艦が目撃したのは、整列した座席はそっくりそのままで、まるでふたたび飛び立とうとしているかのように、上向きに海底に突き刺さった機体だった。

フライト・レコーダーが発見されるまでに2年近くかかった。これさえ発見されれば墜落の原因が明らかになるだろうと誰もが期待した。だが当初、データ・レコーダーからは何も手がかりが得られなかった。データによれば、コンピュータが誤作動した形跡はない。機械的な故障や電気系統の異常を示すデータも皆無だった。コックピット・ボイス・レコーダーによる会話の録音を聞いたときにはじめて、何が起きたのかがわかった。この飛行機はエアバスだった。歴史上最大の、そして最も洗練された旅客機だ。すべてが自動化され、しかも誤作動がまったくない。そのエアバスが海底に沈んだ原因は、機械の不調ではなく、人間の不注意だった。

＊

その23ヵ月前の2009年5月31日、エールフランス447便は、乗員・乗客228人を乗せ、リオデジャネイロを飛び立って、パリに向かった。客室には、新婚旅行客、ワシントン・ナショナル・オペラの元指揮者、有名な軍縮運動家、寄宿学校に向かう11歳の少年らが乗っていた。操縦士のひとりは、フランスから妻を同伴してブラジルに行き、コパカバーナ・ビーチで3日間の休暇を楽しんだ後だった。妻は客室後方の席にいて、夫とふたりの操縦士はコックピットにいた。

離陸の際には管制塔との間で二、三の会話が交わされた。かならず交わされる、ごくふつうの会話だ。離陸の4分後、右の操縦席（副操縦士席）にいた操縦士が自動操縦に切り替えた。これでもし問題が起きなければ、これから10時間半、飛行機は自動で飛ぶはずだ。

20年前には、リオ―パリ間はもっとずっと面倒な路線だった。１９９０年代に入ってコックピットの自動化がすすむまで、操縦士たちは飛んでいる間じゅう、航空交通管制と、天候に関する情報をやりとりしたり、自機の位置を確認したりしながら、航行速度、燃料消費、方角、最良の巡航高度など、数十の計算をしなくてはならなかった。相当な緊張を強いられるので、たいていは複数の操縦士が交代で操縦した。集中力が衰えると危険であることを誰もが知っていた。１９８７年、デトロイト空港で、操縦士が離陸の際に精神的にいっぱいいっぱいになり、フラップのスイッチを入れ忘れた。飛行機は離陸直後に墜落し、１５４人の死者を出した。その15年前、マイアミ付近を飛行していた操縦士が、着陸装置のランプの誤作動に気を奪われ、機がどんどん降下していることに気づかなかった。その飛行機はエバーグレーズに墜落し、１０１人が死亡した。自動航行システムが発明されるまでは、飛行機事故で年間１０００人以上死亡することも珍しくなかった。しばしばその原因は、操縦士の集中力が限界に達していたなど、人為的なものだった。

しかしリオからパリに向かったのは、操縦士が下さなければならない決定を大幅に減らすことで、人為的な誤りを根絶するよう設計された飛行機だった。エアバスA330は最新鋭で、問題が発生するとコンピュータが自動的に介入し、解決策を見つけ、スクリーン上に指示を表示して、そのどこに注目すべきかを教えてくれる。すべてが順調ならば、離陸と着陸の際に8分間だけしか人間が操縦しないことも可能だ。A330のような飛行機は、飛行機の操縦を能動的な職業から受動的な職業へと根本的に変え、操縦は易しくなった。その結果、事故発生率は減少し、飛行機の生産性ははるかに向上した。より少ない操縦士で、より多くの旅客を運べるようになったからだ。かつて大西洋横断便には操縦士が6人も必要だった。この447便の時代には、自動化のおかげで、コックピットには常時2名の操縦士がいればよかった。

離陸から4時間後、ブラジルとセネガルの中間あたりで447便は赤道を越えた。乗客のほとんどは眠っていたことだろう。遠くには熱帯性暴風雨の雲が見えた。コックピットにいたふたりの操縦士は窓越しに、静電気の光が踊っているのを見た。セントエルモの火と呼ばれる放電現象だ。客室に妻がいる操縦士、ピエール＝セドリック・ボナンが「外を見たいので、灯りを少し暗くしてもいいですか」と訊いた。機長は「いいとも」と答えた。もうひとりの操縦士はコックピットの後ろにある小さなスペースで仮眠をとっていた。機長は彼を起こして交代し、ふたりの若い操縦士をコックピットに残して仮眠をとることにした。飛行機は高度3万2000フィートを保ちながら、全自動航行でスムーズに飛んでいた。

20分後、乱気流に巻き込まれて機体が少し揺れた。ボナンはインターフォンで客室乗務員に「乗客に、シートベルトを着用するようアナウンスしてくれ」と伝えた。コックピット周辺の外気が冷えたため、機体から突き出した3本の金属管（ピトー管。管に流れ込む空気の力を測って速度を計測する）に氷が詰まってしまった。100年近く前から、パイロットたちはピトー管の凍結に悩まされ、なんとか工夫して取り除いてきた。速度計の針が急に下がったらそれはピトー管の凍結が原因であることを、ほとんどのパイロットが知っていた。447便のピトー管が凍結したとき、コンピュータ・システムは速度情報を失い、自動航行システムから手動に切り替わった。そのようにプログラムされていたのだ。

警報が鳴った。

「コントロールできてる」とボナンは落ち着いて言った。

「OK」。同僚が答えた。

この時点でもし操縦士たちが何もしなければ、飛行機は安全に航行を続け、ピトー管の氷も解けたことだろう。だが、おそらくボナンはうとうとしていたところを警報ではっと目覚めたせいだろう、機首を上げて元の高度に戻そうと操縦桿を引いた。1分間で、機体は300フィート上昇した。

機首がわずかに上を向いたため、機体の空気力学が変化した。このくらいの高度だと大気は薄く、上昇によって翼の上側の空気の流れが妨害される。翼の上側の空気は下側よりも薄いので飛行機は浮く、というのが基本原理だが、その「揚力」が衰えてしまった。極端な場合だと、これは空気力学的な失速を生じさせ、たとえエンジンを全開にして、機首が上を向いていたとしても、機体は降下する。失速は、初期段階ならば容易に克服できる。機首を下げればいいのだ。そうすれば翼の上側の空気がスムーズに流れるようになり、失速しない。だが機首が上向きのままだと失速状態はどんどん悪化し、井戸の中に石を落としたように、飛行機は真っ逆さまに落ちていく。

447便は薄い大気の中を上昇し続けた。コックピットの中で警報が鳴り響き、録音された声が警告を発した。「失速！　失速！　失速！」

「なんだこれは？」と同僚が尋ねた。

「速度計が壊れたらしい」とボナンは答えた。ピトー管は依然として凍結していて、ディスプレイには速度が表示されていない。

「スピードに注意しろ」と同僚が言った。

「大丈夫だ。降下している」とボナンは答えた。

「いや、上昇している。高度を下げろ」と同僚は言った。

だがボナンは高度を下げなかった。もし彼が機体を水平に戻していたら、そのまま安全に飛行できたろう。ところがボナンは操縦桿を引いたままだった。そのため機首は上を向いたままだった。

＊

いまや自動化や自動操作は私たちの生活のほとんどあらゆる面に浸透している。ほとんどの自動車はコンピュータを内蔵していて、水たまりや氷の上にさしかかると自動的にブレーキを作動させ、トランスミッションの力を弱める。その動作は微細なので、過度に修正してしまうという人間の習性を自動車が予想していたことに、私たちは気づかない。顧客からオフィスにかかってきた電話は、コンピュータによる回線システムを通じて、自動的に当該部署に繋がれる。私たちがデスクを離れていても、自動的にメールが発信される。預金口座は通貨の変動に対して自動的に防御される。誰もがスマートフォンで連絡を取り合うので、私たちは直接には話をしなくなっている。たとえテクノロジーの助けがなくとも、すべての人間は「経験知」と呼ばれる自動的認知力のおかげで、いくつもの作業を同時にこなすことができる。だから配偶者とおしゃべりしながら、同時に子どもの面倒を見つつ、ベビーシッターにメールを打つこともできる。脳の自動操作のおかげで、私たちは何に注目すべきか、何を無視すべきかを、ほとんど無意識のうちに選ぶことができる。

自動化によって工場はより安全になり、オフィスはより効果的になり、交通事故は減り、経済はより安定した。ある面では、過去50年間の個人的・職業的生産性は、その前の２世紀を合わせたよりも高い。そのほとんどは自動化のおかげである。

だが自動化が浸透するにつれ、私たちの集中力が持続しなくなるという危険性が高まってきた。イエール、UCLA〔カリフォルニア大学ロサンゼルス校〕、ハーバード、バークレー、NASA〔アメリカ航空宇宙局〕、国立衛生研究所その他の研究によると、自動と手動を頻繁に切り替えなくてはならないような状況はひじょうに危険性が高い。飛行機、自動車など、自動システムが浸透している分野ではとくに危険性が高く、ちょっとしたミスが惨事を引き起こしかねない。現代のような自動化の時代にあっては、自分の集中力をどう扱うかがますます重要になってきたのである。

たとえば、ボナンの精神状態を考えてみよう。機体を降下させるべきだという点で同僚と合意したにもかかわらず、ボナンがなぜ上昇させ続けたのか、その理由は不明だ。遠くに見えた暴風雨の雲の上に出ようと思ったのかもしれない。突然の警報に対する、意図しない反応だったのかもしれない。警報が鳴ったときに彼がなぜ操縦桿をニュートラルに戻さなかったのか、それは永遠の謎だ。しかし、ボナンが「認知のトンネル化」と呼ばれるものに襲われていたことを示唆する重要な証拠がある。認知のトンネル化とは、たとえば自動操縦装置に任せてリラックスしていた状態から、突然、すべてを手動でやらなくてはならなくなったようなときに私たちが陥る精神状態のことである。

ユタ大学の認知心理学者デイヴィッド・ストレイヤーは言う。「脳の注意力というのはスポットライトみたいなもので、広く薄くもなるし、狭く一点に集中することもあります」。注意力は自分の意図によって誘導される。たいていの場合、注意力を一点に集中するか、リラックスして拡散するかを、私たちは自分で選択する。ところがコンピュータとか自動操縦システムのような自動装置が私たちの代わりに注意してくれるような状況では、脳はスポットライトを暗くして、思考が好きなところに行くがままにする。その理由のひとつは、脳がエネルギーを温存しようとするからである。そんなふうにリラックスできる能力があるということは、私たちにとって大きな利点である。そのおかげで私たちはストレスを制御でき、議論がより容易になる。なぜなら、たえず周囲を監視している必要がなくなり、認知上の大きな課題に取り組む準備ができるからだ。そのため、人間の脳は自動的に電源を切って弛緩する機会をたえず狙っている。

ストレイヤーは続ける。「ところが、緊急事態が発生したとしましょう。想定外のメールを受け取るとか、会議の席で誰かがあなたに難しい質問をするとか。すると突然、脳の中のスポットライトを全開しなくてはなりませんが、最初、どこを照らしたらいいかわからないのです。そこで脳は本能的に、たとえそれが最善の選択でないとしても、目の前にあるいちばんわかりやすい刺激を全力で照らします」

「認知のトンネル化」とは、人は自分のすぐ目の前のことに集中しすぎる、あるいはいちばん差し迫った課題にだけ集中してしまうことである。これのせいで、子どもが泣きわめいていても、まわりの歩行者があなたを避けて通っても、スマートフォンを手離さない。またこれのせいで、ドライバーは前方の赤信号を見ると思いきりブレーキを踏む。弛緩と集中をうまく切り替える技術を習得することは可能だが、それには練習と、けっして放棄しないという意志が必要だ。だがひとたび認知のトンネルに入ってしまうと、注意をどこに向けるかを決める能力が失われ、私たちはしばしば常識を捨ててまで、最も容易で最も明白な刺激にとびついてしまう。

＊

ピトー管が凍結し、警報が鳴ったとき、操縦士ボナンは認知のトンネルに入り込んでしまった。それまでの4時間、彼の注意力はリラックスしていた。ところが点滅するライトと鳴り響くベルの中で、彼の注意力はどこに集中すべきかを探った。最も明白な焦点は目の前にあったビデオ・モニターだった。

エアバスA330のコックピットは「ミニマリズムの大傑作」である。いっさい気が散らないように設計されていて、いくつかのスクリーンと、必要最低限の計器・制御機器だけが並んでいる。操縦士の目の前にあるいちばん大きなスクリーンのひとつがPFD（プライマリ・フライト・ディスプレイ）である。スクリーンの中央には水平に太い線が見える。これが空と陸の境界線を示す。その線の上に飛行機を示す小さなアイコンが乗っている。飛行中、機体が左右どちらかに傾くと、アイコンのバランスが乱れ、操縦士は翼が水平でないことを知る。

ボナンが警報を聞いて操作パネルを見たとき、彼の目に映ったのはこのPFDだった。飛行機体のアイコンはわずかに右に傾いていた。通常なら、操縦士はそれを気にしない。飛行機は航行中にだんだん左右どちらかに傾いてくるものであり、簡単に修正することができる。だが、自動操縦システムが解除され、突然手動で操縦しなくてはならなくなったボナンの頭の中のスポットライトは、この乱れたアイコンに焦点を合わせた。フライト・レコーダーによると、ボナンは夢中になってスクリーン上の翼のアイコンを水平にしようと努めた。そしておそらく左右の揺れを修正することに熱中するあまり、自分が操縦桿を引き

プライマリ・フライト・ディスプレイ

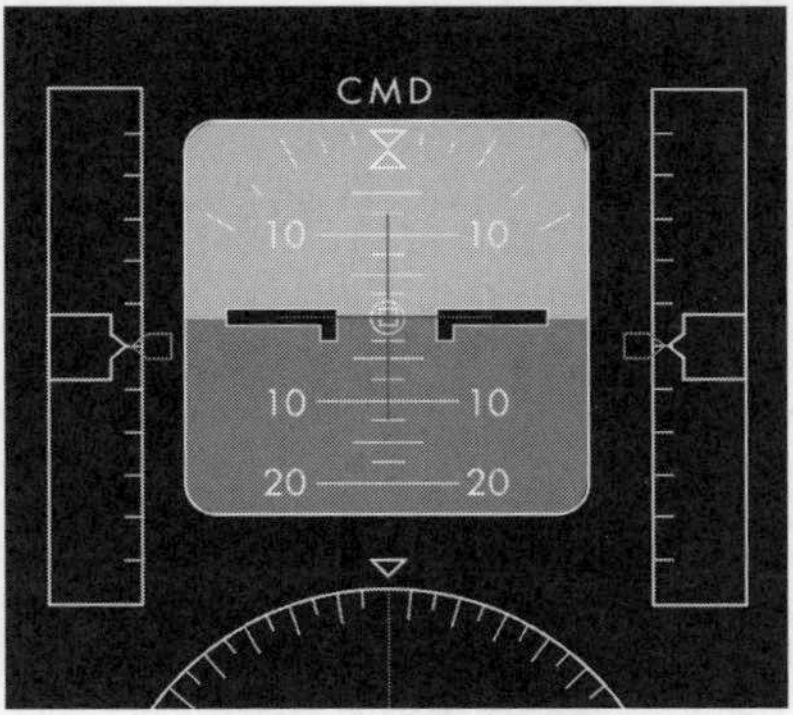


っぱなしで、機首を上向きにしたままであることに気づかなかった。

　ボナンが操縦桿を引いたために、機首は上向きになっていた。そのとき、ふたたび認知のトンネル化が起きた。今度はボナンの同僚の頭の中で。左側の席に座っていたダヴィッド・ロベールは、正式には「監視要員」だった。つまり彼の仕事は「飛行操縦士」のボナンを監視し、ボナンがパニックに陥ったときに手を貸すことだった。最悪の場合は代わって操縦することもできた。ところが警報が鳴った瞬間、ロベールはそうした状況では最も自然な行動に出た。いちばん目に付く刺激に焦点を定めたのである。彼の目の前には、コンピュータが提供するアップデートや指示をテキストで表示するスクリーンがあった。ロベールはボナンのほうを見ず、スクリーンに注意を集中し、そこに表示されるテキストを声に出して言った。「安定させろ。機首を下げろ」

ロベールはずっとスクリーンを見ていたため、ボナンが操縦桿を引いたままであること、したがって、先ほど機首を下げるべきだとふたりで同意したにもかかわらず、ボナンが高度を上げ続けていることに気づかなかった。ロベールは計器類をまったくチェックしなかったらしい。彼は、コンピュータが自動的に吐き出すメッセージをひたすら追いかけていたのだ。たとえそのメッセージが役に立つものだったとしても、ボナンは目の前の飛行機のアイコンから目を離さず、同僚の言うことにはまったく耳を貸さなかっただろう。

飛行機の高度は3万5000フィートを超え、限界高度に近づいていた。いまや機首は12度の角度で上を向いていた。

ようやくロベールはスクリーンから目を離し、計器盤を見た。「これを見ると、おれたちは上昇してるぞ。機首を下げろ！」

「オーケー」とボナンは答え、操縦桿を前に押し、機首を少し下げた。その結果、操縦士たちにかかる重力が3分の1減少し、彼らは一瞬無重力感を味わった。「ゆっくりやれ！」。ロベールが叫んだ。ボナンは、警報、無重力感、そして同僚の非難に動揺したせいだろう、また操縦桿を手前に引き、機首の降下を中断した。機首は6度上を向いていた。

コックピットのスピーカーから別の警報がけたたましく鳴り響き、数秒後、機体が振動し始めた。これは失速の初期段階に、翼を取り巻く空気の流れが乱れたために起きる、バフェッティングと呼ばれる現象である。

「おれたち、上昇してるんだよな？」。ボナンが言った。

その後の10秒間はふたりとも言葉を発していない。すでに機体は限界高度の3万7500フィートを突破していた。失速しないためには、降下しなくてはならなかった。ボナンが機首を下げさえすれば、なんの問題もなかったのである。

操縦士たちがスクリーンに目を奪われている間に、ピトー管に詰まっていた氷が解け、コンピュータはふたたび正確な速度情報を受け取れるようになった。この瞬間以後、飛行機のセンサーは最後まで正常に働いていた。コンピュータは失速を避けるにはどうしたらいいかについて、矢継ぎ早に指令を出した。操作盤は正常な飛行に戻すために必要な情報をすべて表示していたが、操縦士たちはどこを見たらいいのかわからなかった。有益な情報がもたらされても、ボナンとロベールはどこに焦点を定めたらいいのか、皆目わからなかったのだ。

ふたたび失速警報が鳴った。操縦士が無視できないように考案された「コオロギ」と呼ばれる、耳をつんざくような甲高い警報だった。

「なんてことだ！」とロベールが叫んだ。彼はすでに機長を探していた。「機長はどこにいるんだ？ とにかく側面制御には手を触れるな」とロベールはボナンに言った。

「オーケー。TO／GAだな？」とボナンは答えた。

後に調査委員会は、この瞬間に447便の乗員・乗客228名は死を宣告された、と結論づけた。TO／GAとは「TAKEOFF（上昇）／GO AROUND（着陸復行）」の略で、着陸を断念することを意味する。そのとき操縦士はエンジンを全開にし、機首を上げる。操縦士は、緊急事態に備えて、このTO／GAに伴う一連の操作を何百回も練習する。高度が低ければ、TO／GAは意味がある。地表近くは気圧が高いので、エンジンを全開にして機首を上げれば、飛行機は速度を上げ、高度が上がり、操縦士は安全に着陸を断念することができる。

だが3万8000フィートの高度では気圧が低く、TO／GAは役に立たない。これほどの高度ではエンジンを全開にしても速度は上がらず、機首を上げることで失速の危険性が増す。この高度での正しい選択は機首を下げることだ。だがパニックに陥っていたボナンは第二の過ちを犯した。認知のトンネル化に伴う知的失策である。彼は頭の中で、何かよく知っているものにスポットライトを当てようとしたのである。彼は何度も練習した反応、すなわち緊急事態にそなえて習得した一連の操作に頼ろうとした。彼は、心理学で「反射思考〔リアクティブ・シンキング〕」と呼ばれるものに陥ったのである。

私たちが何に注意を集中するかというメカニズムの核心にあるのがこの反射思考である。多くの場合、これには大変な利点がある。たとえばスポーツ選手はある動作を何度も練習するので、試合中は反射思考によって、敵が対応できないくらい素早くプレイすることができる。反射思考とはつまり習慣に頼ることである。だからＴｏＤｏリストやカレンダーに印をつけることが有効なのだ。次に何をすべきかをあらためて考える代わりに、私たちは反射思考を利用して、自動的に事を進める。ある意味で反射思考は、通常だったら動機を必要とするような選択や決断を、自分以外のものに任せてしまうのだ。

だが反射思考には大きな欠陥がある。習慣や反応が自動的になってしまうため、判断力に勝ってしまうのだ。動機を丸投げしてしまうため、私たちはたんに反射的に行動するだけになってしまう。２００９年に認知心理学者のストレイヤーがおこなった実験によると、クルーズ・コントロールや自動ブレーキ・システムを車に搭載すると、ドライバーの行動が変わり、道路の状態にあまり注意を払わなくなる。

ストレイヤーは言う。「クルーズ・コントロールとか自動ブレーキ・システムといったテクノロジーは運転をより安全にするために開発されたものです。実際、運転はより安全になります。ところが同時に反射思考を誘発しやすくなり、想定外のこと、たとえば車が横滑りしてあわててブレーキを踏まなくてはならないような状況に陥ると、ブレーキを思い切り踏むとか、ハンドルを切りすぎるような、練習を積んだ習慣的な反応を示してしまうのです。考える代わりに、ただ反応してしまう。そしてそれが正しい反応でなかったら、悲惨な結果になります」

＊

コックピットの中で警報が鳴り響いていたとき、操縦士たちは無言だった。監視役のロベールは、おそらく何かで頭が一杯だったのであろう、「TO／GAだな？」というボナンの質問には答えなかった。だが彼はふたたび機長を呼びに行こうとした。機長はまだ仮眠中だったのである。もしボナンが、気圧が低い、失速警報が鳴っている、飛行機を安全に上昇させることはできない、といった基本的事実をじっくり考えさえすれば、機首を下げなくてはならないということがすぐにわかったはずだ。だが彼は何百回も練習した習慣に頼って、操縦桿を手前に引き続けた。ボナンがエンジンを全開にすると、機首は恐ろしいことに18度も上向きになった。飛行機は円弧を描くように上向きになり、次の瞬間、機首を上に向けたまま、そしてエンジン全開のまま、降下を始めた。翼の揺れがひどくなり、ついにはコックピット全体が揺れ始めた。飛行機は急速に落ちていった。

「一体どうしたんだ？　何が起きているのか、わかっているのか？」とロベールが尋ねた。

「もう制御不能。全然コントロールできない」とボナンが叫んだ。

おそらく乗客たちは何が起きたのか、まるでわかっていなかった。客室には警報が聞こえなかったからだ。乱気流で機体が揺れている、くらいにしか考えていなかっただろう。操縦士たちは一度もアナウンスをしなかった。

ようやく機長がコックピットに戻ってきた。

「一体何をやってるんだ？」と機長は尋ねた。

「何がどうなっているんだか、わかりません」とロベールが答えた。

「制御不能です」とボナンが叫んだ。

「制御不能です。わけがわかりません。すべてやってみたんですが」とロベールが言った。

447便はいまや分速1万フィート〔時速約180キロ〕で落下していた。操縦士たちの後ろに立った機長は、おそらく自分が目の当たりにしている事態に驚愕したのだろう、罵《のの》り言葉を一語口にしただけで、その後41秒間は口を開かなかった。

「問題は」とボナンが言った。いかにもパニックに陥っているという声だった。「計器が働いていないんです」。これは嘘だった。ディスプレイ、つまり計器盤のいくつかのスクリーンは正確な情報を示しており、それは一目瞭然だった。だがボナンは頭が混乱していて、それが目に入らなかったのだ。

「なんだか、めちゃくちゃ速いスピードで飛んでいるようです」とボナンが言った。実際にはこの時点では、飛行機の速度は遅すぎた。「どう思いますか」と言うと、ボナンは速度をさらに遅くしようと、翼ブレーキに手を伸ばした。

「待て！　これ以上ブレーキをかけちゃだめだ！」とロベールが叫んだ。

「どうしたらいいんでしょう？　どう思いますか？」とロベールは機長に尋ねた。

機長は答えた。「わからん。降下している」

その後の35秒間に操縦士たちは矢継ぎ早に質問したが、その間に飛行機はさらに９００0フィート降下した。

「降下しているのか？」とボナンが尋ねた。目の前の計器を見さえすれば、すぐにわかったはずだ。

「どんどん落ちている」とロベールが言った。

「しばらく操縦桿を引きっぱなしだった」とボナンが言った。

「そんなことをしたらだめだ！」と機長が叫んだ。すでに飛行機は高度1万フィートを切っていた。「上げちゃだめだ」

「操縦桿を放せ！」とロベールが叫んだ。「おれが代わる！」

「任せる」と言って、ボナンはようやく操縦桿を手放した。「きみがコントロールしてくれ。われわれはまだTO／GAなんだよな？」

ボナンに代わってロベールが操縦し始めたとき、飛行機はさらに６０００フィート水面に近づいていた。

「気をつけろ。機首が上を向いている」と機長が言った。

「機首が上を向いてる？」とロベールが言った。

「そうだ、上を向いている」と機長が言った。

「そりゃそうだ。高度はたったの４０００フィートだ」とボナンが言った。

この時点で、飛行機が最低限の速度を確保する唯一の手段は、機首を下げ、翼の上側にもっと空気を流すことだった。だが海面に近づきすぎていたので、有効な操縦法はなかった。地表に接近しているという警報が鳴り出した。「速度低下！　上昇！」。コックピットは騒音に満たされていた。

「ピッチアップしている」と機長がロベールに言った。ピッチアップとは、高速飛行しているときに機首が上がる現象である。

「さあやれ！　上昇しろ！」とボナンが答えた。

彼らはしばらく無言のままだった。

「ありえない」とボナンが言った。コックピットの窓から海が見えた。首を伸ばせば、一つひとつの波が見えそうだった。

「一体どうなってるんだ?」とボナンがつぶやいた。

その2秒後、飛行機は大西洋に墜落した。

## 注意力の使い方

1980年代後半、クライン・アソシエイツというコンサルティング会社の心理学者グループは、混乱状況に遭遇したときになぜ冷静でいられる人とパニックに陥る人がいるのかについての調査を始めた。クライン・アソシエイツの仕事は、企業が、自分たちがいかなるプロセスで決定を下すかを理解するのを助けることだった。多種多様なクライアントが、ストレスと時間制限の重荷を背負ったときに、どうして良い選択をする従業員と、パニックに陥ってしまう従業員がいるのかを知りたがった。もっと重要なことは、そうした企業が、従業員が正しい事物に注意を払うよう教育できるかどうかを知りたがったことだ。

クライン・アソシエイツの心理学者グループはまず、消防士、軍の指揮官、救助隊員など、厳しい状況で働く専門家たちにインタビューした。だが、彼らとの会話のほとんどはあまり実りがなかった。消防士たちは、燃えている階段を見たら、それが自分の体重を支えられるかどうか瞬時に見極めることができた。建物のどの部分につねに注意していなければならないかわかっていた。危険な兆候をどのように発見するかも知っていた。だが彼らは、自分がどうしてそれができるのかうまく説明できなかった。兵士たちは戦場のどの場所に敵が潜んでいるかを見抜くことができたし、伏兵がいそうな場所を感知することができたが、どうやってそう判断するのかと質問されると、「直感だ」としか答えられなかった。

そこでチームは違ったアプローチを試みることにした。調査員のひとり、ベス・クランドールは、自分の住んでいるデイトン周辺のNICU（新生児集中治療室）を訪問した。NICUは他の救急治療室と同じく、混沌と平凡が入り混じった場所で、計測機器類がつねにピーピーと鳴り響いていた。NICUに来る乳児の多くは深刻な状態ではなかった。早産だったり、出生時に軽い傷を負ったりしていたが、重症ではなかった。だが一方、状態が悪く、つねにチェックしている必要のある子もいた。NICUの看護師たちにとっての頭痛の種は、どの赤ん坊が病気で、どの子が健康なのか、見極めるのが難しいということだった。外見は問題ないように見えた未熟児が急に具合が悪くなることもあるし、病気の赤ん坊が意外なほど早く快復することもある。そのため看護師たちはつねに、誰に注意を集中すべきかを決めなくてはならない。わあわあ泣いている子か、おとなしい子か。検査結果か、様子が変だという親の話か。しかも、心臓モニター、自動体温計、血圧計、酸素濃度検査機から刻々とデータが出てくるし、そうした機器は変化があるたびにピーピーと警報を鳴らす。そうしたなかで、注意を集中すべき子どもを決めなくてはならないのだ。測定器類のおかげで、患者はより安全になり、NICUの仕事の効率は格段に上がった。だがそのより少ない看護師で、より多くの子どもたちを見ることができるようになった。どの赤ん坊に注意が必要なのかを看護師がどうやって決めるのか、そしていちばん重要なことを瞬時に判断できる人とできない人がいるのはなぜなのか、クランドールはそれが知りたかった。

クランドールは、緊急事態でも冷静に見える看護師と、パニックに陥っているように見える看護師にインタビューした。いちばん興味深かったのは、赤ん坊に問題があることを見抜く特別な才能があるように見える数人の看護師だった。彼女たちはほとんどの人が見逃してしまうような些細な兆候から、赤ん坊の状態が悪化しているか、快方に向かっているかを察知できるのだった。しばしば、問題の発見に繋がる糸口は、本当に些細な兆候だったので、彼女たち自身も何が彼女たちを行動に駆り立てたのか、なかなか思い出せなかった。クランドールは著者に語った。「彼女たちには、誰にも見えないものが見えるみたいでした。思考回路が異なっているように思われました」

クランドールが最初にインタビューした看護師のひとりは、ダーリーンという有能な女性で、彼女は数年前のあることについて語った。彼女はある早産児保育器のそばを通りかかり、中の赤ん坊をふと見た。赤ん坊に繋がれたすべての機械は、バイタルが正常範囲内であることを示していた。その子を担当していた看護師はつねにその子に注意していたが、何も異常には感づかなかった。だがダーリーンは、何か変だと思った。肌が全体にピンクではなく、まだらで、おなかがちょっと膨らんでいる。最近、かかとから針で血液を採取したが、そこに貼ってあるバンドエイドを見ると、小さな点ではなく、血が滲《にじ》んでいる。

その一つひとつはとくに異常を示すようなことではない。担当看護師は、きちんと栄養を摂取しているし、よく眠ると言った。鼓動もしっかりしている。だがダーリーンは、自分が気づいたことを総合すると何かおかしいと感じた。そこで保育器を開けて、赤ん坊を調べた。その新生児は意識があり、覚醒していた。ダーリーンが触るとちょっといやがったが、泣きはしなかった。とくに指摘できるような問題はないように見えたが、ダーリーンはどこか変だと感じた。

彼女は当直医を探し、静脈注射で抗生物質を投与したほうがいいと言った。それはたんに彼女の直感にすぎなかったが、医師は彼女の判断を信じ、注射と検査を命じた。検査の結果、その赤ん坊は敗血症の初期段階であることがわかった。重度の感染によって引き起こされた、場合によっては命取りにもなりかねない全身の炎症である。病状の進行は早いので、もし気づかずにいたらその新生児は死んでいた可能性もある。だがその子は完全に回復した。

クランドールは言う。「私がすごく興味を惹かれたのは、ダーリーンと同僚の看護師たちは同じ兆候を見て、同じ情報を得ていたのに、問題を発見したのはダーリーンだけだったということです。他の看護師たちにとっては、まだらの肌とか血の滲んだバンドエイドはただのデータにすぎず、個々に取り上げれば警報を鳴らすほどのことではなかった。でもダーリーンはすべてを総合し、ひとつの全体像を思い描いたのです」。クランドールが、どうして赤ん坊が病気だとわかったのかと尋ねると、ダーリーンは直感だと答えたが、さらに質問してみると別の説明が浮かび上がってきた。ダーリーンの話では、彼女は頭の中に健康な赤ん坊はこうあるべきだというイメージがあって、いつもそれを保持しているのだという。保育器の中の新生児を見たとき、そのイメージと合わないと直感した。そこでダーリーンの頭の中のスポットライトが、赤ん坊の肌、かかとの血の滲み、膨らんだ腹部に焦点を当て、ダーリーンに警告を発したのだった。対照的に担当看護師は、どうあるべきかという明確なイメージが頭の中になかったために、栄養状態には問題ないし、鼓動もしっかりしているし、泣かないという、最もわかりやすい細部だけにスポットライトを当てていたのだ。わかりやすい情報によって惑わされてしまったのである。

ダーリーンのような、注意力の使い方のうまい人たちには、いくつかの共通点がある。まず彼らは、こう見えるべきだというイメージを心の中に描く傾向がある。彼らはいま起きていることについて、自分で自分にストーリーを語る。頭の中で自分の経験を語る。彼らは質問に対して直接に語るのではなく、逸話を引いて答える。ぼんやりしているとき、しばしば未来の会話を想像する。彼らは他の人びとよりも、未来をより鮮明に視覚化している。

そのように習慣的に未来を予測することを、心理学では「メンタルモデルを作る」と呼ぶ。人間がどうやって頭の中にモデルを作りあげるのかという問題は、認知心理学の最も重要なテーマのひとつである。どんな人もある程度はメンタルモデルに依拠している。それに気づいているかどうかは別として、世界がどのように動いているのかについて、誰もが自分に特定の物語を語って聞かせる。

だが、他の人よりも強固なモデルを作りあげる人もいる。そういう人はこれからおこなう会話を細かく想像し、今日これから何をするかを細部にわたって想像する。その結果、何に着目し、何を無視すべきかを決めるのがうまくなる。ダーリーンのようなタイプの秘密は、つねに自分で自分に物語を語って聞かせるのが習慣になっていることだ。彼らはつねに予測をする。将来について夢想し、現実と自分の想像が食い違うと、注意力がそこに釘付けになる。だからダーリーンは赤ん坊の病気に気づいたのだ。彼女は自分の病院の赤ん坊たちがどう見えるべきかについて、つねに想像するのが習慣だった。だから血の滲んだバンドエイド、膨れた腹部、まだらの肌を見たとき、それが自分の頭の中のイメージと違っていたため、自動的に保育器にスポットライトが当てられたのだ。

認知のトンネル化と反射思考は、頭の中のスポットライトが暗い状態から瞬時に明るくなるときに起きる。だが、つねに自分で自分に物語を語って聞かせ、頭の中にイメージを描いている人は、スポットライトが完全にオフになることはない。それはつねに頭の中を巡回している。その結果、現実世界に光を当てなくてはならなくなっても、その光に目が眩《くら》むということはないのだ。

＊

エールフランス447便のコックピットにおける会話の録音を分析した調査委員会は、飛行中、操縦士3人のうちのひとりも強固なメンタルモデルをもっていなかったことを示す十分な証拠を見つけた。

最初の警報が鳴ったとき、副操縦士ロベールは「なんだこれは？」と尋ねた。「速度計が壊れたらしい。……おれたちは上昇してるんだよな？」とボナンは答えた。

危機が深まるなかで、操縦士たちは質問し合った。次々に与えられる情報を理解するためのメンタルモデルをもっていなかったからだ。情報が与えられれば与えられるほど、彼らは混乱してしまった。そのためにボナンは認知のトンネル化を起こしやすくなっていたのだ。航行中、彼は自分で自分に物語を語って聞かせなかったために、想定外の出来事が起きると、どこに注意を払ったらいいのかわからなくなった。飛行機の速度が遅くなり、落下し始めたとき、彼は「なんだか、めちゃくちゃ速いスピードで飛んでいるようです。どう思いますか？」と言った。

そしてボナンがようやくメンタルモデルを手に入れたとき（「TO／GAだな？」）、彼はそのモデルに反するような事実を探そうとしなかった。飛行機が海面に激突する2分前、「上昇しているんだな。わかった。高度を下げよう」と言った。自分の言葉の矛盾に気づいていなかったらしい。さらに彼はこう言った。「オーケー、TO／GAだな？　でもどうして落ち続けているんだ？」

飛行機が海面に到達する数秒前、ボナンは「ありえない！」と言った。そして最後の言葉を発した。その言葉を聞くと、飛行機が猛烈な速度で海面に激突するときになっても、彼がまだ有効なメンタルモデルを探していたことがわかる。

「一体どうなってるんだ？」

もちろんこれは447便の操縦士たちに特有の問題ではない。オフィスにいるときでも、高速道路を走っているときでも、スマホをいじっているときでも、長椅子に座ったまま同時にいろんな作業をやっているときでも、どこでも起こりうることだ。エールフランス447便のような事故を何十も研究したNASAの心理学者スティーヴン・キャスナーは言う。「こういう混乱した状況は100パーセント人間自身の責任なんだ。そもそも、人間のほうが創造的で、柔軟で、問題解決能力をそなえている。馬鹿なコンピュータは、モニタリングのような反復作業だけが得意だ。にもかかわらず、人間は、飛行機の操縦、小説の執筆、科学理論の構築など何から何までをその馬鹿なコンピュータに任せ、盆栽みたいにじっとコンピュータの前に座って、点滅するランプを見つめている。どこに着目すべきかは、これまでだって容易ではなかったが、いまやますます難しくなっている」

＊

ベス・クランドールがNICUの看護師たちにインタビューしてから10年後、MITの経済学者ふたりと社会学者が、最も生産性の高い人びとはどうやってメンタルモデルを構築するのかについて研究しようと考えた。彼らは中規模の人材派遣会社を説得し、損得データ、従業員の予定表、そしてこの会社の管理職が過去10ヵ月間に発信した12万5000通のメールを見せてもらった。

すべてのデータを調査するなかで、研究者たちが最初に気づいたのは、この企業の最も生産的な社員たち、つまりスーパースターたちには一連の共通点があることだった。まず、彼らは同時に五つのプロジェクトにしか関係していなかった。健全な量だが、特別多くはない。同社には10とか12のプロジェクトに同時に関係している社員もいたが、彼らはスーパースターに比べると生産効率が低かった。スーパースターたちは時間を何に使うかについて、より用心深かったのである。

当初、経済学者たちは、スーパースターたちは仕事を選り好みし、これまでに手がけたのと似たような仕事を探す傾向があるに違いないと推測した。これまでどおりの知恵に従って、似たような仕事を何度も手がければ生産性は上がる。前の繰り返しだから、より速くできるし、より効率的にできる。新しい仕事を手がけるたびに新しいスキルを身につける必要がない。ところが、データを調査してみると、実際はその反対だった。スーパースターたちは、すでに身につけたスキルが役立つような仕事は選んでいなかった。むしろ、新しい同僚を見つけなければならず、新しい能力が要求されるような仕事ばかりを引き受けていた。だからスーパースターたちは同時に五つの仕事しか手がけなかったのだ。新しい人たちと出会い、新しいスキルを習得するのは、かなり余計な時間がかかるからだ。

スーパースターたちに見られたもうひとつの共通点は、まだ初期段階にある仕事に興味をもつという傾向だ。これは意外だった。始まったばかりのプロジェクトに加わることは危険を伴う。新しいアイディアは、たとえどんなにうまく実現しようとしても、往々にして失敗する。いちばんの安全策は、すでに軌道に乗っているプロジェクトに参加することだ。

だが一方、初期プロジェクトは情報が豊富だ。プロジェクトを始めたばかりのチームに加わることで、そうでなかったら絶対に読まなかっただろうメールがCCで届くようになる。それによって、どの中間管理職が有能で、部下たちから有益な新しいアイディアを汲み上げるのかがわかるようになる。また新たなマーケットや、デジタル経済のさまざまな教訓を、他の管理職よりも先に知ることができる。しかも、成功した後で、誰のアイディアだったのかをめぐる争いに巻き込まれることなく、プロジェクトが生まれたときに同じ部屋にいたというだけで、発案者のひとりとして名を連ねることができる。

最後に、スーパースターたちに共通する特定の行動様式があった。それは知的な会話に関することで、彼らは理論を組み立てるのが大好きだった。成功している取引先と、うまくいっていない取引先の差は？　満足している顧客と、不満を抱えている顧客の違いは？　経営スタイルを変えると、従業員がいかに変わるか？　そういったありとあらゆる話題について、彼らは次から次へとさまざまな理論を考え出す。いや実際、ほとんどマニアックなほどに、彼らは自分や同僚に対して世界の仕組みを必死に説明しようとする。

スーパースターたちは、自分が見たり聞いたりしたことを、かならずストーリーにして話す。いいかえると、どんどんメンタルモデルを作りあげる。彼らは会議中に矢継ぎ早にアイディアを出し、次の会議がどんな展開になるかをあれこれ想定し、どんな調子で発言したらいいかを口に出して言う。新商品のアイディアをどんどん出し、それをどうやって売ったらいいかを実際に試してみせる。過去の会議を再現してみせ、夢みたいな壮大な計画を延々と述べたりする。彼らはほとんどつねにメンタルモデルを組み立てている。

MITの研究者のひとり、マーシャル・ヴァン・オールスティンは言う。「この種の人たちは、自分がたったいま見たことについて、次から次へと説明を思いつく。過去の会議を忠実に再現しながら、一つひとつの発言を分析する。みんなに、まちがっていることがあったら遠慮なく指摘してくれと言う。情報がちゃんと一致するかどうかをたえず気にしている」

MITの研究者たちの計算によると、スーパースターたちは、初期段階の情報豊富なメールをCCで受け取り、メンタルモデルを次々にみんなに話すことで、年1万ドルもの収入を余分に得ていた。スーパースターたちが五つのプロジェクトにしか関係しないで、同僚たちよりも成績を上げていたのは、より生産的な思考法を有していたからだ。

研究者たちはこれと同じような調査を何十も手がけたが、結果はほぼ同じだった。自分の注意力をコントロールでき、メンタルモデルを作る習慣が身についている人は、業績も良く収入も多かった。しかも調査で明らかになったのは、メンタルモデルを作る習慣は誰にでも習得できるということだった。身のまわりで起きていることをなんでも物語にして自分に語って聞かせることで、自分の注意力をどこに向けたらいいかがわかってくる。どんなに些細なことでも、物語にするのだ。たとえば会社に向かう車の中で、その日の会議のことを頭に思い浮かべる。ただし具体的に、鮮明に。会議がどんなふうに始まるか、上司からコメントを求められたらどんな意見を述べるべきか、同僚たちからどんな反論が予想されるか、など。もちろん重要な事柄についての物語もあるだろう。たとえば先に紹介したNICUの看護師が、赤ん坊はどう見えるべきかについて自分に物語を語って聞かせていたように。

仕事上のちょっとした細部に対してもっと敏感になりたければ、会社に着いたら自分が何を見るか、何をするかについて、できるだけ具体的に想像する習慣を身につけることだ。

そうすれば、現実が頭の中の物語とちょっとでも食い違うと、気がつくようになる。子どもの話をもっと上手に聞けるようになりたかったら、昨日の夕食時に子どもたちが言ったことについて、自分なりの物語を作ることだ。自分の生活を物語にすることで、さまざまな経験をより深く脳に刻むことができるようになる。集中力を高め、気が散らないようになりたければ、自分がこれから何をしようとしているかについて、頭の中でできるだけ詳細に思い描くことだ。頭の中に練り上げられた台本があれば、何が自分を待ち受けているかを知るのはそれほど難しいことではない。

企業人に聞くと、この方法は、就職試験を受けるときや、誰を採用するかを決めるときなど、あらゆる場面で重要だ。どの企業も欲しがるのは、物語を語る応募者だ。コンピュータゲームの大手販売会社エレクトロニック・アーツの副社長アンディ・ビリングズは言う。「自分の経験を何か物語のように語る人間を採用したい。点と点を繋いで、世界がどのように動いているのかをより深いレベルで理解できる本能をもった人間がいたら、掘り出し物だ。どこの企業だってそういう人間が欲しいんだ」

## 頭を切り替える

エールフランス447便が大西洋に消えてから1年後、シンガポール空港で別のエアバス（今回はカンタス航空機）が滑走路に出て、シドニーまでの8時間の飛行の許可を得て、晴れた朝の空へと飛び立った。

このカンタス航空機は大西洋に墜落したエールフランス機と同じ自動航行システムを搭載していた。だが操縦士たちはまったく違ったタイプだった。機長のリチャード・チャンピオン・ディ・クレスピニーは、このカンタス航空32便に乗り込む前から、どのようなメンタルモデルを使うべきかについて訓練を積んでいた。

フェアモント・ホテルからシンガポール・チャンギ国際空港に向かうバンの中で、機長は操縦士たちに言った。「問題が発生したときに第一にすべきことを思い描いてもらいたい。たとえばエンジン・トラブルが発生したとする。どこを最初に見なくてはならないか？」。操縦士たちはひとりずつ、どこを見るべきかについて説明した。ディ・クレスピニーはフライトのたびに同じ会話をしたので、操縦士たちも慣れていた。緊急事態が発生したらどの計器を見るべきか、警報が鳴ったらどこに手をやるべきか、左を見るべきかまっすぐ前を見るべきか、といったことについて、機長は操縦士たちに一つひとつ質問した。後にディ・クレスピニーは著者に語った。「現代の飛行機っていうのは何十万ものセンサーとコンピュータの集まりだ。ところがそいつらは正しい情報とゴミ情報の区別がつかない」。彼はクロコダイル・ダンディー〔1980年代にヒットしたオーストラリアのコメディ映画の主人公〕とパットン将軍〔「大胆不敵であれ！」という言葉で有名なアメリカの将軍〕を合わせたような、ぶっきらぼうなオーストラリア人だ。「だから人間の操縦士が必要なんだ。何が起きているかではなく、何が起こりうるかについて考えるのがわれわれの仕事だ」

操縦士たちの想像力訓練が終わると、ディ・クレスピニーは規則を言い渡した。「もし私の決定に賛成できないとき、あるいは私が何かを見落としていると思ったとき、かならず私に言うこと」

彼は副操縦士に言った。「マーク、みんなが下を見たら、上を見てほしい。みんなが上を見たら、下を見ろ。今回の飛行で、われわれはみんな少なくともひとつくらい間違いを犯すかもしれん。それを見つけるのがきみたちの仕事だ」

440人の乗客が搭乗の準備をしている間に、操縦士たちはコックピットに入った。カンタス航空の操縦士はすべてそうだったが、ディ・クレスピニーも毎年、操縦技術のチェックを受けなくてはならなかった。そしてちょうどその日、コックピットにはクルーの他にカンタス航空で最も経験のある操縦士がふたり、評価員として乗り込んでいた。けっして馴れ合いのチェックではなく、もしディ・クレスピニーが間違いを犯せば、早期退職を言い渡される可能性もあった。

各人が席に着くとき、評価員のひとりがコックピットの中央に座った。標準的な配置ならば、副操縦士が座る席だ。ディ・クレスピニーの顔が曇った。彼は評価員が、脇の邪魔にならない場所に座るのだろうと思っていた。コックピットがどのような配置であるべきか、彼なりのイメージを描いていたのだ。

ディ・クレスピニーは評価員に向かって言った。「どこに座るつもりですか?」

評価員は答えた。「きみとマットの間の、ここさ」

ディ・クレスピニーは言った。「それは困ります。操縦の邪魔になります」

コックピットの中が静まり返った。機長と評価員の間でこのような会話が交わされるとは誰も予測していなかったのだ。

「リチャード、いまマークが座った席からは、きみのことが見えない。チェックできないじゃないか?」

「それは私の知ったことじゃない」とディ・クレスピニーは言い返した。「クルーはいっしょにいる必要があります。あなたがいる席にはマークに座ってもらいたい」

「リチャード、聞き分けがないぞ」と、もうひとりの評価員が言った。

「私はフライトを指揮しなくてはならないんですよ。クルーには正しい任務についてもらいたい」とディ・クレスピニーは言った。「それじゃ、リチャード、必要なときには私が副操縦士になると約束するよ」

最初の評価員が言った。

ディ・クレスピニーはしばらく黙っていた。彼は自分の部下たちに、自分の決断に疑問を呈してもらいたいと思ったのだ。自分は部下の意見を尊重しており、ちゃんと耳を傾けるつもりだということを、部下たちに示したかったのだ。グーグルや「サタデー・ナイト・ライブ」のチームが、罰せられるという恐怖なしに自由にたがいを批判できる必要があったように、ディ・クレスピニーは部下たちに、自分は反論でも歓迎するということを知ってもらいたかったのである。

「いいでしょう」とディ・クレスピニーは評価員に言った。「彼は副操縦士役を務めると言った。私が思い描いていたプランにぴったりだった」（後に彼は著者に言った）。ディ・クレスピニーは操縦に戻り、カンタス32便をゲートから離れさせた。

飛行機は滑走路を走り、離陸した。高度2000フィートに達すると、ディ・クレスピニーは自動操縦装置のスイッチを入れた。空は快晴で、完璧なコンディションだった。

高度7400フィートに達したとき、ディ・クレスピニーは第一操縦士に、客室のシートベルト・サインを消すことを命じようとした。そのとき、かすかな音が聞こえた。一瞬だけ高圧の空気がエンジンを抜ける音だろうと彼は思った。ところがもう一度音がした。今度はもう少し大きい。そして次の瞬間、機体の上に何千個もの大理石をぶちまけたような轟音が鳴り響いた。

ディ・クレスピニーの計器盤の赤ランプが点灯し、サイレンがコックピットに鳴り渡った。後に調査委員会は、左側のジェットエンジンのひとつの内部で燃料が爆発し、そのせいで駆動軸から大きなタービンディスクがとれて、3つに割れて飛び散り、エンジンを破壊したと結論づけた。そのうちふたつの大きな破片は左翼にいくつもの穴を開け、そのひとつは人が通り抜けられるくらい大きな穴だった。無数の小さな破片が、クラスター爆弾のように飛び散り、電線、燃料チューブ、燃料タンク、油圧ポンプを破壊した。翼の下側は機関銃を乱射されたような有り様だった。

長い金属片が左翼から垂れ下がり、空中をパタパタしていた。機体が揺れ始めた。ディ・クレスピニーは速度を落とそうと、手を伸ばした。この種の緊急事態では標準的な対応だ。だが彼がボタンを押しても、装置は反応しなかった。彼のコンピュータ画面に次々に警告メッセージがあらわれた。第二エンジンが火を噴いていた。第三エンジンは損傷していた。第一および第四エンジンについてはデータがなかった。燃料ポンプは働いていなかった。油圧系統も空気系統も電気系統もほとんど作動していない。左翼から燃料が幅広の扇状に洩れていた。この故障は後に、近代飛行機史上最悪の空中における機械的災害のひとつと呼ばれることになる。

ディ・クレスピニーはシンガポールの航空交通管制に連絡をとった。「こちらQF32。第二エンジンが故障したと思われる。方角150。7400フィートを維持する。随時連絡する。5分後にまた連絡する」

最初に小さな音がしてから、まだ10秒も経っていなかった。ディ・クレスピニーは左翼の電源を切り、火災防止の手順に着手した。機体の振動がしばし止《や》んだ。コックピットの中では警報が鳴り続けていた。操縦士たちは無言だった。

客室では、パニックに陥った乗客たちが窓から外を見たり、座席の背についているスクリーンに見入ったりしていた。あいにくなことにスクリーンには、尾翼に設置されたカメラが捉えた、損傷した翼が映っていた。

コックピットの男たちは、たがいに簡潔で要を得た言葉を交わしながら、コンピュータが吐き出す指令に従いはじめた。ディ・クレスピニーがディスプレイを見ると、主な22のシステムのうちの21が損傷し、まったく作動していなかった。まだ動いているエンジンも急速に状態が悪化し、左翼の油圧が機能しなくなったため、操縦不能になった。ほんの数分の間に、ちょっとした速度変更と、微細な方向転換しかできなくなっていた。いつまで飛んでいられるか、誰にもわからなかった。

操縦士のひとりが計器盤から目を離して言った。「引き返すべきだと思います」。旋回して空港に引き返すことは危険を伴う。だがこのまま飛び続けると、毎秒、空港から遠ざかっていくことになる。

ディ・クレスピニーは管制塔に、引き返すと告げた。機体はゆっくりと大きな弧を描いて旋回した。「1万フィートまで上昇することを許可願いたい」と、ディ・クレスピニーは管制塔に連絡した。

操縦士たちが口をそろえて反対した。「だめです!」

彼らは手早く心配事を説明した。上昇するとエンジンに負担がかかるかもしれない。高度を変更すると、タンクからの燃料洩れもひどくなりかねない。だから低高度で機体を水平に保つべきだ、と。

ディ・クレスピニーは飛行時間が1万5000時間を超えるベテランで、災害のシナリオもシミュレータで何十回も練習してきた。こういう瞬間は何百回も経験してきたのだ。どう対処すべきかについて、彼にはひとつのイメージがあった。そのひとつは高度を上げて選択肢を増やすことだ。彼の全本能が、上昇すべきだと告げていた。だがどんなメンタルモデルにも欠陥がある。それを見つけ出すのがクルーの仕事だった。

ディ・クレスピニーはふたたび無線をとった。「カンタス32便。1万フィートへの上昇は中止。7400フィートを維持する」

＊

その後の20分間、コックピットの男たちは、ますます増えていく警報と緊急メッセージへの対処に追われた。コンピュータは個々の問題に対する解決法を順を追って示したが、次から次へと新たな問題が起きるため、コンピュータの指示もそれだけ増大し、何を優先し、どこから着手すべきか、誰にもわからなかった。ディ・クレスピニーは自分が認知のトンネルに引きずり込まれていくのを感じた。あるコンピュータのチェックリストは操縦士たちに、機体のバランスを保つため、燃料を右翼から左翼に移すよう指示していた。副操縦士がその指示を実行しようとしたとき、ディ・クレスピニーは「いかん！」と叫んだ。「燃料を無傷の右翼から、洩れている左翼に移すのか？」。この10年前、ある航空機がトロントで、クルーが不注意で、洩れているエンジンに燃料を移してしまい、そのためにあやうく墜落しそうになった。操縦士たちは、移さないということで合意した。ディ・クレスピニーはどさっと椅子に深く腰を下ろした。損傷を頭の中で思い描き、少なくなっていく選択肢を再確認し、次々に映し出される故障の情報をもとに、なんとか状況を頭の中で視覚化しようと努めた。この危機の間じゅう、ディ・クレスピニーと部下の操縦士たちは頭の中でエアバスのメンタルモデルを作りあげていた。だが、どこを見ても新たな警報が鳴り、システムがダウンし、ライトの点滅が増えていった。ディ・クレスピニーは溜息をつき、操縦桿から手を放し、膝の上に置いた。

「シンプルに考えよう」と彼は操縦士たちに言った。「燃料を移すことはできない。捨てることもできない。無傷の燃料タンクは後部にあり、燃料の移送はできない。だからポンプのことは忘れよう。他の8つのタンクも忘れよう。燃料の残量も忘れよう。どこが故障しているのかに集中するのはやめて、何がまだ動いているかに集中しよう」

すぐに操縦士のひとりが、まだ稼働している機器をチェックし始めた。8つの油圧ポンプのうちふたつはまだ機能していた。左翼には電気が通じていなかったが、右翼には多少通じていた。車輪は無傷で、操縦士たちは、少なくとも一度はブレーキを利かせることができるだろうと考えた。

思い返すと、ディ・クレスピニーが最初に操縦したのはセスナだった。アマチュアに愛された、単発エンジンの、ほとんどコンピュータが使われていない小型飛行機だ。むろんエアバスと比べたら、セスナは玩具みたいなものだが、どんな飛行機もその中核は同じ物でできている。燃料システムと、飛行制御と、ブレーキと、着陸機器である。ディ・クレスピニーは考えた——このエアバスをセスナだと考えてみたらどうだろう？　セスナだったら、私は何をすべきか？

このカンタス32便の事例を研究したNASAの心理学者バーバラ・ベリアンは著者にこう語った。「その瞬間がまさしく転機でした。ディ・クレスピニーが、コンピュータに対応するのではなく、この状況下で自分が組み立てたメンタルモデルを使ってみようと決心した瞬間です。その瞬間、彼の頭が切り替わったのです。コンピュータの指示に従うのではなく、何に着目すべきかを自分の頭で考えよう、と。情報が多すぎるとき、たいてい私たちはそれに気づきません。だから危険なのです。そこで本当に優秀なパイロットはあらかじめ、頭の中のシナリオを読みながら、たくさんの『もし仮に……だとしたら』という練習をします。そのため、実際に緊急事態になったとき、彼らの頭の中には使えるモデルがすでにあるのです」

この頭の切り替え——「もし仮にこの飛行機がセスナだとしたら？」——は、残念ながらエールフランス447便のコックピットでは起こらなかった。エールフランスの操縦士たちは、いま何が起きているのかを説明する新しいメンタルモデルを模索しなかった。だが、新たな緊急事態の重みで、ディ・クレスピニーの頭の中にあったエアバスのメンタルモデルが崩壊し始めると、彼はそれを何か新しいモデルに置き換えようとした。彼は自分の操縦している飛行機がセスナだと想像した。それによって、何に注意を集中し、何を無視すべきなのかがわかってきた。

ディ・クレスピニーは副操縦士のひとりに、どれくらいの長さの滑走路が必要かを計算してくれと言った。ディ・クレスピニーは頭の中で、巨大なセスナが着陸するもようを思い描いていた。「そんなふうに想像することで、事態を単純化することができた」と彼は著者に語った。「私の頭の中には、基本的なことをすべて盛り込んだ一枚の絵があった。その絵には、着陸に必要なことがすべて含まれていた」

もしすべてが順調にいったらアスファルトの滑走路が３９００メートル必要だ、と副操縦士が答えた。シンガポール・チャンギ国際空港のいちばん長い滑走路は４０００メートルだ。もし滑走路からはみ出したら、車輪が草地と砂丘に突っ込み、機体は壊れるだろう。

「それをやろう」とディ・クレスピニーは言った。

32便はシンガポール・チャンギ国際空港に向けて降下を始めた。高度が２０００フィートまで落ちると、ディ・クレスピニーは計器類から目を離し、滑走路を見た。１０００フィートまで降下すると、「速度を上げろ、速度を上げろ！」という警告がコックピットに鳴り響いた。ディ・クレスピニーの目は滑走路と速度計の間を小刻みに往復した。頭の中では、セスナの両翼が見えていた。彼がスロットルをそっと押して速度をわずかに上げると、警報が止まった。ディ・クレスピニーは機首をわずかに上げた。頭の中の絵がそうしろと命じたからだ。

「消防隊の待機を要請する」と副操縦士が管制塔に伝えた。

「了解。すでに待機している」という返事があった。

飛行機は秒速14フィートで降下していった。着陸装置が吸収できるのは最大で秒速12フィートだが、いまは他に選択肢がない。

コンピュータの音声が告げる。「50」。「40」。ディ・クレスピニーは操縦桿をわずかに引く。「30」。「20」。金属的な人工音声が叫びだした。「失速！　失速！　失速！」。ディ・クレスピニーの頭の中のセスナはまだ滑走路に向かって飛行しており、彼がこれまでに何百回もやってきたように、着陸態勢に入っている。失速ではない。彼は警報を無視した。エアバスの後輪が地面に着いた。ディ・クレスピニーは操縦桿を前に倒し、前輪を着地させた。ブレーキは一度しか働かないだろう。滑走路の最初の1000メートルはブレーキのペダルを目一杯踏み込み、そのまま踏ん張った。2000メートルのサインのところで、ディ・クレスピニーは、速度は着実に落ちていると思った。窓の外では、滑走路の終点がどんどん目の前に迫り、その先の草地と砂地がどんどん大きくなっていく。飛行機が滑走路の終点に近づくと、金属が鈍い音を立て始めた。車輪がアスファルトの上に濃い跡を残した。飛行機は速度を落とし、ぶるぶると振動し、残りわずか100メートルのところで止まった。

後の調査委員会の報告によれば、カンタス32便は、安全に着陸した、歴史上最も損傷の激しい飛行機だった。今後、多くのパイロットは、シミュレータでディ・クレスピニーの対処を再現し、たいていは失敗するだろう。

ようやくカンタス32便が停止すると、主任客室乗務員はこうアナウンスした。「ご搭乗の皆様、シンガポールへようこそ。現地時刻は、11月4日木曜日午前11時55分でございます。めったにないほどの素晴らしい着陸だったことに、皆様も同意して下さることと思います」。ディ・クレスピニーは祖国に英雄として迎えられた。現在、カンタス航空32便は、緊急事態においていかに注意力を維持するかの模範事例として、操縦士養成所や心理学の教室で、教材に用いられており、メンタルモデルが最悪の事態をもコントロールできることの最良の例として、さまざまなところに引用されている。

メンタルモデルは、私たちを取り巻く情報の急流のなかに足場を作るのに役立つ。メンタルモデルはどこに着目すべきかを教えてくれるので、私たちはたんに反応するのではなく、自分で決断することができる。エールフランスの操縦士たちは強固なメンタルモデルをもっていなかったために、悲劇に直面したとき、何に注意したらいいのかがわからなかった。それとは対照的に、ディ・クレスピニーとその副操縦士たちは、飛行機に乗り込む前に、自分で自分にひとつのストーリーを語って聞かせ、そのストーリーを検証し、改訂した。だから惨事が起きたとき、彼らには準備ができていたのだ。

航空機のコックピットで起きることは私たちの日常生活からは縁遠いと思われるかもしれないが、たとえば、私たちが日々経験するプレッシャーについて考えてみよう。会議中に突然社長から意見を求められたとする。そのときあなたは、受け身の姿勢から能動的な関与へと瞬時に頭を切り替えなくてはならない。気をつけないと、認知のトンネル化に陥って、後で悔やむようなことを口にしてしまうかもしれない。いくつもの会話と仕事を同時にやっているときに重要なメールがくると、反射思考をしていたのでは、言うべきことをじっくり考える前に返信してしまうということになりかねない。

ではどうしたらいいのか。もし本当に重要なことに注意を向けられるようになりたい、メールと会話と邪魔の氾濫に流されたくない、何に注目し何を無視すべきかがわかるようになりたいというなら、自分で物語を作る習慣を身につけることだ。自分の生活を順序だてて物語にするのだ。そうすれば、いきなり上司に質問されたときも、緊急メールがきてすぐに返信しなければならないときも、あなたの頭の中のスポットライトがすぐに正しい場所を照らしてくれる。

真に生産的になりたければ、自分の注意力をコントロールできなくてはならない。確かな足場となるようなメンタルモデルを作りあげなくてはならない。車で出社するときに、その1日を思い浮かべてみよう。会議中でも昼食時でも、自分がいま見ているものについて、そしてそれが何を意味しているかについて、自分で自分に説明してみよう。誰かに自分の理論を聞いてもらい、気がついたことを指摘してもらおう。次に何が起きるかをつねに予測する習慣をつけよう。もしあなたが親ならば、子どもが夕食のときに何を言うかを予測してみよう。そうすれば、何が語られていないか、とか、どのコメントを警告として受け取ったらいいのか、といったことがわかってくる。

ディ・クレスピニーは著者にこう語った。「思考を代わってもらうことはできない。コンピュータだって間違えるし、チェックリストだって間違えるし、なんだって間違える可能性がある。でも人間が間違えるはずがない。人間は決断を下さなくてはならない。そしてその決断には、何に注意を払うべきかという問題も含まれている。鍵となるのは、無理してでも自分で考えることだ。考えさえすれば、ほとんど勝ったも同然さ」

# 第４章　目標を設定する

## ――スマートゴール、ストレッチゴールと第四次中東戦争

### イスラエルの危機

１９７２年10月、イスラエルで最も輝かしい経歴をもつ将軍のひとり、44歳のエリ・ゼイラは、アマーン（参謀本部諜報局）の長官に任命された。敵国が攻撃を仕掛けてきそうなときに、国の指導者に警告するというのがこの部局の任務だった。

ゼイラがこの役職に就任する５年前の１９６７年、六日戦争（第三次中東戦争）が起きた。この戦争ではイスラエルが驚くべき先手を打って、エジプト、シリア、ヨルダンからシナイ半島やゴラン高原その他の領土を奪った。この戦争はイスラエルの軍事的優勢を示

し、国土を2倍以上に増やし、敵国に屈辱を与えたが、その一方で、敵国はいずれ復讐してくるだろうという不安を国民の間に浸透させた。

その不安は的外れではなかった。六日戦争の終結以来、エジプトやシリアの軍首脳部は繰り返し、奪われた領土はかならず取り返すと脅かし、アラブの指導者たちは、ユダヤ人国家を海に叩き落としてやると激しい演説を繰り返した。敵国が好戦的になるにつれ、イスラエルの政治家たちは国民の不安を鎮めるため、襲撃の可能性について定期的に報告するようアマーンに命じた。

だがアマーンが提出する評価書はしばしば矛盾しており、結論が見えず、さまざまな危険度を主張する多くの意見の寄せ集めにすぎなかった。諜報局の分析家たちはごちゃごちゃしたメモを毎週送ってきた。あるとき、数週間以内に敵国が攻撃してくるという報告が送られてきたが、結局は何も起きなかった。政治家が集められ危険が迫っていると告げられたが、確かなことは何もわからなかった。軍は防衛の準備を命じられたが、その命令はなんの説明もなく撤回された。

その結果、イスラエルの政治家たちも国民もだんだん苛立ってきた。国防軍地上部隊の80パーセントは予備役からなっていた。数十万の市民が召集され、すぐに家族から引き離されて前線に送られるのではないかという不安が蔓延していた。次の戦争が起きる可能性はどれくらいなのか、もし可能性があるとしたらどれくらい前にわかるのか、国民はそれを知りたがった。

エリ・ゼイラがアマーンの長官に任命されたひとつの理由は、そうした不安に対処するためだった。彼は元落下傘兵で、その教養と政治的知識の豊富さで知られていた。彼は軍内で瞬く間に出世し、六日戦争の英雄モーシェ・ダヤンの助手を数年つとめた。アマーンの長官に就任したとき、彼はイスラエル議会で自分の仕事は単純だと演説した。国の指導者に「できるだけ明快で正確な評価を提出すること」である、と。彼に言わせれば、彼の

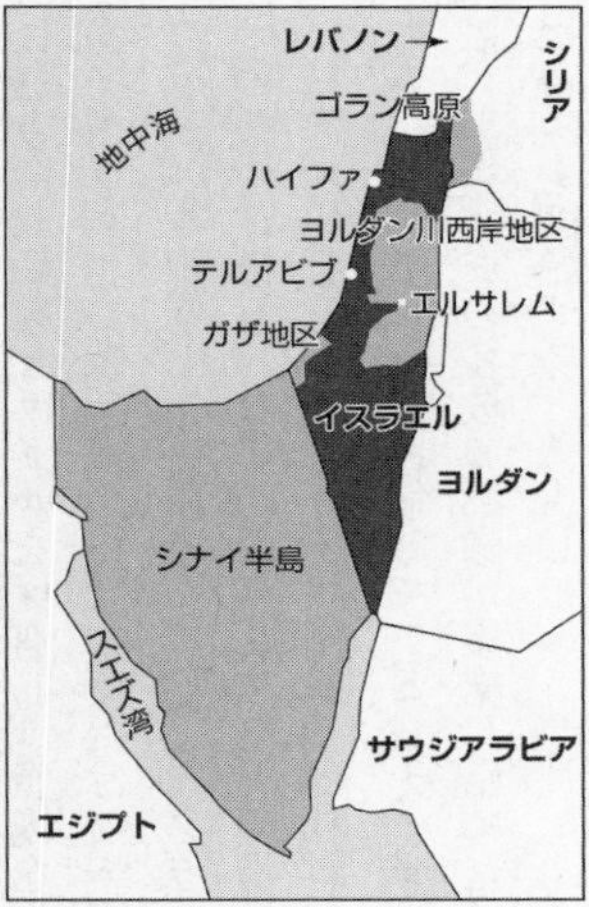


第一の目標は、本当に戦争の危険があるときだけ警鐘を鳴らすことだ。

警報を明快にするため、彼は分析家たちに、アラブの意図を評価するときには厳密な公式を用いるよう命じた。それはもともと彼が中心となって作りあげた基準で、諜報局内部では「コンセプト」と呼ばれていた。ゼイラにいわせれば、六日戦争の際、イスラエルは空軍力におい

て勝り、長距離ミサイルを保有し、戦場を完全に制圧し、敵国を動揺させたので、地上軍をイスラエルの戦闘機から守れるだけの空軍力と、テルアビブまで到達できるスカッド・ミサイルを保有しない限り、二度とイスラエルに攻撃を仕掛けてくる国はない。このふたつの条件がそろわないかぎり、アラブの指導者たちの脅しは言葉だけのことにすぎない。

ゼイラが就任してから6ヵ月後、彼のコンセプトが試される機会があった。1973年の春、イスラエルが占領しているシナイ半島とエジプトとの境界線であるスエズ運河沿いに、エジプトの多数の部隊が集結し始めた。イスラエルのスパイは、エジプトが5月中旬に侵攻を開始すると警告した。

4月18日、イスラエルの首相ゴルダ・メイアは最高首脳を集めて機密会議を開いた。軍の最高指導者もモサド（諜報特務庁）長官も、エジプトの侵攻の可能性は現実的であり、戦闘態勢を準備すべきだと主張した。

メイアはゼイラに意見を求めた。彼は、同僚たちの意見には反対だと述べた。エジプトはまだ強い空軍力をもっていないし、テルアビブまで到達するミサイルも保有していない。エジプトの指導者たちは国民にアピールするために半月刀をガチャガチャいわせているだけだ。したがって侵攻の可能性は「きわめて低い」と。

だが結局、メイア首相は軍首脳とモサドの主張を受け入れた。彼女は軍に国防の準備を命じ、１ヵ月後には軍は戦争の準備ができていた。スエズ運河沿い１００マイルにわたって防壁を築き、駐屯地を建設し、砲台を設置した。シリアとの国境であるゴラン高原では、兵士たちが砲撃の演習をし、戦車が戦闘隊形の予行演習をおこなった。何百万ドルもの予算が注ぎ込まれ、数千人の兵士が休暇を返上させられた。だが敵国からの侵攻は起きなかった。メイア内閣は自分たちの過剰反応を悔やみ、声明を撤回した。その年の7月、当時イスラエルの国防相だったモーシェ・ダヤンは「タイム」誌のインタビューに答えて、今後10年間に戦争が起きる可能性は低いと述べた。この事件をきっかけにゼイラは、歴史家アブラハム・ラビノビッチの言葉を借りれば、「一気に名を挙げ、自信もついた」。

ラビノビッチは書いている。「自国の運命が危機にさらされ、まわりじゅうで警報が鳴り響いているときに、彼は一貫してクールに、戦争の可能性はたんに低いだけでなく『きわめて低い』と主張し続けた。彼は口癖のように、自分の仕事は不必要な警鐘は鳴らさず、国民の血圧を下げることだと言っていた。そうしないと予備役は数ヵ月ごとに召集され、経済的にも精神的にも多大な損害が出る」

１９７３年の夏には、ゼイラはイスラエルで最も影響ある指導者のひとりになっていた。彼は、無用な不安を減少させることを目標として新しい地位に着任し、きちんとしたアプローチをすれば後で無駄に批判されなくて済むことを証明したのだった。侵略されるかもしれないという不安を年じゅう抱えていた国民は、とにかく一息つきたかった。ゼイラはその一息を与えたのだった。彼がさらに出世したことは当然の成り行きと見られた。

## 認知的閉鎖欲求

あるアンケートを与えられたとしよう。42の質問に対し、どれくらい同意するか、あるいは同意しないかを答えるのだ。質問の一部は次の通り。

秩序と組織が最も重要だと思う。
決まった手順で仕事をするほうが人生を楽しめる。
予想がつかないような友だちがほしい。
自分とはまったく違う意見をもっている人と交流したい。
自分のプライベートな空間はぐちゃぐちゃに散らかっている。
なかなか決断できない人の話に耳を傾けるのは苦痛だ。

メリーランド大学の研究者チームが最初にこのテストを公表したのは1994年のこと

だが、それ以来このテストはパーソナリティ検査の代名詞的存在になっている。一見するとこのアンケートは、なんでも自分で決めるのが好きかどうか、異なった意見を受け入れられるかどうかを診断するテストのように見える。実際、研究者たちによれば、このテストによって誰に決断力と自信があるかがわかり、その特徴が人生全般における成功と相関していることがわかる。決断力が強く、目的がはっきりしている人はより一所懸命働き、より速く仕事をこなす傾向がある。結婚生活も長く、友だちも多い。多くの場合、高給を取っている。

じつはこのアンケートは、自分で決めることを好むかどうかのテストではなく、「認知的閉鎖欲求」と呼ばれる個人的特徴を計測するテストである。認知的閉鎖を心理学者たちは、「ある問題について確信的判断を求めること」と定義する。どんな判断でもいいから、混乱や曖昧を避け、確信的な判断を求めることだ。この「認知的閉鎖欲求」テストによれば、ほとんどの人は自分たちの人生に秩序と混沌の混合を求める。秩序はきわめて重要だが、自分の部屋は散らかっている、というふうに。優柔不断には腹が立つが、信頼できない友だちがいる、とか。しかし一部の人たち（テストを受けた人の約20パーセント。テストを受けた最も教養のある人たちの多く）は、なんでも自分で決めること、決断力、予想能力を平均以上に高く評価していることがわかった。彼らは、ふらふらしていて頼りない友だちを嫌い、曖昧な状況をいやがる傾向がある。この種の人たちは認知的閉鎖を強く欲しているのである。

認知的閉鎖への欲求は、多くの場面で大きな力になる。閉鎖欲求の強い人は往々にして自立心旺盛で、仲間からは指導者タイプと見なされている。彼らは本能的に判断し、その判断に執着するので、無駄にあれこれ考えたり議論を長引かせたりしない。典型的なのはチェスの名手で、彼らは閉鎖欲求が高いために、精神的に物凄い負荷がかかる瞬間に、過去の失敗に囚われることなく特定の問題に集中できる。閉鎖欲求は誰もがある程度もっているものであり、それはよいことだ。自分で自分をコントロールできることが成功の必要条件だからだ。しかも、決定を下して次の問題に取りかかると、自分が生産的だと感じられる。自分が進歩したように感じられる。

だが強い閉鎖欲求は危険を伴う。閉鎖欲求が強いと、精神的満足を求め、自信たっぷりでいたいがために、自分は生産的だと思いたがる。そのために急いで結論を出したがり、他の選択肢について考えてみようとしない。ある研究チームは２００３年に、「閉鎖欲求があると、判断のプロセスに偏見が入り込む」と書いている。閉鎖欲求の強い人は偏狭になりがちで、権威主義的傾向があり、協調よりも対立を好む。「彼らは我慢が苦手で、衝動的に決断しがちである。決定的な証拠がないのに結論に『跳躍』し、頭が固く、自分とは違う見地からの意見をなかなか認めようとしない」と、閉鎖欲求計測テストの考案者であるアリー・クラグランスキとドンナ・ウェブスターは１９９６年に書いている。

いいかえると、決断への欲求が強すぎると結果は裏目に出る。自分が何かを成し遂げているのだという満足感を得たいがために結論に飛びつくと、往々にして判断を誤る。

研究者たちによると、閉鎖欲求はいくつもの要素からなる。まず目標を「摑みたい」という欲求、そしてひとたび何かを選択したらそれに「しがみつきたい」という欲求。決断力の強い人は、たとえそれが受け入れがたいものであっても、本能的にある選択をする。これは有効な本能だ。なぜならそのおかげで延々と議論を続けたり、さまざまな可能性を片っ端から検証したりしてチームが機能不全になってしまうことが避けられ、プロジェクトをすすめることができるからだ。

しかし閉鎖欲求が強すぎると、その目標にしがみつき、自分は生産的だという満足感に固執するあまり常識を無視することになる。「認知的閉鎖への欲求の強い人は、自分が『しがみついている』偏見に合わない情報を否定したり、曲げて解釈したり、無視したりする」と、『政治の心理学』の著者は書いている。自分は生産的だという思い込みが強すぎると、足止めを食うような細部には目を向けなくなる。

閉鎖的でいると気分がいい。だがそのために、明らかに間違いを犯しているときにですら、その満足感を手放したくなくなる。

＊

1973年10月1日、ゼイラが「戦争の可能性は『きわめて低い』」と予言した6ヵ月後、そしてユダヤ教の暦のヨムキプール（贖罪《しょくざい》の日）の5日前、イスラエルの諜報機関のビニャミン・シマン＝トフという若い将校が、テルアビブの上司に警告を打電した。彼はシナイ半島から、夜間に多数のエジプトの護衛隊が続々到着したという報告を受けていた。エジプト軍は国境線に沿って敷設した地雷原を掘り起こし、海峡越しの物資の輸送を容易にしようとしていたのである。多数の船や橋梁建設用資材が国境のエジプト側に備蓄されていた。前線の兵士は、これほど多数の物資が備蓄されているのを見るのは初めてだった。

その前週、ゼイラはこれと同様の報告をいくつも受け取っていたが、さほど関心を示さなかった。彼は部下たちに、コンセプトを忘れるなと言った。エジプトはイスラエルに勝る戦闘機もミサイルもまだ保有していない。しかもゼイラは別のことで頭が一杯だった。とくに、彼がアマーン内部で推し進めていた文化的改革のことだ。ゼイラは、脅威分析に対する軍のアプローチを改めるのと併行して、長々と議論を続ける習慣を改めようとしていたのである。彼はこう宣言していた――今後、情報部の将校はその提言の明晰さによって査定される、と。歴史家のウリ・バー＝ジョセフとアブラハム・ラビノビッチによれば、「ゼイラも首席補佐官も、長々とした議論には我慢がならず、そうした議論をクソだと見なしていた」。ゼイラは「彼の目から見ると準備しないで会議に出てきたように見える将校を馬鹿にした。少なくとも一度、彼は言った――１９７３年春に戦争が起きる可能性が高いと述べた将校は昇進の見込みはない、と」。内部の議論はある程度許容されていたが、「ひとたび評価が定まると、それと異なる評価を組織外部で述べてはならないのだった」。ゼイラは明言した――アマーンは範を示さねばならない。私は長々と議論するためではなく、答えを出すためにこの職についたのだ、と。部下のひとりが、エジプト軍の動向に関する最新の報告を読んで不安になり、予備兵の一部を召集すべきだと進言したが、ゼイラから彼に電話がかかってきた。「ヨエル、よく聞け。諜報機関の仕事は国民を恐慌に陥れることではなく、落ち着かせることだ」。ヨエルの提言は却下された。

１９７３年10月2日と3日、エジプト軍についての目撃情報が増加した。次いで、シリア国境でも動きがあるという情報が伝えられた。警戒した首相はふたたび会議を招集した。ゼイラ率いるアマーンはここでも、心配する必要はまったくない、エジプトもシリアも空軍力が弱いし、テルアビブを攻撃できるようなミサイルを保有していない、と忠告した。

6ヵ月前にはゼイラに反対した軍の専門家たちも今回は賛成に回り、ある将軍は首相に「近い将来に具体的な危険はない」と断言した。メイアは自伝にこう書いている――会議の前には動揺していたが、諜報機関の判断を聞いてほっとした、と。自分は、いちばん求められていた安堵を国民に与える、正しい将校たちを選んだのだ、と。

ビニャミン・シマン＝トフが警告を打電してから72時間後、諜報部の分析家たちは、ソ連政府がソ連顧問団とその家族たちを緊急に空中輸送しはじめたことを知った。ロシア人の家族間の電話を盗聴した結果、彼らがただちに空港に集まるよう命じられていることが判明した。航空写真からは、スエズ運河とゴラン高原のシリアが支配している地域で、戦車、大砲、防空ミサイルが増えていることがわかった。

10月5日金曜日の朝、すなわちシマン＝トフの警告の4日後、ゼイラをはじめ軍の首脳部が国防相モーシェ・ダヤンの部屋に集まった。六日戦争の英雄ダヤンは動揺していた。エジプト軍はスエズ運河沿いに1100もの大砲を設置し、偵察機によると多数の兵士が展開している。ダヤンは言った。「きみたちはアラブ人のことがよくわかっておらん」。イスラエル国防軍の司令官が同意した。その日の早朝、彼は全軍に1967年以来最高水準の警戒態勢を命じたのだった。

だが敵軍の動きについて、ゼイラは別の解釈をした――エジプト軍はイスラエル側からの侵攻に備えているのだ。エジプトには戦闘機もスカッド・ミサイルもない。アラブの指導者たちは、イスラエルを攻撃することが命取りになることを知っている、と。「エジプト軍もシリア軍も攻撃してきません」とゼイラは断言した。

その後、首相官邸で会議が続けられた。首相が最新情報を求めた。軍の最高司令官は、ユダヤ教の神聖な日に予備役を召集すると激しい反発に遭うことがわかっていたので、こう言った。「敵が攻めてくるとは考えられませんが、正確な情報はありません」

次いでゼイラが発言した。エジプト軍とシリア軍が攻めてくるという心配は「まったくもって馬鹿げています」。ソ連の顧問団の国外退去についてさえ、彼は理路整然と説明した。「たぶんロシア人は、アラブ人がイスラエルを攻撃すると思っているんでしょう。アラブ人のことをよく知りませんからね」。われわれ隣人のほうがよく知っている、と。その後、イスラエルの将軍たちが首相官邸での討論を取りまとめたが、それを読むとゼイラは、戦争になる可能性は「きわめて低い」と繰り返していた。前線からの報告は国防の準備か軍事演習であり、アラブ人の指導者はそれほど馬鹿ではない、と。

ゼイラは、たったひとつの答え（「エジプト人とシリア人は勝てないことを知っているから攻撃してこない」）にしがみつき、それについて再考しようとしなかった。明快な決定をしたという満足感は揺るがなかった。

翌日はヨムキプールの最初の日だった。

夜明け前、モサドの長官が同僚たちに電話して、信頼できる筋によればエジプト軍は日没前に攻撃してくると告げた。そのメッセージは首相、ダヤン国防相、軍の最高司令部にも伝えられた。彼らはそろって夜明け前にそれぞれの仕事場に急行した。戦争の可能性が急に高まった、彼らはそう考えた。

ヨムキプールの祈りが始まると、街路は静まりかえった。人びとは家やシナゴーグに集まっていた。10時少し過ぎ、国境周辺に敵軍が集結してからまる6日後、軍はようやく予備役の部分的召集を決定した。シナゴーグでは、ラビたちがあわてて、すぐに軍務につくべき人びとの名前を読みあげた。エジプトとシリアの戦車と砲兵隊は、すでに数週間前から戦闘態勢についていたが、戦争が近づいていることをイスラエル国民が知らされたのはこのときが初めてだった。その時点で、イスラエル国境近辺には15万人以上の敵兵が集結し、2方向からの侵攻を準備しており、さらに50万の兵士が第二陣として控えていた。エジプトとシリアは数ヵ月前から共同で侵攻計画を進めていた。数十年後に公開された当時の機密文書によると、エジプトの大統領は自分たちの動向をイスラエルは周知していると思っていた。兵士や兵器が国境に集結していることを、ほかにどう解釈できるだろうか。

メイアは正午に閣議を招集した。その日の様子を再現した「イスラエル・タイムズ」紙によると、「首相は青ざめ、意気消沈していた。ふだんはきれいに後ろに撫でつけられている髪を振り乱し、前夜一睡もしなかったかのようだった。［中略］彼女は閣議の冒頭で、過去数日間の事実を詳細に報告した。国境にアラブ軍が集結し、雲行きが怪しいこと。ソ連顧問団とその家族が緊急にエジプトとシリアから退去したこと。航空写真のこと。それにもかかわらず軍の諜報部は戦争が起きないと主張していること」。メイアは結論を述べた。6時間以内にイスラエルが侵略される可能性がきわめて高い、と。

「イスラエル・タイムズ」紙は続ける。「閣僚たちは仰天した。アラブの兵力増強という話は、彼らには寝耳に水だったのである。そのうえずっと以前から、最悪の場合でも軍諜報部は開戦の少なくとも48時間前には予備役召集の指令を出す、と聞かされていた」。それが今、6時間以内に2方面で戦闘が開始されると、いきなり言われたのだ。予備役は一部しか召集されない。祭日なので、部隊がどれくらいの時間で前線まで行けるかも不明だった。

攻撃はメイアの予測よりも早く開始された。会議が始まってから2時間後、1万発に及ぶエジプトの砲弾の最初の一発がシナイ半島に炸裂した。午後4時、2万3000のエジプト軍が第一波としてスエズ運河を渡った。日没には、エジプト軍はイスラエルの領土内に2マイル侵攻していた。敵軍は500人のイスラエル兵士を殺し、エジプト軍はイスラエルのヤミット、アヴシャロム、そして空軍基地に急速に迫っていた。同時に、反対側の国境では、シリア軍の兵士、戦闘機、戦車がゴラン高原に侵攻していた。

その後の24時間に、エジプトとシリアは、イスラエル軍が必死に迎撃するなか、さらに深くイスラエルの領土に侵攻した。10万人以上の敵軍がイスラエルの領土にいた。エジプトの侵攻を食い止めるのに3日、シリア軍に対する反撃を開始するのに2日かかった。だが最終的にはイスラエルの軍事力が優位であることが証明された。イスラエル軍はシリア軍を国境まで押し戻し、シリア軍は1500台の戦車のうち1000台を放棄して退却した。数日後、イスラエル国防軍はダマスカス郊外への爆撃を開始した。

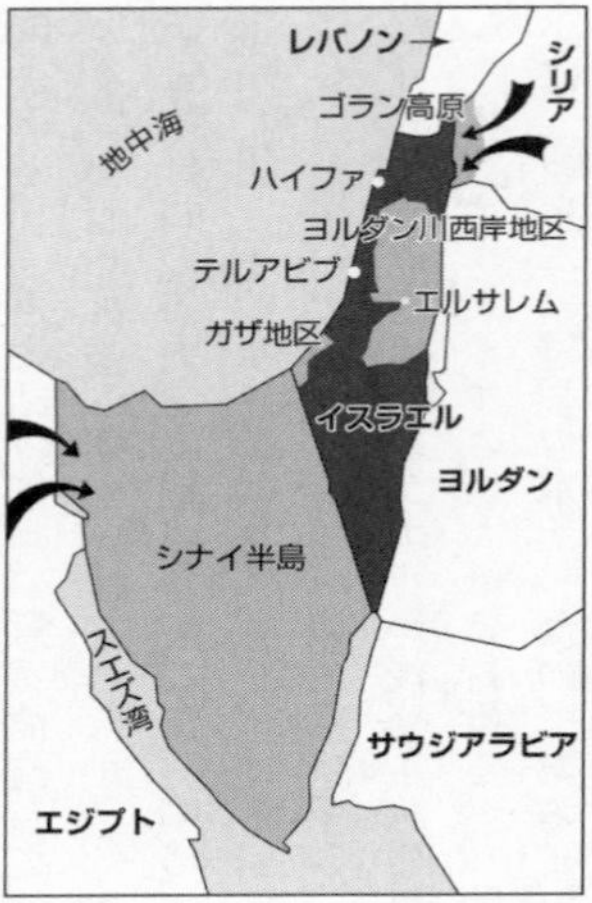


そこでエジプトの大統領アンワル・サダトは、シナイ半島をもっと取り戻そうと一か八かの賭けに出て、半島の奥深くでふたつの危険な戦術を展開したが、賭けに負けた。イスラエル軍はエジプト軍を撃退した。エジプトのイスラエル侵攻が始まってから9日後の10月15日、イス

ラエル軍はスエズ運河を渡り、エジプトに侵攻した。１週間も経たないうちに、スエズ運河沿いに配置されていたエジプト第三部隊はイスラエル軍に包囲され、補給を遮断された。北方にいた第二部隊もほぼ完全に包囲された。サダト大統領は停戦を求め、アメリカとソ連の圧力で、イスラエルもそれに合意した。10月末に戦闘は停止され、１９７４年１月18日に正式に停戦した。イスラエルは敵を撃退したが、多大な犠牲を払った。戦死者と負傷者は合わせて１万を超えた。３万人のエジプト人およびシリア人が戦死したと推定されている。

イスラエルのある新聞は戦争一周年に際し、こう書いている。「昨年のヨムキプールの日、われわれの何かが失われた。たしかに国は救われたが、われわれの信念と信仰は打ち砕かれ、心は深く抉《えぐ》られ、一世代がほとんどまるごと失われてしまった」

歴史家Ｐ・Ｒ・クマラズワミは書いている。「四半世紀経った今も、ヨムキプール戦争はイスラエル史上最大の心的外傷［トラウマ］になっている」。エジプトとシリアの侵攻が残した心的外傷は今なお深い。

ゼイラは国民の不安を取り除くという仕事に着手し、政府はそれに従った。だが信頼できる答えを出し、決定的な判断を下し、曖昧さを排除するという目的に奉仕する指導者たちのせいで、イスラエルはあやうく魂を失うところだった。

## ＧＥがはまった落とし穴

第四次中東戦争の15年後、地球の反対側で、世界最大の企業のひとつであるＧＥ（ゼネラル・エレクトリック社）は、きわめて困難な問題に直面し、経営陣は、一部の工場の生産性が下がってしまった原因を究明するため、南カリフォルニア大学の組織心理学者に協力を要請した。

それは１９８０年代後半のことで、当時ＧＥはエクソン社に次ぐ全米第２位の大企業だった。ＧＥは、電球や冷蔵庫から列車の車両やジェットエンジンまでありとあらゆる物を生産し、放送局NBCを傘下に収めて、１００万以上の家庭に「チアーズ」「コズビー・ショー」「ＬＡロー」といった歴史的な番組を送っていた。社員は22万以上いて、これはアメリカの多くの都市の人口よりも多かった。ＧＥの成功の鍵のひとつは目標設定に長《た》けていることだ、と経営陣は自慢していた。

ＧＥは１９４０年代に企業目標設定システムを制定し、これは後に世界中の企業の手本となる。１９６０年代までには、ＧＥの社員全員が毎年上司に手紙を書き、その年の目標を示すよう命じられた。ハーバード大学ビジネススクールの歴史学者たちは２０１１年にこう書いている。「簡単にいえば、社員一人ひとりが上司に、次の一期間にどのような目標を立てるか、それをいかに達成するか、それによってどのような成果が期待できるかについて手紙を書くのである。この手紙を上司が受け取ると、たいていは編集と討論を経て、この手紙が雇用契約になるのである」

1980年代になると、これがいわゆるスマートゴール（現実的目標）に発展する。各部門の管理職全員がこれを四半期ごとに提出するのだ。その目標はユニークで、計測可能で、到達可能で、現実的で、年間計画に沿っていなければならない。いいかえると、到達可能であることを証明し、具体的な計画として書かれていなければならない。

もし提出した計画がスマートゴールの基準に達していないと、管理職は、上司に認めてもらうまで、何度でも提出しなければならない。2007年にGEの人事管理部門を退職したウィリアム・コナティは言う。「上司はかならずこう言う――どこが具体的なのか、どのくらいの期間を想定しているのか、この計画の現実性を証明してみたまえ。このシステムが成功したのは、それが達成されるまでに、物事がどんなふうに発展していくのかがよくわかるからだ」

「スマート精神」はGE全体に浸透していった。中間管理職が月間目標を立てるためのスマート・チャートや、個人的目標を部門の目標に変えるためのスマート・ワークシートが

## スマートゴールとは

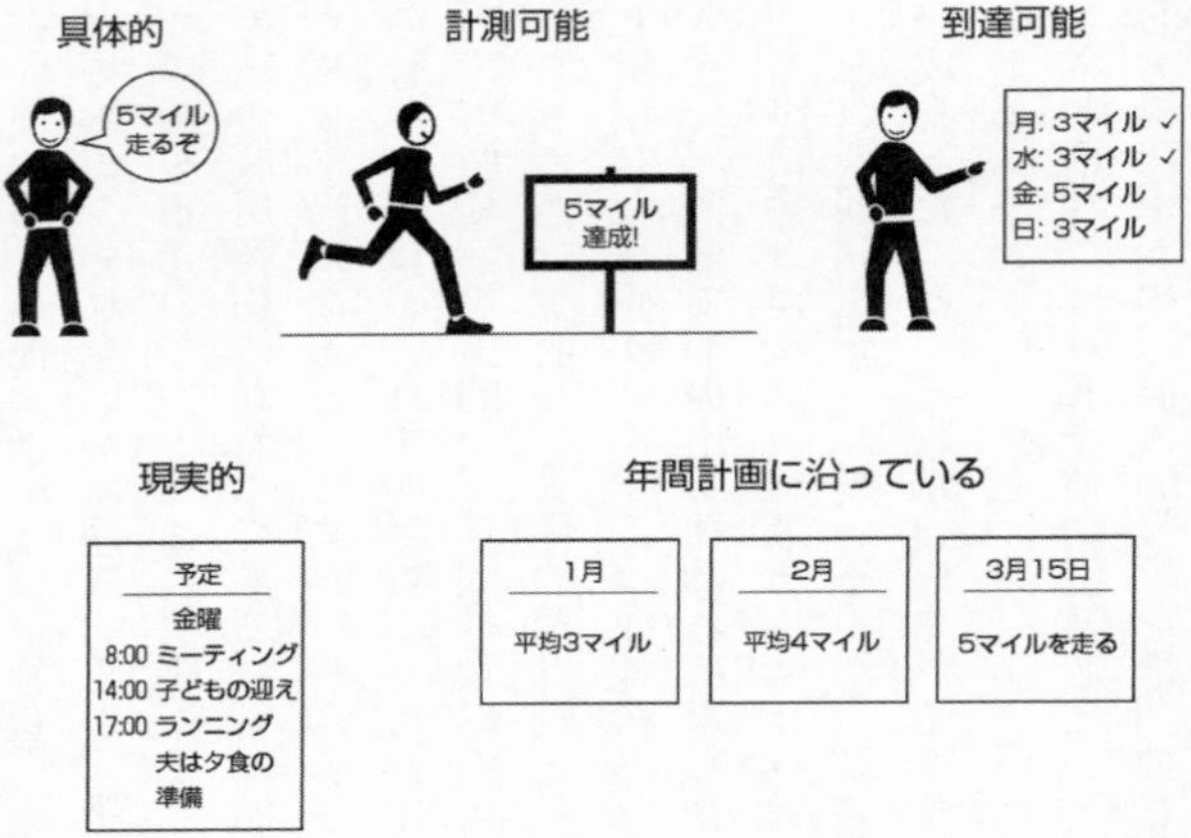


作成された。スマートゴールはうまくいくというこの企業の確信には、科学的根拠があった。

1970年代、エドウィン・ロックとゲイリー・レイサムというふたりの大学の心理学者が目標設定の最良の方法を調べる実験をおこない、スマート基準の発展に寄与した。レイサムが1975年におこなったある実験では、大企業に勤める熟練タイピスト45人に会い、どれくらい速くタイプできるかを計測した。タイピストたちはいずれも自分がトップクラスであることは知っていたが、正確にはどれくらいの速度で打てるのか、一度も計測したことはなかった。実験の結果、平均して1時間に95行タイプできることがわかった。

次いで一人ひとりのタイピストに、自分の能力にもとづいて目標を設定してもらい、１時間にできた分量を簡単に測る方法を教える。また、目標が現実的かどうかについて一人ひとりのタイピストと話し合い、必要な場合には目標を修正した。さらに、目標を達成するためには何を変えたらいいのかについても話し合った。そしてそれぞれ異なる期間を設定した。会話はほんの15分程度だったが、タイピストたちは全員、何をすべきか、どうすれば達成度を計測できるのか完璧に理解した。いいかえると、タイピスト各自がスマートゴールを設定したのだ。

この実験をおこなった研究者の同僚たちは、そんなことでタイピストの速度が変わるはずがないと指摘した。タイピストたちはいずれも熟練したプロである。20年間毎日8時間タイプを打ってきた人たちが、たった15分の会話で変わるわけがない、と。

ところが１週間後、研究者たちが再度タイプの速度を計測してみると、タイピストたちは平均して１時間に１０３行打っていた。さらに１週間後は１１２行。研究者たちは、彼らは私たちを喜ばせようとして無理しているのではないかと勘ぐって、３ヵ月後に今度は密かに速度を計測した。タイピストたちは前回と同じ速さで打っていて、さらに速くなったタイピストも何人かいた。

２００６年、ロックとレイサムは自分たちの目標設定研究を振り返って、こう書いている。「約400の実験およびフィールドワークによって明らかになったことは、具体的で高い目標設定は、たとえば『最善を尽くす』というような、容易で漠然として曖昧な目標設定よりも、より高い成果を生むということである」。とくにスマートゴールのような目標設定は、自分でも気づいていなかった潜在能力を発掘する。その理由のひとつは、スマート・システムのような目標設定は、人びとの頭の中で漠然とした願望を具体的な計画に変換するからだ。具体的な目標を設定し、それが達成可能であることを証明するためには、そのために必要な段階を具体的に設定する必要がある。あるいは、もし当初の目標がやや非現実的だったら、変更する必要がある。達成までの期間と、達成度を計測する方法を明確化するためには、意欲と願望だけでは足りない。規律と訓練が必要になる。

「目標をスマート要素に分解できるかどうかが、たんに何かを切望することと、いかに達成するかを考案することとの分かれ道になる」とレイサムは著者に語った。

GEの経営最高責任者ジャック・ウェルチはかねてから、スマートゴールに力を入れたことが、株価が8年間に3倍以上になった理由のひとつだと言っていた。しかし社員全員に詳細な目標を設定させたことで、会社の全部門が大幅に業績をアップしたかというと、そんなことはない。いくつかの部門はスマートゴールに取り組んだにもかかわらず、黒字から赤字に転落したり、最初は好調だったのに突然機能不全に陥ったりした。1980年代後半、経営陣はとくにふたつの部門の不調を心配した。ノースカロライナ州の原子力発電所建設部門と、マサチューセッツ州のジェットエンジン工場だ。かつては社全体でも稼ぎ頭だったのに、いまは低迷していた。

経営陣は当初、この2部門の目標設定に問題があるのではないかと疑い、工場長たちにもっと具体的な目標を提出するよう命じた。工場長たちからきた計画表は詳細で、具体的で、現実的だった。スマートゴールのすべての基準を満たしていた。

それでも利益は低下し続けた。

そこでGEの顧問団が、ノースカロライナ州ワシントン郡の原子力発電所建設部門を視察し、社員たちに、週単位、月単位、四半期単位の目標について説明してほしいと言った。工場長のひとりは、自分のスマートゴールは、反原発運動の連中が出社してくる工員たちの邪魔をして士気を下げるのを防ぐことだと説明した。それでフェンスを設ける案を思いついた。この目標は具体的で現実的だし（フェンスは長さ15メートル、高さ3メートル）、期間も設けているし（2月までに完成させる）、達成可能だ（建設業者の準備はできている）。

次に顧問団はマサチューセッツ州リン市のジェットエンジン工場を訪れ、とくに、自分のスマートゴールは事務用品の調達だと述べた副工場長と面談した。彼女は顧問団にスマートゴールの図を見せた。目標は具体的で（ホチキスとペンとデスク用カレンダーを発注する）、達成度の計測が可能だし（6月までに）、達成可能で、現実的で、期間も設けられていた（2月1日に注文し、3月15日に再注文する）。

工場内の他のどのスマートゴールもこれと同じように詳細で、かつ具体的で現実的な目標だった。社員たちは何時間も費やして、自分たちの目標がスマートゴールのすべての基準をみたしているかどうかをチェックしたが、そもそも掲げる価値のある目標なのかどうかのチェックについてはあまり時間をかけていなかった。原子力発電所建設部門の警備員は、盗難防止について膨大なメモを書いていて、「ある案を思いついた。工場に出入りする全員のバッグを検査するという案だ。だが、そのために仕事が大幅に遅れたのだった」。顧問のひとり、ブライアン・バトラーは言う。「盗難は防げたかもしれないが、工場の生産性は著しく低下した。工員たちは早く家に帰れるように、早めに仕事を切り上げたからだ」。工場の管理職の誰もが、達成可能な、だが取るに足らないような小さい計画ばかり立てていて、大胆なことはいっさい考えず、短期間で達成できる小さな計画しか頭になかった。

顧問団は社員たちに、スマートゴールに対するGEの取り組みについてどう思うかと訊いた。彼らは、口うるさい官僚主義に対する不満が返ってくるものと予想していた。もっ

ゴールが足枷《あしかせ》になっている、という不満を。とこ
ころが工員たちはスマート事務用品の調達計画を立てた副工場
長は、この目標をクリアすることで大きな達成感が得られたと言った。するごとに、そのメモを「処理済み」フォルダーに移す。これがすごく気分がいいのだと
言った。

スマートゴールのような組織的な目標設定について調べてきた研究者たちによれば、こうした事態は珍しくないという。このシステムは、有効ではあるが、時として非生産的な自己満足を招いてしまう。スマートゴールのような目標設定は「認知のトンネル化を生じさせ、人はすぐに達成できる目標ばかり立てるようになる」と、ロックとレイサムは１９９０年に書いている。実験結果によると、スマートゴールに取り組む人はいちばん簡単な仕事に飛びつく傾向があり、とにかくそのプロジェクトを終わらせることで頭が一杯になり、ひとたび目標を設定すると、やるべきことの優先順位ばかり考えるようになる。レイサムは言う。「ToDoリストから何を削除するか、ということばかり考えるようになって、本当にやるべき仕事をしているのかどうかを自問しなくなる」

GEの経営陣は原子力部門とジェットエンジン部門をどうしたらいいかがわからず、１９８９年、南カリフォルニア大学ビジネススクールの学部長だったスティーヴ・カーとい

う教授に相談した。目標設定の心理学の専門家だったカーは、原子力発電所建設部門の社員たちと面談した。「じつに多くの人がやる気をなくしていた」と彼は言う。「彼らはもともと世界を変革したいという希望を抱いて原子力エネルギーの仕事についたのだった。ところがスリーマイル島とチェルノブイリの事故が起き、反核運動の攻撃の的になり、マスコミでもさんざん叩かれるようになった」。工員や管理職は口をそろえてカーに語った——短期目標を立ててそれを達成することは、彼らが気分良くできる数少ない仕事のひとつだ、と。

カーは考えた。原子力発電所建設部門の業績を上げる唯一の方法は、社員たちを短期目標から引き剝がす方法を見つけることだ。GEの最高責任者たちはその少し前から、より大胆でより長期的な計画について検討するための「ワークアウト」という一連の会議を始めていた。カーはこの会議を一般社員のレベルまで拡げるようアドバイスした。

ワークアウトの原理は単純だ。社員たちが「会社全体が追求すべき目標」を進言する。スマートゴールのようなチャートもメモも必要ない。「聖域はない、というのが大原則だった」とカーは著者に語った。上司はその提言を採用するか却下するかを即座に決定しなくてはならない。「採用しやすい雰囲気を作り出したかった。やる気があるかどうかを最初に判断し、提言の中身は後で考えるようにすれば、みんながより大きなことを考えるようになる」とカーは語る。カーによれば、提言が未熟なものであっても、「上司はイエスというべきだ。もしその提言が現在やっていることと大差がなくとも、もしその背後にみんなのエネルギーが感じられれば、それは偉大な計画になりうるからだ」。提言が採用された後で、それをいかにして現実的で、達成可能で、スマートゴールの基準を満たすような計画にするかについて、形式的なプロセスを踏めばいいのだ。

マサチューセッツ州のジェットエンジン工場のワークアウトで、ある社員が上司に、研磨機の防護シールドを外注するのは間違っている、自工場内で作れば半分のコストでできると提言し、図面を描きなぐった厚紙を拡げた。彼の提言にはスマートゴール的なところがまるでなかった。現実的か、達成可能か、いかなる基準を適用したらいいか、すべてが不明確だった。だが工場の最高責任者はその図面を見て、「やってみよう」と言った。

4ヵ月後、図面は専門家によって描き直され、提言は一連のスマートゴールに書き換えられ、試作品が設置された。費用は1万6000ドルで、これが外注した場合よりも80パーセント以上安かった。ジェットエンジン工場はこの年、ワークアウトで提言されたアイディアにより、経費を20万ドルも節減できた。チーム・リーダーのひとりであるビル・ディマイオはこう言った。「あのアドレナリンの爆発的な分泌に、誰もがしびれた。みんながもってくる提言はどれも創造的なアイディアにみちていた。みんながわくわくしながら仕事をしていた。お偉方はその提言にも飛びついた」

次にカーはワークアウトを全社に拡大することを勧めた。1994年、GEの全社員は少なくともひとつのワークアウトに参加することになった。利益と生産性が上がると、他社の経営陣もGEに倣ってワークアウト・システムを取り入れるようになり、翌1995年には数百の企業がワークアウトに取り組んでいた。1994年、カーは大学を辞めてGEに入社し、「学習部門責任者」になった。

カーに言わせると、「ワークアウトが成功したのは、目先の目標が与える心理的影響と、より大きなことを考える自由とのバランスをとったからだ。これがいちばん重要なことだ。人間は周囲の条件に反応する。達成可能な目標に専念するように言われ続けると、達成可能な目標しか考えなくなり、大きなことが考えられなくなってしまう」。

とはいえ、ワークアウトは完璧ではなかった。社員全員がまる一日かける必要があり、全員が会議に出席できるよう、工場は生産性を落とさねばならなかった。そんなことはせいぜい年に一度か二度しかできない。また、ワークアウトによって誰もが興奮し、変化を望んだが、その効果はしばしば短期間しか持続しなかった。1週間後には誰もが元の仕事に戻り、元の思考法に戻ってしまった。

カーと部下たちは持続的な野心を強化したいと考えた。どうすれば社員たちにつねに大きなことを考えさせることができるのか。

## ToDoリストの作り方

GEの最高経営責任者になってから12年後の1993年、ジャック・ウェルチは東京に出張し、医療用検査機器の製造工場を視察したが、このとき日本の鉄道システムにまつわる話を耳にした。

1950年代、第二次世界大戦による荒廃から必死に立ち直ろうとしていた日本は、国を挙げて経済成長に取り組んでいた。国民のかなりの部分が東京と大阪という二大都市の間に住んでいたが、両者は鉄道で500キロ以上離れている。毎日数万人が両都市間を往復していた。膨大な工業資材が同じ鉄道で運搬されていた。だが日本は山があまりに多く、鉄道システムは旧態依然だったため、東京から大阪まで20時間もかかった。そこで1955年、国鉄総裁は日本のトップ技術者たちに命じた——もっと速い列車を発明しろ、と。

半年後、技術者チームは時速100キロ出せる機関車の試作品を披露した。当時、この速度は世界最速の旅客列車に引けを取らなかった。だが国鉄総裁は「まだ足りない」と言った。彼は時速200キロ出せる機関車を望んでいたのだ。

技術者たちは、それは非現実的だと反論した。そんなにスピードを出したら急カーブのとき、遠心力で脱線してしまう。110キロのほうが現実的だ、いや120キロまで可能かもしれない。それ以上の速度ではどうしても脱線してしまう。

国鉄総裁は訊いた。どうして曲がる必要があるんだ?

技術者たちは答えた。東京と大阪の間にはたくさん山があります。

じゃあトンネルを掘ればいいじゃないか。

東京から大阪までのすべての山にトンネルを掘るには、第二次世界大戦後の東京を復興したのと同じくらいの費用がかかる。

3ヵ月後、技術者たちは時速120キロのエンジンの試作品を完成させたが、国鉄総裁はそのデザインをこき下ろした。総裁いわく、時速120キロではこの国を変革することはできない。革命的な改良のみが飛躍的な経済成長を可能にするのだ。国の鉄道システムをオーバーホールする唯一の方法は、列車の機能のすべての側面を根本から変革することだ、と。

その後の2年間、技術者たちは実験に次ぐ実験を繰り返した。彼らは各車両にモーターがついている列車をデザインし、摩擦の少ないギアを開発した。だがこの新型機関車は当時の日本の線路には重すぎることがわかり、レールを強化した。これによって安定性が増し、時速はさらに1キロ増した。大小さまざまな数百の改良がなされ、時速は少しずつ速くなっていった。

1964年、世界初の「弾丸列車」である東海道新幹線が東京駅を出発し、継ぎ目のないレールの上を、山々に穿《うが》たれた無数のトンネルを通って、平均時速190キロ、3時間58分で新大阪駅に到着した。新大阪駅では数百人の見物客が徹夜で列車の到着を待っていた。じきに他の新幹線もできて、めざましい経済成長を支えることとなった。2014年のある研究によれば、新幹線網の発達は1980年代にいたるまで日本の成長を支える中軸だった。その後10年も経たないうちに、日本で開発されたテクノロジーはフランス、ドイツ、オーストラリアなどの高速鉄道網を生むことになり、世界じゅうの工業デザインに一大革命を起こした。

ジャック・ウェルチはこの話を聞いて、目から鱗が落ちる思いがした。日本出張から帰国すると、彼はカーに言った。GEが必要としているのはまさにこれだ。大胆な目標に向けて全社で取り組むのだ。前進するには、経営陣と全部門が、具体的で達成可能でタイムリーな目標を設定するだけでなく、ストレッチゴール（理念的目標）を設定しなくてはならない。つまり、少なくとも当初はそれをいかに実現するかを説明できないような、大胆な計画だ。全社員に「新幹線的思考」をさせるのだ。

1993年、最高経営責任者は株主に宛てた手紙でこう説明した。「このストレッチゴール計画は、3~4年前だったら、大笑いされなかったとしても、せせら笑いを誘ったでありましょう。事業計画に夢を掲げることですから。それを達成するための現実的なアイディアなしに。いかに達成するかがわかっているとしたら、それはストレッチゴールではありません」

ウェルチの日本出張の半年後、GEの全部門がストレッチゴールに取り組んだ。たとえばジェットエンジン製造部門は、エンジンの完成品の欠陥を25パーセント削減するという目標を掲げた。正直なところ、この部門の責任者は目標を容易に達成できるだろうと考えていた。発見されたエンジンの欠陥は、たとえばケーブルの並べ方がちょっと違っていたとか、小さなキズがあったとか、どれもごく些細な、取るに足らない問題だった。それ以上の欠陥はすべて出荷前に修正されていた。もっと優秀な社員を採用すれば、細かな問題は解決するだろう、と責任者は考えた。

欠陥を減らすというのは目標としてたいへん良い、とウェルチは言った。だが続けて、70パーセント減らせと言った。

部門責任者は無理ですと答えた。エンジン製造はじつに複雑な工程で、エンジン1機は5トン以上あり、1万以上の部品からなる。欠陥を70パーセント減らすなんて不可能です、と。

3年の猶予を与える、とウェルチは答えた。

当該部門の管理職全員がパニックに陥った。だがなんとか気を取り直して、過去12ヵ月間に記録されたすべての欠陥の分析に取りかかった。たんに「品質保証」された社員を雇い入れるだけでは問題は解決しないだろう。欠陥を70パーセント削減するには、実際に社員全員が「品質保証」された検査役にならなくてはならず、欠陥の見落としがあったら、全員が責任を取るのだ。だが工員たちは、小さな欠陥を発見できるほど、エンジンについて詳しく知らない。部門の責任者たちは、全員に再研修を受けさせることにした。

だがそれも成功しなかった。9ヵ月間の再教育の後も、欠陥は50パーセントしか減らなかった。そこで管理職は、エンジンがどうあるべきかを熟知していて、どこがおかしいかをすぐに見抜けるような、技術的な知識をもった人間を雇い入れた。かくしてノースカロライナ州ダラムにあるCF6エンジン製造工場は、最良の策は連邦航空局の資格をもっている技術者を採用することだという結論に達した。しかしその資格をもった技術者はすでに他の工場でも引っ張りだこだ。そこで彼らを惹きつけるため、管理職は社員にもっと自由を与えることにした。誰もが自分のシフトを自分で決められ、自分の好きなチームを作ることができる、と。そうなると工場全体の計画は廃止しなければならない。個々のチームが自分たちで工程表を作るのだ。

ウェルチは航空機製造部門に、欠陥を70パーセント削減するというストレッチゴールを与えた。これほど大胆な目標を達成するには、(a)社員をどう教育するか、(b)どのような社員を採用するか、(c)工場をどう運営するか、に関してほとんどすべてを変える必要がある。目標を達成するまでに、ダラムの工場は全体の日程表を廃止し、勤務条件を変更し、社員採用基準を見直した。なぜなら彼らは、チーム・スキルが高く、より柔軟な思考のできる人間を必要としたからだ。いいかえると、ウェルチのストレッチゴールは連鎖反応を起こし、エンジンの製造方法を誰もが想像もしなかったものに変えてしまった。1999年までにエンジンの欠陥数は75パーセント減少し、連続して38ヵ月間、ただの一度も納期に遅れなかった。これは会社創立以来の新記録だった。製造コストは毎年10パーセント減少していた。スマートゴールでは達成できなかった数字だ。

大勢の学者がストレッチゴールの成果を研究してきた。それによって明らかになったのは、一見すると達成できなさそうな大胆な目標を設定させることで、改革面でも生産性の面でも予想をはるかに超えた飛躍が生まれるということだ。たとえばモトローラを対象にした1997年の研究によれば、ストレッチゴールが導入されてから新製品開発に要する時間は10分の1になった。また3Mを対象にした研究によれば、ストレッチゴールのおかげでスコッチテープやシンサレート（高機能不織布）のような製品が生まれた。ストレッチゴールは、ユニオン・パシフィック鉄道、テキサス・インスツルメンツ、そしてワシントンDCとロサンゼルスの公立学校を変革した。大幅な減量に成功した人や、後にマラソン走者になった人を対象にした調査によると、しばしばストレッチゴールが彼らの成功に大きく貢献していた。

ある研究グループは2011年の「経営の科学」誌にこう書いている。「ストレッチゴールは、自己満足を打破し、新しい思考法を促進する、衝撃的事件の役割を果たす。組織全体の希望を大幅に拡大することによって、新たな未来に目を向けさせ、組織全体のエネルギーを増大させる。かくして実験、改革、調査、遊びなどを通じての実地学習を促進する」

しかしながら、ストレッチゴールの威力には重大な問題点がある。いくつかの研究によると、ストレッチゴールが大胆だと、改革を促進することもあれば、パニックを引き起こし、ゴールが大きすぎるから成功できないと人びとに思い込ませることもある。人に偉業を達成させる野心と、意欲をそぐ野心との差は紙一重である。ストレッチゴールが意欲をそそるためには、スマートゴールのようなものと組み合わせる必要がある。

なぜストレッチゴールとスマートゴールの両方が必要かといえば、大胆さそのものが両《もろ》刃《は》の剣だからだ。しばしばストレッチゴールは、どこから手を着けたらいいかがわからない。したがってストレッチゴールをたんなる夢に終わらせないためには、はるか遠くにある目標をいくつかの現実的で短期的な目標に変換できるだけの熟練した頭脳を必要とする。スマートゴールの設定法を熟知している人は、大きな目標を扱いやすいいくつかの部分に分解する方法を知っているので、一見すると大胆すぎるように見える目標に出合っても途方に暮れたりはしない。ストレッチゴールはスマートゴールと組み合わせれば、不可能を可能にする助けになるのである。

たとえばデューク大学でおこなわれた実験では、大学の陸上選手たちにトラックを走らせ、合図したら10秒以内に200メートル先にあるゴールにできるだけ近づくようにと指示する。選手たちはみんな、その距離だけを考えたらこの目標がまったく馬鹿げていることを知っている。10秒間で200メートル先のゴールの近くまで到達することは不可能だ。結局、彼らは平均してその10秒間に59・6メートル走った。

数日後、同じ選手たちに同じ課題を与えた。ただしゴールは100メートル先に置かれた。まだこの目標には無理があるが、それでも手の届く範囲にはなった（ウサイン・ボルトは2009年に100メートルを9・58秒で走った）。今回、選手たちは10秒間に平均して63・1メートル走った。調査をおこなった研究者によれば、陸上短距離の世界では、これは大きな差である。

この距離の差はこう説明された――より短い距離（１００メートル）は、まだかなり無理のある設定ではあるが、熟練した陸上選手が使い慣れている方法的計画とメンタルトレーニングが適用できる。いいかえると、より短い距離の場合、選手たちは、ストレッチゴールをいくつかのスマートゴールに分解する作業に相当することをおこなっているのだ。調査した研究者は書いている――参加した選手全員が規則的な練習をおこなっているので、10秒で１００メートル走るという課題を与えられたとき、その課題にどう対処したらいいのか、わかっていたのである。選手たちはそれをいくつかの部分に分解し、他の短距離走と同じように扱えたのだ。スタートでダッシュし、他の走者たちを引き離し、最後に全力で走る。だが彼らも、10秒で２００メートル走るという課題に直面したときには、実際的なアプローチを思いつくことができなかった。大きすぎる課題を、扱えるような部分に分解することができなかったのだ。スマートゴールの基準に相当するようなものがなく、単純に彼らの能力を超えていたのである。

ウォータールー大学、メルボルン大学などにおける実験でも同様の結果が得られた。ストレッチゴールは驚異的な改革の引き金を引きうるが、それはその目標を具体的な計画に分解できるときだけなのだ。

この教訓は、人生の最も世俗的な側面にすら応用できる。たとえば、ToDoリストを考えてみよう。カールトン大学の心理学者ティモシー・ピチルは著者にこう語った。「ToDoリストは正しく使いさえすれば素晴らしいものだ。でも、もし人が『私はときどき、すぐに片付けられる簡単なことを書き込む。気分が良くなるからだ』と言ったら、それこそまさしく間違ったToDoリストの作り方だ。生産性を上げるためではなく、自分の気分を良くするためにリストを作っているからだ」

多くのToDoリストの問題点は、短期的な目標を書き並べるとき、私たちの脳はそれぞれの目標がもたらしてくれるであろう満足感のことしか考えていないということである。他の可能性を考えたくないという傾向が助長され、それが正しい目標かどうかを検証せずに執着する。その結果私たちは、内容の深い大きなメモを書く代わりに、何時間もかけて、大して重要でないメールに返事を書く。受信トレイがきれいになると気分がいいという、それだけの理由で。

だとすると、ストレッチゴールだけでToDoリストを満たすのが唯一の解決策であるように思われるが、そうではない。誰もが知っているように、壮大な計画ばかり並べても、それが達成できるかどうかは保証の限りではない。実際、研究によると、壮大な目標ばかりを書き並べるとやる気がなくなり、リストを見なくなる傾向がある。

したがって、ひとつの解決法はストレッチゴールとスマートゴールの交じったToDoリストを作成することだ。思いつく限り最も大胆で壮大な目標を並べる。夢は大きいほうがいい。会社を興すとか、マラソン大会に参加するとか、一見すると実現不可能に見えるような目標を並べよう。

次に、そのうちのひとつを選び、それを短期的で具体的な部分に分解する。そして以下のように自問する――日単位、週単位、月単位で現実にはどれくらい進展できそうか。明日、あるいは今後3週間に、実際にはどれくらい走れるか。より大きな成功へと到達するには、どのような短期的・具体的な段階を設定する必要があるか。どれくらいの期間設定が現実的か。店をオープンするのは半年後か1年後か。進展をどうやって測るか。こうしたより小さな目標は、心理学では「近い目標」と呼ばれ、多くの調査の結果、大きな野心を近い目標に分解できれば、大きな目標を実現しやすいということがわかっている。

たとえばピチルはToDoリストを作成するとき、まずページのいちばん上にストレッチゴール（たとえば「目標設定と神経学とのインターフェイスを説明できるような研究をする」）を書く。その下に中核項目、つまり具体的に何をすべきかに関する細かい仕事を書く。「具体的行動：助成金申請書をダウンロードする。期間：明日までに」

ピチルは言う。「こうやって私はたえず、次に何をしなければならないか自分に言い聞かせるわけだが、同時に、たんに自分の気分をよくするためだけの些細なことだけをやるという泥沼に沈まないように、もっと大きな計画を忘れないようにしている」

要するに、ストレッチゴールとスマートゴールの両方が必要なのだ。そういう名称で呼ぶ必要はないし、近いほうのゴールがスマートゴールの基準すべてを満たしているかどうかは問題ではない。大事なのは壮大な計画を立てることと、それを現実的・具体的な計画に変換するためのシステムを構築することだ。そうすれば、小さな計画が次々にＴｏＤｏリストから消されていくにしたがって、どんどん課題の核心に近づいていく。何が「賢い」かを忘れずに済む。

カーは著者に語った。「自分たちのやっていることが世界じゅうに影響を与えるとは、夢にも思わなかった」。スマートゴールとストレッチゴールへのＧＥの取り組みは学者たちによって分析され、心理学の教科書にも載っており、全米のほとんどの企業が取り入れている。カーによると、「ゴールについての考え方を変えさせれば、行動の仕方を変えさせることができる。われわれはそれを証明した。やり方さえ習得すれば、ほとんどなんでもできるようになる」。

## 目標設定の流れ

**ストレッチゴールは何か？**
マラソンを走る

↓

**具体的なサブゴールは何か？**
途中で休まずに７マイル走る

↓

**どのように成功を測定するか？**
歩かずに公園を２周する

↓

**それは達成可能か？**
週に３回走れば可能

↓

**現実的か？**
月水金に早起きすればできる

↓

**期間設定はどうするか？**
今週は３マイル、来週は４マイル、再来週は５マイル……

## ゼイラの誤ち

ヨムキプール戦争（第四次中東戦争）が終結してから27日後、イスラエルの議会は、戦争の準備がまったくなされなかった原因を調査するための国家委員会を設立した。委員会は140回招集され、ゴルダ・メイア首相、モーシェ・ダヤン国防相、エリ・ゼイラ参謀本部諜報局長官をはじめ58人から証言を集めた。

委員会はこう結論した。「ヨムキプール戦争の数日前から、参謀本部諜報局は危険を示す情報を十分に入手していた」。イスラエルが丸腰のまま攻撃されたことには明らかな原因がある。ゼイラとその部下たちは明らかな危険信号を無視した。しかも彼らは他の指導者たちが本能に従って行動しようとするのを阻止した。この過ちは悪意にもとづくものではなく、ゼイラと部下たちは不必要な混乱状態を避け、確固たる決断をしようとするあまり、最も重要な目標、すなわちイスラエルを安全に保つという目標を見失ったのである。

ゴルダ・メイア首相は、委員会の報告書が公表されてから1週間後に辞任した。かつての英雄モーシェ・ダヤン国防相は、6年後に他界するまで反対派から追い回された。ゼイラは職を解かれ、公職追放処分となった。

ヨムキプール戦争をめぐるゼイラの失敗は、目標がいかに機能し、私たちの心理にいかなる影響を与えるかについて、最後の教訓を与えてくれる。じつは彼は、国の指導者たちに戦争の兆候を無視するよう説得したとき、ストレッチゴールもスマートゴールも用いていた。彼には、イスラエルの国じゅうに蔓延する不安を払拭するという大きな確固たる目標があった。彼は自分のいちばんの目標が、延々と続く議論や批判を断ち切ることであると知っていた。そして大きな目標を小さな部分に分割するために彼が用いた方法のひとつは、具体的で、計測可能で、達成可能で、現実的で、期間設定に見合う、近い目標を見つけることだった。彼はじっくり入念に諜報局を改造した。レイサムとロックの主張する、大きな目標と小さな目標をいずれも成功させるために必要なことを、ゼイラはすべてやった。

だが、イスラエルが敵国の攻撃を予想できなかった最大の理由は、ゼイラが、自分の決断に疑いをもたず、一度決めたことは絶対に再検討しなかったことである。ゼイラは、ストレッチゴールとスマートゴールだけでは足りないこともある、ということを示す一例である。大胆なプランと具体的な計画だけでは足りないのだ。時には日常から離れて、自分が果たして意味のある目標を設定したのかどうか、あらためて考えてみる必要がある。そう、必要なのは考えることなのだ。

2013年10月6日、ヨムキプール戦争40周年に際し、エリ・ゼイラはテルアビブで、国家の安全保障に関わる学者たちに向かってこう語った。彼は85歳になっていて、演壇に上がるときも足取りが覚束なかった。私は自己弁護のためにやってきた、と彼は述べた。誤りがあったことは確かだが、私だけが誤ったわけではない。われわれはもっと注意深くあるべきであり、確信しすぎてはいけないということを国民全員が学んだ。責任はわれわれ全員にある、と。

聴衆の中にいたかつての部下が野次を飛ばした。「何を寝ぼけたことを言ってるんだ！　この嘘つき！」

「ここは軍法会議の場ではない」とゼイラは答えた。あの戦争は私だけの責任ではない。全面的に侵略されるという最も恐ろしい可能性を、誰も直視しようとしなかった。だがゼイラはしばらく黙って考えた後、自分が間違いを犯したことは確かだと述べた。自分はありえそうもないことを無視した。あらゆる可能性を徹底的に考えなかった。

さらにこう述べた。「私はいつでもポケットに手帳を入れていた。その手帳には『もしそうでなかったら？』と書かれていた」。この手帳はお守りのようなもので、「何事かをなしえよう」とか「決断しよう」という欲望は弱さでもあることを思い出させてくれるものだった。その手帳はゼイラに、もっと大きな問題に取り組むべきだと語りかけたのだろう。

だがヨムキプール戦争の前夜、「私はその手帳を読まなかった。それが私の犯した誤りだ」。

# 第5章 人を動かす

## ――リーン・アジャイル思考が解決した誘拐事件と信頼の文化

### FBIのセンチネル

フランク・ジャンセンが自転車で家に戻った直後、誰かがドアをノックした。晴れた日曜の朝。数ブロック先では子どもたちがサッカーをやっていた。ジャンセンが窓から覗いてみると、クリップボードをもった女性と、ボタンダウンシャツとチノパンを着たふたりの男が立っていた。何かの調査だろうか。あるいは宗教の勧誘だろうか。どうして自分の家を訪ねてきたのか見当がつかなかったが、いずれにせよすぐに追い払えるだろうと思った。

だがドアを開けた瞬間、男たちは中に押し入り、ひとりはジャンセンに摑みかかり、壁に投げつけ、さらに床に投げ倒した。ウエストバンドから銃をとり、銃身でジャンセンの顔を殴った。もうひとりがジャンセンの胴にスタンガンを押しつけ、引き金を引いた。63歳のジャンセンは体が動かせなくなった。男たちはプラスチックの結束バンドでジャンセンの両手を縛り、外に運び出し、停めてあったシルバーのニッサンの後部座席に押し込んだ。ふたりの男はジャンセンの両脇に座り、女は助手席に座った。少し体が動かせるようになると、ジャンセンは両脇の男たちに体当たりした。男たちはジャンセンを床に下ろし、西に向かって出発し、子どもたちがサッカーをしているそばを通りすぎた。男のひとりがジャンセンを毛布で隠した。車は高速道路に入り、南に向かった。*

1時間後にジャンセンの妻が帰宅したとき、家には誰もおらず、玄関のドアが開けっ放しだった。夫の自転車はガレージに立てかけてあった。彼は散歩に出かけたのだろうか。

*本章の要約をFBIに送った。FBIの返答については註を参照されたい。ジャンセン一家には何度も電話や書留でコメントを求めたが、返答はなかった。この事件についての詳細は、法廷記録、インタビュー、その他の情報源（註を参照）による。執筆時点で、本章で述べた犯罪には判決がまだ下されていないので、著者の主張はあくまで申し立てにすぎず、確たる証拠にもとづくものではない。より詳しくは、この犯罪に関係した弁護士からの回答を註に載せたので、それを参照されたい。

1時間経っても報《しら》せがないので、妻は心配になってきた。何かメモを残しているかもしれないと思い、玄関のまわりをよく見ると、血が数滴落ちていた。動転して外に出ると、玄関先にも血痕があった。あわてて娘に電話すると、警察に電話するように言われた。

彼女の家は警察官に、夫は国家安全保障に関係する会社の顧問をしていると言った。じきに彼女の家は警察の車と「立ち入り禁止」の黄色いテープで囲まれた。黒いSUVが到着し、FBIの捜査官たちが指紋を採取し、芝生についた足跡を撮影した。それ以後2日間にわたって、捜査官たちはジャンセンの携帯電話の記録を調べ、隣人や同僚に聞き込みをしたが、何ひとつ手がかりは得られなかった。

誘拐の3日後の2014年4月7日夜、妻の携帯電話が鳴った。ニューヨークの市外局番の、見知らぬ番号からメールがいくつか届いていた。

われわれはご主人を預かっている。彼はいまカリフォルニアに向かう車のトランクの中にいる。もし警察に通報したら、ご主人を6個の箱に分けて送り返す。もしお宅の家族の誰かを見かけたら、イタリアに連れて行って拷問してから殺す。お宅の前を通って、家族全員を撃ち殺し、窓から手榴弾を投げ込む。

そのメールはジャンセンの娘と、ケルヴィン・メルトンという名前に言及していた。事件の真相が少しだけ見えてきた。ジャンセンの娘のコリーンは、近くの町ウェイク・フォレストの副検察官で、数年前にギャングの幹部のひとりだったメルトンを起訴したのだった。メルトンは、凶器を用いた殺人の罪で終身刑を言い渡され、刑務所に送られた。ひとつの仮説が浮上した。ギャングが、幹部のひとりを刑務所に送られたことを恨んで、ジャンセンの娘に対する復讐としてジャンセンを誘拐したのではないか。

数時間のうちに、警察はメールを送ってきた携帯電話の通話記録を調べるための捜査令状をとり、ギャングの組員との繋がりを見つけ出そうとしたが、メールがジョージア州から発信されたことはわかったものの、その携帯電話はウォルマートで購入したプリペイド携帯だったため、記録がなかった。通信記録にも、領収証の控えにも、所有者は誰か、いまどこにいるのかを示す手がかりは皆無だった。

2日後、今度はアトランタ州の市外局番の、別の番号からメールが届いた。それには「ご主人の写真を2枚送る」と書かれていて、ジャンセンが椅子に縛られている写真が添付されていた。「おれのブツがどこにあるかを言わないと、明日からコリーンの父親を拷問する」。捜査官たちは誘拐犯の言う「ブツ」が何であるか、まるで見当がつかなかった。メールにはまた、刑務所にいるギャングの幹部メルトンにタバコを1箱届けろ、その他いくつかの命令が書かれていた。「ジェフィは彼のブツを欲しがっている。おれたちが仕事を終えられるように、大至急電話しろ。彼からただちに連絡がないと、彼の家族に危害を加えるぞ」。警察は、「ジェフィ」というのがメルトンを指すのか、それとも誰か別の人物を指すのかわからなかったし、どうしてメルトンがタバコを欲しがっているのかも理解できなかった。メルトンが収監されているポルク矯正施設では自由にタバコが買えるのだ。未知の名前が書かれたメールがさらに届いた。「これがゲームだっていうことがわかっただろ。おれたちがフランノを捕まえたことを彼に伝えろ。おれのブツや金がどこにあるのかすぐに教えたほうがいいぞ、と伝えろ。そうしないと2日以内に皆殺しにする」。警察は「ジェフィ」と「フランノ」が誰なのかもわからず、また、誘拐されたのはひとりのはずなのに、どうして複数の人を殺すと脅しているのかも理解できなかった。復讐だとしたら、どうして曖昧なメールを何通も寄越すのだろうか。どうして身代金を要求してこないのか。FBIのある捜査官は、犯人グループはまったく無計画で、自分たちが何をしているのかわかっていないのではないかと推測した。

FBIはグーグル社に、誘拐事件発生の前後にジャンセンの住所に関するアクセス記録がないかどうかを調査してほしいと依頼した。すぐに巨大コンピュータが返答した。何者かがプリペイドのTモバイル端末を使ってグーグルで「コリーン・ジャンセン　住所」を検索していた。だがそれで得られた回答は、コリーンがかつて住んでいた両親の住所だった。新しい仮説が浮上した。誘拐犯はケルヴィン・メルトンを投獄された復讐に、コリーンを誘拐しようとしたが、手違いで父親を誘拐したのではないか。

ジョージア州から最新のメールを送ってきたのもプリペイド携帯であることがわかったが、今回は携帯電話会社から重要な手がかりが得られた。メールはアトランタから発信されていた。しかもその携帯には最近、別の携帯電話からの受信があった。その別の携帯電話の発信場所はなんとポルク矯正施設内部だった。その携帯電話の持ち主はメルトンの娘たちと100回近く通話していた。

捜査官たちの推測によれば、この誘拐事件はメルトン自身が指図していたのだ。

FBIはポルク矯正施設に電話し、メルトンの携帯電話を探すように看守に命じた。だが看守が近づくと、メルトンはドアにバリケードを築き、携帯電話をばらばらに壊してしまった。そこからデータを引き出すには何日もかかった。

FBIはメルトンを無理やり捜査に協力させるわけにはいかなかった。彼はすでに終身刑に服しているのだから。携帯電話の記録からもそれ以上の情報は得られなかった。FBIは携帯電話が購入された店の監視カメラや、ジャンセンの家の近くの監視カメラの記録を調べたが、有益な情報は何ひとつ得られなかった。数百の情報が得られてはいたが、それらは点の集まりにすぎず、それらを繋ぐ糸が見つからなかった。

一部の捜査官はFBIの新しいコンピュータ・システムに期待した。それは「センチネル」と名づけられた複雑なソフトウェアで、彼らが見逃した糸を見つけてくれるかもしれない。FBIは10年以上前に、事件解決の強力な新兵器とするため、新しいテクノロジーの開発に着手した。だがその努力のほとんどは水泡に帰した。新しい検索エンジンの開発に1億7000万ドルが投入されたが、しょっちゅうクラッシュするので、2005年に廃棄された。別のプロジェクトは、会計監査院からどうしてシステムがうまく動かないのかを解明するだけのために数百万ドルかかると指摘され、凍結された。ジャンセンが誘拐される数年前には、FBIのデータベースは旧態依然で、捜査官は自分たちが捜査で集めた情報の束をコンピュータに入力しようともしなかった。彼らは数十年前と変わらず、書類のファイルとインデックス・カードを使っていた。

その後、2012年になって、FBIはセンチネルを導入した。これは簡単にいうと、捜査官たちが毎日集めてくる証拠、手がかり、目撃証言など数万の小さな情報を分類・管理するソフトウェアである。センチネルは、FBIや各警察がパターン析出のために開発した分析エンジンやデータベースと連携していた。センチネル開発を指揮したのはウォール街出身のひとりの若者だった。彼は、FBIはトヨタのような企業から学ぶべきであり、「リーン生産方式」とか「アジャイル・ソフトウェア開発」と呼ばれる方法を取り入れるべきだと熱弁をふるって、自分を雇わせたのである。彼は数人のソフトウェア・エンジニアをつけてくれれば2年以内にセンチネルを完成させると約束し、実際にその約束を果たした。

というわけで、いまやFBIにはセンチネルがある。ジャンセン事件に携わっていた捜査官たちの誰ひとりとしてセンチネルが役に立つとは期待していなかったが、彼らも必死だったので、ひとりの捜査官がセンチネルが何か有効な答えを吐き出してくれることを期待して、自分がそれまでに集めた情報をすべて入力した。

## GMを変えた「トヨタ生産方式」

かつてのGM（ゼネラルモーターズ）の工場の面接にあらわれたリック・マドリッドは、ミラーサングラスをかけ、アイアン・メイデンのTシャツを着て、カットオフジーンズをはいていた。彼はかつてこのジーンズのことを、「北カリフォルニアで女の子にもてるための必須アイテム」と言っていた。1984年のことである。面接官に敬意を表して（というのも彼はどうしてもこの仕事が欲しかった）、髭をきれいに整え、デオドラント・スプレーを吹きかけてきたが、入れ墨はあえて隠さなかった。

マドリッドは、カリフォルニア州フリーモントにあるこの工場をよく知っていた。2年前にGMが工場を閉鎖するまで、ここで働いていたのだ。フリーモントは、地元でも全国的にも、世界最悪の工場として有名だった。マドリッドは毎日8時間ずつ27年間、リム〔タイヤを取りつける枠〕を大きなハンマーで叩いて車に取りつけながら、UAW（全米自動車労働組合）に加盟して、「マジック・スクリュードライバー」という、ウォッカとオレンジジュースのカクテルをプラスチックのカップになみなみと注ぎ、ラインの上を流れていく車に載せた。同僚たちが一口ずつ飲むのだ。フリーモント工場のベルトコンベアはスムーズだったので、カクテルは全然こぼれなかった。車のトランクに氷の入ったバケツを入れたのでしばしば内装が歪んだが、そんなことは買った人の問題であって、マドリッドたちの知ったことではなかった。マドリッドは後にこう語った。「休憩の合間に仕事をしているようなもんだった。工場で働いていたのは、もちろん金を稼ぐためさ。仕事の質なんてどうでもよかった。GMもおれたちの仕事の質なんか問題にしていなかった。とにかく車をたくさん作れば、それでよかった」

だが面接にやってきたマドリッドは、きっと今回は昔のようにはいかないだろうと予測していた。GMは日本のトヨタと提携し、フリーモント工場を再開した。これはトヨタにとっては米国内で自動車を生産し、アメリカでの自動車の売り上げを伸ばすチャンスだったし、GMにとっては「トヨタ生産方式」という、きわめて低いコストで高品質の自動車を生産するシステムを学ぶチャンスだった。この提携の障害のひとつは、GMとUAWの申し合わせで、従業員の8割は2年前に解雇した社員の中から採用しなければならなかった。それでマドリッドとその仲間たちは、新しい会社NUMMI（ニュー・ユナイテッド・モーター・マニュファクチャリング社）の面接にやってきたのだ。

マドリッドは、たぶん採用されるだろうと思っていた。というのも、彼が仕事中に酒を飲んでいたことなど同僚たちに比べたら可愛いものだからだ。たしかに彼はしょっちゅう仕事中に酔っていたし、シボレーの座席を倉庫に置いておいてそこでセックスしたこともあったが、仲間たちはコカインを吸いながらブレーキにブレーキパッドを取りつけたり、マフラーの部品で作った水パイプを吸ったりしていた。組合の定めた休憩時間になると、娼婦たちを乗せたワゴン車が駐車場にやってきたが、マドリッドはそこを利用したことはなかった。仲間たちはあとで車ががちゃがちゃ音を立てるように、わざとドアの内部にウィスキーの空き瓶やねじを入れたりしていたが、マドリッドはやらなかった。

サボタージュ〔故意に製品に損傷を与えること〕は、GM時代のフリーモント工場を飲み尽くした激しい闘争の極端な例だった。労働者たちは、組合を強化するためだったらどんなに汚い手も使った。組み立てラインさえ止めなければ、どんなにひどいことをしても処罰されないということを労働者たちは知っていた。GMでは生産台数だけが重要なのだった。労働者たちは、ベルトコンベアの上を流れていく自動車に欠陥を見つけると、止めてその部分を直すのではなく、クレヨンで印をつけるか、ポストイットを貼るだけだった。そのため、完成された車を工場の裏に運んで、分解して修理しなければならなかった。あるとき、ひとりの工員が心臓発作でベルトコンベアの上に倒れたが、仲間たちは車がその上を通り過ぎるのを待って、それから彼を引っ張り出した。彼らは工場の鉄の掟を知っていた——ラインを止めてはならぬ。

マドリッドの一次面接は小さな会議室でおこなわれた。部屋の反対側のテーブルにはUAWの代表、トヨタの管理職、GMの部長が座っていた。みんなが冗談を言い合っていた。彼らはマドリッドに経歴を尋ね、車に関する知識を試すため、簡単な数学と組み立ての問題を出した。マドリッドは、仕事中に酒を飲むつもりかと訊かれた。いやもう卒業した、と彼は答えた。面接は長くかからなかった。部屋を出て行こうとするとトヨタの代表が、前にこの工場で働いていたとき、いちばんいやだったことは何かと尋ねた。

リック・マドリッドは昔からなんでも率直に話すタイプだった。彼は語り始めた——欠陥があるとわかっている車の組み立てをするのが、いちばんいやだった。結局あとで分解するので、自分がやったことが無駄になってしまう。それから、提案がいつも上司に無視されるのがいやだった。新しいタイヤ取り付け機械が設置されることになったとき、彼は作業をスピードアップするために制御盤を別の場所に置くという名案を思いついた。彼は技術者を探して、自分の考えを図面にして見せた。だが昼食から戻ってみると、新しい機械の制御盤は前と同じ場所に設置されていた。「おれは機械の左側で仕事をしているが、制御盤は右側にある。なんと、技術屋さんはブリッジを作らなかった」

さらにマドリッドは話した――ＧＭが経営していたときは、労働者は機械の歯車にすぎなかった。「ただそこにいて、言われたことだけをやっていた」。意見や考えを聞かれたことは、ただの一度もなかった。

彼は面接官たちに不満をさんざんぶちまけてから、家路についた。どうしても就職したかったのだから、口を閉じているべきだったと後悔した。

数日後、マドリッドに電話がかかってきた。トヨタの代表が彼の正直さを評価し、採用することに決めたという。ただし、まず２週間日本に行って「トヨタ生産方式」について学習しなくてはならない。２週間後、ＮＵＭＭＩはマドリッドを含む20人の社員を日本の豊田市にある高岡工場へ送り込んだ。その後、ＮＵＭＭＩはほぼ全社員を高岡工場視察に送ることになる。日本の自動車工場に足を踏み入れたマドリッドが目にしたのは、見慣れた組み立てラインと、圧搾空気を使った工具のシューッという聞き慣れた音だった。どうしてうちの会社は、地球の裏側にある、うちと同じような工場で研修させるのだろうかとマドリッドは首をかしげた。基本ツアーとオリエンテーションの後、マドリッドは工場に入って、ひとりの工員がエアドライバーでドアフレームにボルトを取りつけているのを眺めた。見慣れた作業だ。ラインの終わりには、ボルトは何層もの金属やプラスチックに隠れてしまうだろう。サインが日本語で書かれていることと、トイレが清潔なことを除けば、カリフォルニアの工場と何も変わらない。

工員がエアドライバーでボルトを取りつけようとしたとき、キーッといういやな音がした。ボルトが穴にまっすぐ入らず、途中で引っかかってしまったのだ。よくある失敗だ。そういうときマドリッドは車にクレヨンで印をつけた。だからその日本人の工員もそうするのだろうと思った。そういう車はあとで分解修理されることになる。このシステムの問題点は、ボルトを交換するためにドアを分解し、また最初から組み立てなくてはならないことだ。組み立て直すために全体にかすかなゆるみが生じてしまい、買った人は最初は気づかないが、数年するとドアがかすかに振動するようになる。見かけではわからないが、欠陥商品であることには違いない。

ところが不快な音が鳴り響いたとき、日本の工場では、マドリッドが予想だにしていなかったことが起きた。失敗した工員は上に手を伸ばし、頭の上に垂れていたヒモを引いた。するど黄色ランプが点灯した。これが「アンドン」(生産ラインの生産状態報告システム）だ。工員はエアドライバーを逆回転させ、ボルトを抜き、別の道具を使ってねじ穴をきれいにした。そのとき上司がやってきて工員の後ろに立ち、あれこれ質問した。工員は上司のほうを振り返らずに何かを大声で命令し、ボルトを付け直すために別の道具を手に取った。ベルトコンベアは動いたままだったが、工員はまだ修理を終えていなかった。車が工員の持ち場の端までくると、ライン全体が停止した。何が起きているのか、マドリッドにはさっぱりわからなかった。

別の男（明らかに、さらに上の上司）がやってきた。怒鳴るのかと思いきや、彼は手術室のナースのように、新しいボルトと道具をトレーに並べた。工員はあいかわらず上司に向かって何か命令している。フリーモントだったら上司にぶん殴られるはずだ。ところが日本では、怒りに満ちた怒鳴り声も、不安のささやき声もない。ラインに並んでいる他の工員たちは冷静に持ち場についたまま、自分が取りつけたばかりの部品を再点検している。いま起きたことに誰も驚いていないらしい。工員は新しいボルトをドアに付け直す作業を終えると、また頭上に垂れているヒモを引いた。組み立てラインが通常の速度で動き出した。誰もがまた作業を再開した。

マドリッドは言う。「自分の眼が信じられなかった。フリーモントじゃ工員が溝に落ちたことがあったが、それでもラインは止めなかった。長年の間に、どんなことがあってもラインを止めるなという命令が頭に染みついていた」。組み立てラインを止めたら1分につき1万5000ドルの損失だと上司から言われていた。「でもトヨタじゃ、売り上げよりも品質のほうが大事なんだ」

マドリッドは続ける。「あのときひらめいた。彼らがやっていることを学べば、おれたちにだって彼らと同じことができるはずだ。一本のボルトがおれの姿勢を変えた。これを身につけさえすれば、自分の仕事を誇れるようになるってね」

マドリッドは日本での研修中に、その後何度も驚かされることになった。ある日、彼はシフトの真ん中あたりに陣取っている工員にぴったりついて観察していた。その工員は上司に、支柱を取りつける新しい道具のアイディアを説明した。上司は工具店に行き、15分後に試作品をもって帰ってきた。工員と上司はまる一日かけてデザインを改良していった。翌朝、全員の持ち場で、新型の道具が工員たちを待っていた。

マドリッドの教育担当者はこう説明した――トヨタ生産方式（後にアメリカでは「リーン生産方式」として有名になる）では、いちばん下のレベルが方針決定をする。問題点を最初に発見するのは組み立てラインにいる工員たちだ。どんな生産工程でも避けられない故障のいちばん近くにいるのは彼らだ。だから彼らに解決法を見つける最大の権限を与えるのは理にかなっているのだ。

トヨタの最初の西洋人社員としてマドリッドを教育したジョン・シュックは著者にこう語った。「すべての社員が、あるひとつのことについては最高の専門家になる権利がある。もし私がマフラーの取りつけ担当だとか、受付だとか、清掃係だったら、排気装置について、客の応対について、オフィスの清掃について、誰よりもよく知っている。その知識を利用しなかったら、企業にとっては信じられないくらいの無駄だ。トヨタは無駄を嫌う。一人ひとりの専門知識を利用するために、この生産方式が作られたのだ」

トヨタが最初にこの経営哲学をGMに提案したとき、アメリカ側はそのあまりの素朴さを文字通り笑った。彼らは言った。日本ではうまくいくかもしれないが、カリフォルニアではそうはいかない。フリーモントの工員たちは専門知識で社に貢献するなんてことには興味がない。彼らはいかに労働時間を少なくするかということしか頭にないのだから。

シュックは言う。「だがGMがその哲学を試してみることを約束しなければ、両社の提携は実現しない。トヨタの基本哲学は、全員が気分よく仕事をするということだ。人を成功できるポジションに置けば、かならず成功する」

シュックは続ける。「われわれが口に出して言わなかったのは、もしトヨタ生産方式を輸出する方法を見つけださなければ、自分で自分の首を絞めることになる、ということだ。トヨタを成功に導いたのは文化であって、頭上に垂れ下がっているヒモでも、道具の試作品を作ることでもない。もしその信頼の文化を輸出できなかったら、もう他に打つ手はない。それでマドリッドたちをアメリカに送り返し、うまくいくことをひたすら祈った」

＊

1994年、スタンフォード大学ビジネススクールのふたりの教授が、企業内の信頼の雰囲気はどのように醸成されるのかについて研究を始めた。そのふたり、ジェイムズ・バロンとマイケル・ハナンは学生たちに長年、企業にとっては文化〔カルチャー〕が戦略に劣らず重要だと教えてきた。会社が社員をどう扱うかが成功への鍵である。とくに、ほとんどの企業は、たとえ製品がどんなに素晴らしく、顧客が忠実だとしても、もし社員がたがいを信頼していないとすべてが台無しになってしまう。彼らはそう教えてきた。

毎年何人かの学生が、教授の主張を裏づける証拠は何かと質問した。

じつのところ、バロンとハナンは自分たちの主張が正しいことを確信してはいたが、それを裏づけるデータはあまりなかった。ふたりとも専門は社会学で、社員を幸福にする文化や、新しい社員を採用することや、健康的なワーク・ライフ・バランスを促進するといったことの重要性を示す研究ならばいくつも挙げることができたが、企業の文化が生産性にどのような影響を与えるかについての研究はほとんどなかった。そこで1994年、ふたりは自分たちの主張が正しいことを証明するための大規模な研究に取りかかった。

そのためにはまず、長期間にわたって追跡できる新しい企業がたくさんあるような産業を見つける必要がある。ちょうどシリコンバレーではテクノロジー関連の新しい会社が続々と立ち上げられていた。彼らはそこに目を付けた。当時はまだインターネットの草創期で、アメリカ国民のほとんどが、@はキーボード上の使われることのないキーだと思っていたし、グーグルはグーゴル〔数の単位。10の100乗〕と同じだと思っていた。

今はイエール大学で教えているバロンは語る。「われわれはとくにテクノロジーに関心があったわけではないし、研究対象にした企業がこんなに巨大になるなんて夢にも思っていなかった。とにかく立ち上げたばかりの会社が必要だったが、近くでそういう会社が次から次へと生まれていたので、毎朝『サンノゼ・マーキュリー・ニュース』紙をぱらぱら読んで、若い会社のことが出ていると研究チームに電話番号やメールアドレスを調べさせ、人を送って、新会社のトップがアンケートに答えてくれるかどうかを確かめさせた」。後に発表した論文の中で、ふたりはこう書いている。「1994〜95年に研究に着手したときには気づかなかったが、われわれはシリコンバレーのハイテク企業の歴史・構造・人材に関する最も包括的なデータベースを構築した。ちょうど歴史的な経済とテクノロジーのブームが始まった頃だった」。結局このプロジェクトには15年かかり、200近い企業を対象にした。

ふたりの研究は、新会社の文化に影響を与えそうなすべての事項を調査した。新人をどうやって採用するか、どんな採用面接をするか、給与はどれくらいか、どういう社員を昇進させるか、あるいは解雇するか。大学での落ちこぼれが億万長者になることもあれば、飛ぶ鳥を落とす勢いだった経営者が没落することもあった。

ふたりの研究は、最終的に、ほとんどの企業文化は以下の5つのカテゴリーのうちのひとつにあてはまることを、十分なデータにもとづいて証明した。第一のカテゴリーを、彼らは「スター・モデル」と名づけた。この種の会社の社長は一流大学や成功した企業からきた人物で、社員たちはかなりの自由を与えられている。会社にはおしゃれなカフェがあり、社員には豪華な特典が与えられた。ベンチャー投資家はこうしたスター・モデル企業に投資することを好む。伝統的な知恵にしたがえば、エリート集団に投資するのがいちばん安全だから。

第二のカテゴリーは「エンジニアリング・モデル」。エンジニア的文化をもった企業内部では、個々のスターが大勢いるのではなく、エンジニアのグループが何から何までやる。問題解決の際にも人事案件に関しても、エンジニア精神が浸透している。バロンによれば、「これが典型的なシリコンバレーの新会社で、無名のプログラマーたちがマウンテンデューを飲みながらパソコンに向かっているというイメージだ。彼らは若く、ハングリー精神旺盛で、その能力をフルに発揮すれば次世代のスターになるかもしれないが、今のところは技術的な問題の解決に没頭している」。エンジニア的文化は強く、会社の成長は速い。バロンに言わせると、「フェイスブックがいかに速く広がったかを考えてみればいい。出自も考え方も似たような人間が集まっているから、共通の社会的規範にもとづいて、全員が同じ方向に進むことができる」。

第三のカテゴリーは「官僚モデル」、第四は「独裁者モデル」。官僚モデルでは、中間管理職の層が厚く、そこから文化が生まれる。管理職は膨大な業務報告書や組織図や社員ハンドブックを作成する。あらゆる事項が説明され、週一度の全員参加会議のような儀式があって、そこで社の価値観が社員たちに伝えられる。独裁者モデルもそれと似ているが、すべての規則、業務報告書、組織図は、究極的にはひとりの人間（たいていは創立者か最高経営責任者）の欲望と目標をめざしている。バロンによれば、「ある独裁者型の社長はこう言った。彼の会社の文化モデルは『きみは働け。私の言うとおりにやれ。そうすれば給料を払う』だと」。

最後のカテゴリーは「コミットメント・モデル」。これは誰もがひとつの会社に終身雇用されていた時代への逆行である。バロンによると、「コミットメント型会社の社長たちはよく、『社員が引退するときか死ぬまで辞めない、そんな会社を作りたい』と言う。だからといってこの手の会社がつまらないわけではなく、ゆっくりとした着実な成長をもたらすような、ちゃんとした価値観をもっている」。シリコンバレーの社長たちの一部はバロンに、コミットメント型企業は時代遅れで、アメリカ的産業形態を蝕《むしば》んできた父権主義的（温情主義的）経営の名残だと語った。コミットメント型企業は、簡単には社員を解雇しない。他の新会社は高額を支払ってエンジニアや営業担当を雇い入れるが、コミットメント型企業は人事の専門家を雇う。「コミットメント型の社長は、最初は最高の製品をデザインすることより、文化をしっかりと定着させるほうが大事だと考えている」とバロンは言う。

バロンとハナンはその後10年間にわたって、どの企業が成長し、どの企業が倒産するかを継続的に観察した。研究対象にした企業のほぼ半数が、少なくとも10年間は生き残り、そのうちのいくつかは世界で最も成功した企業となった。バロンとハナンの関心は、特定の企業文化と成功との間になんらかの相関関係があるかどうかということだった。だが彼らは、文化の衝撃力がいかに劇的かを思い知らされることとなった。「なんでも猛烈に速いシリコンバレーのハイテク産業界ですら、創業者の雇用モデルがその企業のその後の発展に、強力で持続的な影響を及ぼしている」。ふたりは2002年の「カリフォルニア・

## 企業文化の5つのカテゴリー

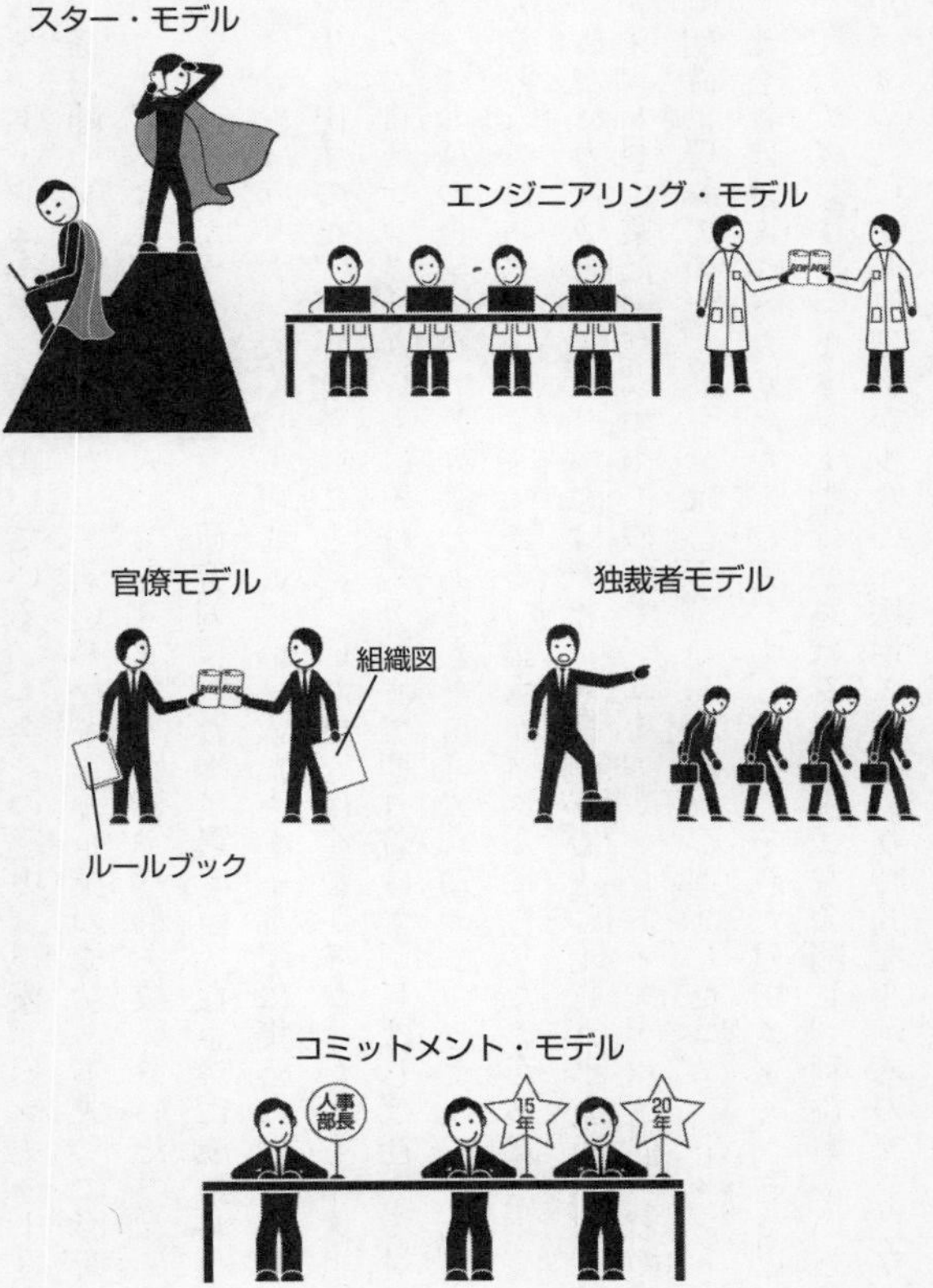

マネジメント・レビュー」誌に書いている。「会社の歴史、規模、ベンチャー投資家との関係、経営陣の交代、経済状況など、若いベンチャー企業の成功・不成功に影響を与えそうな、さまざまな要因を考慮に入れても、文化の影響力は群を抜いていた」

バロンとハナンが予想した通り、研究対象のなかで最も巨大な企業に成長した会社の一部はスター・モデルだった。いちばん頭のいい人たちを一部屋に集めると、巨大な影響力と富を生み出すのだ。だが意外なことに、いちばん倒産数が多かったのもスター・モデルだった。このカテゴリーがいちばん株式公開まで辿り着けず、しばしば社内で対立抗争が起きた。この種の企業で働いた経験のある人なら誰でも知っているように、社内抗争がいちばん激烈なのはスター・モデルである。誰もがスターになりたいからだ。

バロンとハナンが集めたデータによれば、失敗例がひとつもなかったカテゴリーは、コミットメント型企業だった。すべての面で、コミットメント・モデルは他のどの経営形態よりも明確に優れていた。バロンは言う。「われわれが追跡したコミットメント型企業で、倒産した会社はひとつもなかった。ひとつも、だよ。それだけでも驚くべきことだが、それだけではなく、コミットメント型はいちばん早く株式を公開し、利益率がいちばん高く、組織がスリムで、中間管理職が少ない。採用にじっくり時間をかけるので、自立心の強い人材を採用できるんだ」。コミットメント型企業の社員は、内部の競争に浪費する時間も少ない。彼らは個人的な将来設計よりも会社への忠誠を優先するからだ。また、他のタイプよりも顧客のことを詳しく知っている傾向があり、その結果、市場の変化をいち早くキャッチする。「コミットメント型などは、1990年代半ばのシリコンバレーではすでに死滅したと言われていたが、実際にはいちばん成功していた」と、バロンとハナンは書いている。

バロンは著者にこう語った。「ベンチャー投資家はスター・モデルを好む。なぜなら、会社の一覧表を見ながら、どの企業に投資しようかと考えるとき、必要なのはほんのいくつかの大成功だからだ。でも自分がもし起業家で、ひとつの企業にしか投資できないとしたら、われわれの集めたデータによれば、コミットメント型企業に投資したほうが賢い」

コミットメント型文化が成功した理由のひとつは、おそらく、どんな産業分野でも避けられない停滞期に直面したとき、社員、経営陣、顧客の間に信頼が築かれ、その信頼のおかげで誰もがより一所懸命働き、結束も強くなるからだ。ほとんどのコミットメント型企業は、他に方法がないとき以外、社員を解雇しない。また、社員教育に時間をかける。チームワークのレベルも高いし、心理的な安定度も高い。豪華なカフェテリアはないかもしれないが、育児休暇は長く、保育所があり、在宅勤務も選択できる。こうした企業の配慮は費用対効果がすぐに上がるわけではないが、コミットメント型企業はすぐに利益を上げることよりも社員の幸福感を優先する傾向がある。そのため、コミットメント型企業の社員はライバル会社から高額の報酬で誘われてもたいてい断る。長年の間に絆が築かれているので、顧客も裏切らない。コミットメント型企業は、実業界の最大の隠れた損失、すなわち社員が顧客やアイディアをライバル会社に売ったときに失われる利益を巧みに回避しているわけである。

バロンは言う。「いい社員というのは、いちばん見つけるのが難しい財産だ。社員の誰もが辞めたくないという会社は、それだけでずいぶん有利なのだ」

＊

リック・マドリッドはカリフォルニアに帰るとすぐに、日本で見たことをみんなに話した。頭の上に下がっている「アンドンのヒモ」のこと、上司が工員に指示するのではなく工員が上司に指示を与えること、ひとりの工員がドアのボルトを付け直すのにもっと時間が必要ならば、組み立てライン全体が止まること、など。ＮＵＭＭＩの工場となった今、フリーモント工場は何もかもが変わるだろう、と彼は力説した。

同僚たちは懐疑的だった。そういう話は前にも聞いたことがあった。ＧＭはつねに社員からの提案を尊重すると言っていた。ところが実際に工員が改革を提案すると、上司は耳を貸さないのだった。NUMMIの工場がオープンする数週間前、採用された工員たちは組合が今も健在であることを再確認し、経営陣といかに闘うかについて議論するため、集会を開いて、ストライキの際に工員たちの生活を支えるための「NUMMI労働停止基金」の設立を決定した。彼らは苦情を申し立てる正式なシステムの制定を要求し、NUMMIはすぐに承諾した。

次いでNUMMIの経営陣は、解雇に関する社の方針を発表した。NUMMIとUAWとの協定書にはこうある。「労働者の生活にとっては職が保障されることが必須である。会社の存続を脅かすような厳しい経済状況によって強いられないかぎり、社員を解雇しないことを社は約束する」。またNUMMIは、社員を解雇するよりも管理職の給与を削減すること、社員に掃除の仕方や機械の修理法を教育すること、食堂で食事を提供することなどを約束した。社員の苦情や提案は、それがどんなに実現困難で莫大な費用がかかろうとも、できるかぎり実現し、もし実現できない場合はその理由を公表する。持ち場のレイアウトや仕事の流れについては、部署ごとに決定してよい。問題を発見したら、誰でも、いつでも、ラインを止めることができる。それまで、解雇を避けることや社員の苦情に応えることを明言したアメリカの自動車会社はひとつもなかった。

それでも工員たちは懐疑的で、まだ操業を開始していないのだから約束をするだけなら簡単だと言ったが、しぶしぶ会社側と合意した。1984年12月10日、工場はシボレー・ノヴァの生産を開始した。

リック・マドリッドは、巨大な鋼板から屋根とドアを打ち抜く部署に配置された。仕事についてすぐに、マドリッドはすべてが昔と違うことに気づいた。以前は倉庫でデートしていた工員が、今では持ち場を離れなかった。誰もがびくびくしていた。仕事中に酒を飲むものもいなかった。娼婦を乗せたワゴン車もやってこなかった。誰もが「調子に乗る」ことを誰もが恐れていた。だがこの消極さはいい結果をもたらさなかった。ラインが止まると1分間に1万5000ドルの損失が出ることを知っていたので、誰も「アンドンのヒモ」を引かなかったし、提案もしなかった。仕事を失うのが怖かったのだ。

工場が操業を再開して1ヵ月後、トヨタの創業者の孫であり、NUMMIの社長である豊田達郎が工場視察に訪れた。ひとりの工員が車体に尾灯を取りつけようとしていたが、尾灯が変な形で刺さってしまい苦闘していた。それを見た豊田社長は工員に近づき、制服の名札を見て、「ジョー、ヒモを引いてください」と言った。

「大丈夫です、社長」とジョーは答えた。

「ジョー、お願いだからヒモを引いて下さい」

ジョーは「アンドンのヒモ」を一度も引いたことがなかった。いや、彼の部署では誰ひとりとして引いたことがなかった。工場が操業開始して以来、「アンドンのヒモ」が引かれたことはほんの数回で、そのうちの一度は本物の事故だった。

「社長、大丈夫ですよ」と言って、ジョーは必死に尾灯を付け直そうとした。

ジョーの直属の上司がそばに立っていた。その上司の上司は、豊田社長にぴったりついて工場を案内していたので、彼もまたすぐそばにいた。ジョーが目を上げたとき、会社のトップ数人が彼を見つめていたのである。

「ジョー、頼むから」と言って、豊田社長はジョーに歩み寄り、彼の手をとって「アンドンのヒモ」のほうに引っ張り、ふたりでヒモを引いた。警告灯がくるくる回り始めた。尾灯が正しく取りつけられていないシャシーがジョーの持ち場の端まできたとき、ラインが止まった。ジョーは全身でがたがた震え、バールを両手で握っていなくてはならなかった。経営トップたちのほうをこわごわ覗きながら、彼はなんとか尾灯の位置を直し、「アンドンのヒモ」を引いた。ラインが動き出した。

豊田社長はジョーに向かって頭を下げ、日本語で話し始めた。経営陣のひとりが通訳した。

「ジョー、許してほしい。問題が生じたときにヒモを引くことの重要性を、私はきみの上司たちに十分教え込まなかった。きみはこの工場でいちばん大事な場所にいる。きみだけが一台一台の車を完璧に仕上げられるんだ。二度ときみを怯えさせることがないよう、全力で努力することを約束する」

昼休みまでに、この話は工場じゅうに広まった。翌日、「アンドンのヒモ」は10回以上引かれた。翌週には20回以上。1ヵ月後には平均して1日に100回近く引かれるようになった。

「アンドンのヒモ」、社員からの提案、豊田社長の謝罪——これらは、会社の運命は社員の手に握られていることを明快に示している。UWAのNUMMI支部長だったジョエル・スミスは言う。「経営陣は社員たちに、社員は家族の一員なのだということを必死に訴えていました。たえずそのことを思い出させる必要があったのですが、みんなが家族だったことは事実です。意見が衝突することも多々ありましたが、1日の終わりには経営陣と社員側がそれぞれ互いのことを思いやるのでした」

スミスは続ける。「もし工員たちが理由もなく『アンドンのヒモ』を引き始めたら、工場はめちゃくちゃになってしまったでしょう」。ラインが止まれば1分間に1万ドル以上の損失が出ることは誰もが知っていた。「誰が、いつ、ヒモを引いても、罰せられることはありませんでした。工員たちはいつでも会社を倒産させることができたのです」

スミスはさらに続ける。「自分にそれだけの権限が与えられると、かならず責任感が生まれます。若い工員たちはNUMMIに潰れてほしくなかったし、経営陣だってもちろん倒産を望んでいない。いつのまにか全員がテーブルの同じ側に座っていたのです」。さまざまな選択の権限を与えられると、工員たちのやる気は倍増した。マウリチオ・デルガードや海兵隊が別の状況下で発見したように、権限を与えられれば与えられるほど、人間はやる気が出るのだ。

NUMMIが新しい試みを始めたという噂はすぐに広まった。操業開始から数ヵ月後、工場視察に訪れたハーバード大学ビジネススクールの教授たちは、労働時間を計測し、かつては1分間に45秒しか働いていなかったGMの工員たちが今では毎分57秒働いていることを知った。1986年までに、「NUMMIの生産性はGMの他の工場よりも高くなり、かつてのGMフリーモント工場の倍以上になった」と、彼らは書いている。GMがNUMMIに変わって、無断欠勤は25パーセントから3パーセントに減少した。部品や工具の着服も、工場内での売春も、生産妨害もほとんどなくなった。苦情申し立てシステムはほとんど使われなかった。ハーバードの教授たちによれば、「フリーモントの工員は平均して日本のトヨタの工場よりも10歳年をとっており、トヨタ生産方式に慣れていないにもかかわらず」、NUMMIの生産性は日本のトヨタの工場に並んだ。1985年、「カー・アンド・ドライバー」誌は、「永遠に」というトップ記事でNUMMIの奇跡を取り上げた。

世界最悪の自動車工場が、同じ工員を使いながら、世界で最も生産性の高い工場のひとつになったのである。

NUMMIが操業を開始してから4年後、自動車産業を不況が襲い、株が暴落し、失業者が急増し、自動車の販売台数は激減した。NUMMIの経営陣は、生産を4割縮小する必要があると試算した。UWAのスミスは言う。「大勢が解雇されるだろうと、みんなが思っていました」。だが工場の経営陣65人が減給された。組み立てラインの工員たちは清掃部門や敷地緑化部門に配置換えになったり、排気口の清掃をやらされたりしたが、ひとりも解雇されなかった。会社は「何よりも工員のことを考える」という約束を守ったのである。

スミスは続ける。「あれ以降、工員たちは会社のためになんでもやるようになりました。30年間に販売台数の激減が4回ありましたが、工員はひとりも解雇されませんでした。毎回、また生産が上向きになると、誰もが前よりも一層働くようになりました」

リック・マドリッドは、ほぼ40年間にわたって自動車組み立てに携わり、1992年にNUMMIを退職した。3年後、スミソニアン学術協会が国立アメリカ歴史博物館で催した展覧会の「進歩の宮殿」というセクションに、マドリッドのIDバッジと帽子が展示された。その説明文によれば、NUMMIは、労働者と経営者が互いの思いやりと協力によって共通の目的のために結束できることを証明した、象徴的な例であった。

現在もなおNUMMIは、ビジネススクールの講義や企業の経営者のスピーチで、コミットメント型文化が支配すると企業がいかに大きな成功を収められるかを示す好例として引き合いに出される。NUMMIが設立されて以来、「リーン生産方式」は、シリコンバレーからハリウッド、健康管理にいたるまで、全米の津々浦々に浸透している。マドリッドは言う。「定年までNUMMIの自動車労働者として働けたことは、本当にうれしい。昔は毎日落ち込み、退屈し、自分が存在していることをまわりの誰も知らないという有り様だったのに、いまやJDパワー〔世界的な調査・コンサルティング会社〕がNUMMIを最高水準の工場と呼ぶようになったんだから」

JDパワーがそう公言したとき、NUMMIの社員たちはパーティを開いた。マドリッドは言う。「パーティで、おれはこう話した。おれたちは世界最高の自動車工だ。労働者だけじゃだめだ。経営者だけでもだめだ。両方が力を合わせたとき、最高になれるんだ。おたがいが真剣に相手のことを考えているからだ」

## 決定を委ねる

フランク・ジャンセンが誘拐される6年前、FBIは、34歳のウォール街のビジネスマンに接近し、FBIのテクノロジー・システム改革の責任者になる気はないかと打診した。リチャド・フルガムはそれまで警察関係の仕事をしたことは一度もなかった。彼の専門は、リーマン・ブラザーズとかJPモルガン・チェースのような投資銀行のために巨大なコンピュータ・システムを設計することだった。だから2008年にFBIから電話があったときには驚いた。

FBIにとって、組織のテクノロジー改革は長年の懸案事項だった。FBIはすでに1997年の議会で、システムを全面的に作りかえて、組織内のデータベースと分析エンジンを合体させると約束していた。この新しいシステムが完成すれば、さまざまな事件に散在する点と点を結びつけることが可能になる、と。だが11年後にフルガムと接触するまでに、センチネルというそのシステムには3億500万ドル注ぎ込まれていたが、まだ完成の見通しはついていなかった。専門家たちによれば、FBIは官僚主義と内部対立の泥沼にはまっていたため、プログラムを軌道に乗せるだけでもさらに数千万ドルかかりそうだった。

FBIはフルガムに、システムを軌道に乗せるもっと安い方法はないかと問い合わせた。フルガムは著者にこう語った。「じつは、ぼくはひそかにFBIとかCIAの仕事がしたいと思っていたので、FBIから電話があってこの大問題について訊かれたとき、ついに夢が実現したと思った」

だがフルガムはまず、自分のやり方が正しいことをFBIに納得させる必要があった。フルガムに言わせると、彼のやり方はNUMMIのような例から着想したものだった。それまでの20年間に、NUMMIの成功はあまねく知られるようになり、他業種の経営者たちもトヨタ生産方式を取り入れ始めた。2001年、コンピュータ・プログラマーたちがユタ州のスキー・ロッジに集まって、自分たちの原理をまとめた。これが「アジャイル・ソフトウェア開発宣言」である。これはトヨタ生産方式をソフトウェア開発に応用したものだ。アジャイル方式は、協力、頻繁の検証、急速な反復を強調し、問題のいちばん近くにいる者に決定を委ねるというものだ。この宣言はソフトウェア開発に革命を引き起こし、いまでは標準的な方式になっている。

映画産業ではトヨタ方式を取り入れた「ピクサー方式」が、下層のアニメーターに重大な決定を委ねることで有名になった。2008年、ピクサーがディズニーのアニメーション部門を全面的に掌握することになったとき、ピクサーの経営陣は有名な「トヨタ・スピーチ」で自己紹介した。ピクサーの共同創立者エド・キャットマルは後にこう書いている。「私たちはスピーチの中で、個々の社員に大きな権限を与えること、そして問題に直面した際には組み立てラインに配備されている工員に決定を委ねること、今後ディズニーの社員は誰もが、問題解決に当たって誰かの許可を待つ必要はないことを強調した。故障を直す権限を与えなかったら、なんのために優秀な社員を採用したのだ？」

病院では、看護師など医師以外の人間に権限を与えることを「リーン健康管理」と呼んでいる。リーン病院のひとつであるヴァージニア・メイソン医学センターの院長は２００５年にこう書いている。「リーン方式はひとつの経営哲学であり、ひとつの文化である。ここでは、問題を発見したら、誰でも『ラインを止める』ことができる、いや止めなくてはならない」

こうしたアプローチは他業種にも取り入れられた。リーン方式の取り入れ方はさまざまだったが、最も重要な点は、問題のいちばん近くにいる人間に決定を委ねることだった。どの業種でもグループの自立・自己決定が重要視され、労使双方の協力体制が強調され、双方向の思いやりと信頼が強調された。

フルガムは、そうしたアプローチを採用しない限り、ＦＢＩのテクノロジー改革は成功しないと力説した。ＦＢＩの首脳は、最下層にいるソフトウェア・エンジニアや現場にいる捜査官に重要な決定を委ねなくてはいけない、と。これは一大変革だった。それまでＦＢＩの管理職はおしなべて官僚的で、互いに信用し合わず、権力闘争に邁進《まいしん》していた。その彼らが新しいテクノロジー・システムを設計したのだ。彼らは、個々のソフトウェアが達成すべき項目を何千も列挙していた。いくつもの委員会が、データベースがどのように機能すべきかについて、何百ページにも及ぶ報告書を提出していた。それに変更を加えるには、何人もの管理職の許可が必要だった。このシステムはまるで機能しなかったので、ソフトウェア開発チームはしばしばひとつのプログラムを作りあげるのに数ヵ月かかった。しかもそれを提出すると却下されるのだった。システム自体が出す結果も惨憺《さんたん》たるものだった。たとえばフルガムは、センチネルがどんなふうに働くのか実際に見せてほしいと頼んだ。ひとりのエンジニアがフルガムをコンピュータ画面の前まで連れて行き、ある犯罪に関係した容疑者の偽名や住所をインプットしてみた。

エンジニアはこう説明した。「15分後に、この偽名と住所に関係した過去の事件が出てきます」

フルガムは言った。「現場の捜査官は銃を持っているんだぞ。情報が得られるまでに15分かかると、彼らに言えというのか？」

FBI長官は2010年の報告書に、センチネルを軌道に乗せるにはあと6年の歳月と3億9600万ドルの費用が必要だと書いている。フルガムはFBI側に断言した――もし私に全面的に仕事を任せてくれるなら、必要な人数を現在の400人から30人に削減できるし、2000万ドルの出費と1年あまりで、センチネルを完成させられる、と。じきにフルガムは、一団のソフトウェア・エンジニアと捜査官たちを引き連れ、FBIのワシントンDC支部の地下室に立てこもった。フルガムは部下たちに言った——誰もが提案をしなくてはいけない、プロジェクトが間違った方向に進んでいることに気づいたら、誰でもストップをかけられる、問題解決法を探す際には問題のいちばん近くにいる人間が責任者になる、と。

フルガムによれば、センチネルのいちばんの問題は、巨大組織の例に洩れず、FBIがすべてをあらかじめ計画しようとしたことである。だが巨大なソフトウェアを作りあげるには柔軟性が必要だ。想定外の問題が続出し、解決策は予想もつかない。じつのところ、センチネルが完成したあかつきにFBIがそれをどう役立てるのか、また、防犯技術の発達に合わせてセンチネルをどう改良すべきなのか、誰にもわからなかったということだ。そこで、インターフェイスとシステムを一つひとつデザインし直すのではなく、つまり上からコントロールするのではなく、センチネルを、捜査官のニーズに応えられるような機械にしなくてはならない。それを達成する唯一の方法は、各人が自分で自分を縛らないことだ。

フルガムのチームはまず被害者の証言をインプットし、それをFBIのデータベースと照らし合わせ、共通パターンを析出するといった、センチネルの有効な利用法を1000以上挙げた。それから、個々のニーズに応えられるためにはどのようなソフトウェアを開発すべきかについて議論した。毎朝、チームは「スタンド・アップ」〔長引かないように立っておこなう会議〕を開き、前日の仕事について振り返り、今日じゅうに何を解決したいかについて話し合った。特定の問題やテーマのいちばん近くにいる人間がそれに関する専門家と見なされたが、誰でも自由に意見を述べることができた。あるケースでは、あるプログラマーと捜査官が、センチネルの一部にターボタックスを取り入れたらどうかと提案した。ターボタックスというのは、数千ページに及ぶ複雑な税法をいくつかの基本的なQ＆Aに要約した、ごく一般的なソフトウェアだ。フルガムは「素晴らしい」と答えた。旧体制だったら、ひとつの提案が認められるには半年以上かかり、ターボタックスを仄《ほの》めかす表現や、プログラマーが法手続きを単純化しようとしているのではないかという疑いを招く表現をすべて注意深く削った、何十ものメモが必要だっただろう。システムがどう機能するかを平易な英語で説明したガイドブックを使っている弁護士とかジャーナリストがいたら、誰からも信用されなかっただろう。だがフルガムのチームには、そうした官僚主義は皆無だった。プログラマーと捜査官がこの提案をしたのは月曜日だった。水曜日には試作品ができ、金曜日からこのプロジェクトを進めることが決定した。フルガムに言わせれば、「あのチームは、スーパー政府みたいだった」。

チームは2週間に一度、上層部を招いて自分たちの仕事について説明し、感想を聞いた。FBI長官は、誰かが細かい要求をしたり、命令をしたりすることをいっさい禁じていた。せいぜい部局長が若干の提案をするだけだったが、その提案はすべて記録され、その問題の責任者が取り入れるべきかどうかを評価した。しだいにセンチネル・チームは大胆不敵になっていき、たんに記録保存のシステムを構築するだけでなく、センチネルを、犯罪の傾向を突き止め、さまざまなケースどうしの比較をするツールと連結させた。完成されるまでに、センチネルは数百万の捜査記録を瞬時に検索し、捜査官が見逃したパターンを発見できる、強力なシステムの中核になっていた。センチネルは、フルガムが着任してから1年半後に完成した。後にFBIはこう報告している。「2012年7月に使用開始されたセンチネルはFBIを根本から変えた」。センチネルは最初の1ヵ月だけで3万回以上使われ、それ以来、数千の事件解決に貢献してきた。

NUMMIでは、決定権の分散が工員たちを元気づけたが、FBIでは決定権の分散が違った役割を果たした。リーン方式やアジャイル方式が、それまで官僚たちの下敷きになっていた若いプログラマーたちのやる気に火をつけたのだ。その結果、彼らはそれまで誰も考えつかなかったような解決策を次々に発見した。彼らはホームランを狙って思い切りバットを振った。空振りしても罰せられないことを知ったからである。

２０１４年に発表されたセンチネルの開発に関する研究の中で、「アジャイル・ソフトウェア開発宣言」の起草者のひとり、ジェフ・サザーランドはこう書いている。「ＦＢＩに及ぼしたセンチネルの効果は絶大だった。コミュニケーション能力と情報をシェアする能力が、ＦＢＩの能力を根本から変えた」

さらに重要なことは、センチネルの成功の仕方が、ＦＢＩとその指導者たちにインスピレーションを与えたということだ。現在のＦＢＩのテクノロジー部長であるジェフ・ジョンソンは著者に語った。「センチネルの経験は、人びとにより多くの権威を与えると、いかに大きな潜在能力が引き出されるかを私たちに教えてくれた。人びとがどれほど情熱的になれるかを。ノースカロライナの誘拐事件、人質救出作戦、テロリスト捜索など、最近の事件を見てみればいい。こうした状況においては捜査官が自分で決断を下せると感じていることがきわめて重要であることを、われわれは学んだ」

ジョンソンは続ける。「しかし、これほど大規模な組織で、みんなに権力を分散することはきわめて難しい。それが９・11〔２００１年のアメリカ同時多発テロ〕以前の問題のひとつだった。自分で考えても報われないとみんなが思っていた。でもセンチネル開発のような事例を見れば、それが可能であることがよくわかる」

# 思いやりと信頼

フランク・ジャンセン誘拐事件を担当していた捜査官たちが、自分たちの集めたデータをセンチネルに入力すると、センチネルとそこに繋がったデータベースがパターンと手がかりを探し始めた。捜査官たちは、FBIが入手した携帯電話の番号、自分たちが訪ねた住所、傍受された通話で誘拐犯たちが使った偽名などを入力した。別の捜査官たちは、獄中のケルヴィン・メルトンを訪ねた者たちの名前、ジャンセンの家の近くの監視カメラが捉えた車のナンバープレート、プリペイド携帯が購入された店でのクレジットカードの取引記録などを入力した。これらすべてが、なんらかの関連が見つかるのではないかという期待を込めて入力されたのだった。

その結果、FBIのデータベースはある一致を発見した。フランク・ジャンセンの写真を妻に送った携帯は、アトランタ郊外の小さな町、ジョージア州オーステルにも発信されていた。FBIのコンピュータは他の事件に関連して集められた数百万の記録をすべて調べ、ある事件との関連からオーステルとの繋がりを発見した。

1年前の2013年3月、ギャングがオーステルのあるアパートを隠れ家に使っているという秘密情報が寄せられていた。その秘密情報の提供者は、別の折に、獄中にいるギャングの親分が「自分を告発した女性の地方検事を殺した」と話していた。FBIは、それはジャンセン誘拐を計画したと思われるケルヴィン・メルトンのことだと推察した。その情報がもたらされた当時、FBIの誰もが、情報提供者が何を言っているのか理解できなかった。ジャンセンが誘拐されたのはその1年後なのだから。情報提供があった後、誰もその情報について思い出さなかった。情報提供者に接触した捜査官は、ジャンセンを捜しているチームの一員ではなかったのだ。

だが今、センチネルに繋がっているコンピュータがその繋がりを発見した。その秘密情報は、ケルヴィン・メルトンらしき人物のことを言っていたのだ。したがって、メルトンが誘拐を計画したと考えられる。情報提供者はオーステルのアパートのことにも触れていた。これまたセンチネルが発見したことだが、そのアパートには誘拐犯のひとりから電話がかかってきた可能性があった。

そのアパートに行ってみる必要がある。

だが問題は、この情報は、捜査官たちが追っている何十もの手がかりのひとつにすぎないということだった。メルトンのかつての仲間たち、獄中の彼を訪ねた者たち、昔の恋人など、捜査しなければならない人物は大勢いた。実際、手がかりが多すぎてすべてを追うことはできなかった。優先順位を付けなければならず、1年前の情報を追うことが最良かどうかは明白ではなかった。

だが近年、センチネルの数々の成功がFBI内部でより注目を集め、捜査官たちはますますリーン方式やアジャイル方式を用いるようになっていた。指揮官も捜査官も、問題のいちばん近くにいる人間が決断を下すべきだという哲学を信奉するようになっていた。FBI長官ロバート・ミュラーは一連の指揮権を発動した。戦略運営システム、指揮権開発プログラム、戦略実行チーム。ミュラーが2013年の議会で語ったところによれば、これらは「FBIの文化的思考法のパラダイムシフト」に着火するために作られたものだった。ひとつの重要な方針は、どの手がかりを追うかについて、上司からの命令を待つのではなく、現場の下級捜査官に決断を委ねるということだった。何かが見落とされていると思ったら、どの捜査官でも手がかりを追うことができた。これこそが「アンドンのヒモ」のFBI版だったのである。FBIのテクノロジー部長ジョンソンはいう。「これは決定的な変化だ。何に時間を費やすべきかについては、捜査のいちばん近くにいる人間に決定が委ねられなくてはならない」。この変化を推進したのはセンチネルだけではないが、FBIがアジャイル哲学を採用するのを後押ししたのがセンチネルであることは疑いない。センチネフルガムは著者に語った。「FBIの基本的思考法は、いまではアジャイルだ。センチネルの成功がそれを決定づけたんだ」

ジャンセン事件を担当した捜査官たちは、何十もの手がかりから何かを選ばなくてはならなかった。現場の下級捜査官たちに決断が委ねられたが、そこでふたりの若い捜査官が、1年前に情報提供者が言及したアパートの捜索を選択した。

アパートにやってきた捜査官たちは、借り主がティアナ・ブルックスという女性であることを知った。彼女はアパートにいなかったが、小さな子がふたり、保護者なしにアパートにいた。捜査官たちは児童保護サービスに連絡し、子どもたちをすぐにソーシャル・ワーカーに預けると、周辺の住人にブルックスはどこに行ったのかと尋ねて回った。誰も行き先を知らなかったが、ひとりの隣人が、ブルックスのアパートには近くに住むふたりの男がよく訪ねてきたと話した。捜査官たちはその男たちを見つけ出し、尋問した。彼らはブルックスについても誘拐事件についても何も知らないと言った。

午後11時33分、FBIがこの誘拐事件と関連づけ、したがって監視下においていた電話番号からの通話を傍受した。

「子どもを連れて行かれたわ！」と女性の声が叫んでいた。

オーステルにいた捜査官たちは、そのことを知らされ、ふたりの容疑者をもっと厳しく尋問した。「最近、ティアナ・ブルックスを訪ねただろ？」。いまやFBIは、パニックに陥っている女性（おそらくブルックス本人だろう）からの「ＦＢＩに子どもを連れて行かれた」という通話を傍受していたのだ。

いいかえると、このふたりの容疑者は最近、誘拐事件と関係がありそうな人物を訪ねたのだ。「何か言いたいことがあるんじゃないか？」

男のひとりが、アトランタのアパートのことをしゃべった。

捜査官たちは、誘拐事件捜査本部にいる同僚たちに無線で連絡し、日付が変わる数分前に、特別機動隊を乗せたトラックが、容疑者が言及したアパートの前に到着し、機動隊員たちは車から飛び出して荒廃した建物に入っていくと、ある部屋の前で止まり、鉄製のドアをぶち破って中に突入した。中には男がふたりいた。銃を横に置いていたが、まったく無防備だった。部屋にはロープ、シャベル、そして漂白剤が何瓶もあった。男たちはごく最近携帯メールで、死体をどう処理したらいいかについて尋ねていた。何者かが「漂白してクローゼットに放り込んでおけ」と答えていた。

戦闘服を着た機動隊員が寝室に駆け込み、ドアというドアを開けて回った。クローゼットの中に、椅子に縛られたフランク・ジャンセンがいた。気を失っていて、誘拐犯たちが拳銃で殴った顔の傷にはまだ血がついていた。誘拐から6日経過していて、ひどい脱水症状だった。機動隊員はロープをほどき、アパートから連れ出した。誘拐犯たちは後ろ手に手錠をかけられ、床に寝かされていた。ジャンセンは救急車ですぐに病院に運ばれた。夫の姿を見ると、妻は泣き出した。ほぼ１週間、彼は生死不明だったのだ。傷はたくさんあったが、いずれも軽傷だった。２日後、彼はすっかり元気になって退院した。

ジャンセン事件が解決をみたのは、たんにＦＢＩのコンピュータが、誘拐事件と無関係と思われた１年前の秘密情報提供とを結びつけたからだけではない。むしろジャンセンが救出されたのは、何百人もの献身的な人びとが昼夜を問わず無数の手がかりを追ったからであり、また、アジャイル方式のおかげで、若い捜査官たちに決断が委ねられ、彼らが自分たちの選んだ手がかりを追及することができたからである。

フルガムは著者にこう語った。「捜査官たちは、自分の直感に耳を傾けること、そして新しい証拠が見つかったときには方向転換してもいいのだということを学んだ。だがその本能が力を発揮するためには、組織がそれを後押ししなくてはいけないんだ。自分が最良と考えたものを自分の権限で選んでいいのだ、そしてもし失敗しても上司はかならず援護してくれる、という自覚を捜査官に与えるような、そんなシステムがなくてはいけない。だからこそ、アジャイル方式がＦＢＩに採用された。上層部にも現場の捜査官にも受け入れられたんだ」

結局これもまた、ＮＵＭＭＩのような場所、リーン哲学、アジャイル哲学の最も重要な教訓のひとつだ。社員たちは、より大きな決定権を与えられ、かつ、同僚たちは自分の成功を心から願っている、という確信が得られたとき、より賢く、より良く、働く。責任感がやる気に火をつける。だがそこから洞察力と改革が生まれるためには、自分の提案が無視されない、そして失敗しても責められない、という信念がなくてはならない。そして、みんなが自分を支えてくれている、という信念が。

決定権を分散すれば、誰もが専門家になれる。しかし、もしそこに信頼がなければ、NUMMIの工員たちが「会社は自分たちのことを考えてくれている」と信じていなかったら、あるいは、FBIのプログラマーたちに問題の解決が一任されなかったら、捜査官たちが処罰の恐怖を抱かずに直感に頼ることができなかったら、組織は、私たちの誰もが脳内にもっている膨大な専門知識を活用することはできない。組み立てラインを止めるとか、巨大なソフトウェア開発の方向を転換するとか、本能に従うといったことを許されたときにはじめて人びとは、組織の成功のためにすすんで責任を引き受けるのだ。

思いやりと信頼の文化は百発百中ではない。それは、製品が売れることや、アイディアが実を結ぶことを保証するわけではない。だがこの文化は、偉大なアイディアを生むための適切な状況を確保する、最良の選択である。

それでも多くの企業が権威を分散しないのはそれなりの理由がある。少数の者だけが権力をもっていることには強力な論理的裏づけがある。NUMMIでも、不満を抱えた少数の工員たちが不必要に「アンドンのヒモ」を引いたら、倒産していたかもしれない。FBIでも、思い違いしたプログラマーが間違ったシステムを構築したかもしれない。捜査官が間違った直感に従ったかもしれない。だが自立と思いやりの文化がもたらすものは、それによって失うものよりも大きい。社員が絶対に失敗できないようなシステムのほうがずっと危険なのである。

救出されてから数週間後、フランク・ジャンセンは自分を助けてくれた捜査員たちに感謝の手紙を送った。「あのときほど大きな喜び、安堵、自由を感じたことはありません。そう、しっかりしたアメリカ青年の声が『ジャンセンさん、助けに来ましたよ』と言うのが聞こえた、あのときです。私は悪夢を経験しましたが、いま懐かしいわが家からこの手紙を書いていることは、大勢の素晴らしい人びとが多くの素晴らしいことをなしてきたことの証です」。ジャンセンの言葉にしたがえば、誘拐されたことは災難だったが、助けられたことはFBIの思いやりの証であった。

# 第6章　決断力を磨く

## ――ベイズの定理で未来を予測（して、ポーカーに勝つ方法）

### 確率論的思考

ディーラーはアニー・デュークをじっと見て、彼女がコールするのを待っていた。テーブルの中央には45万ドル相当のチップが山積みされており、世界最高峰のポーカープレイヤー9人（アニーを除いて全員男性）が、イライラしながら彼女がベットするのを待っている。２００４年のワールドシリーズ・オブ・ポーカーのメイン・トーナメント。全米にテレビ中継されており、優勝賞金は２００万ドルだが、第2位は賞金ゼロ。

ディーラーはまだコミュニティ・カードを開けていない〔このトーナメントはテキサス・

ホールデムというルールでおこなわれる。275ページ参照〕。アニーの手中には10のペアがある。彼女のハンド〔手〕は強い。十分強いので、彼女はすでにチップのほとんどを賭けていた。いま彼女は、残りのチップもすべて賭けるか、降りるかを決めなくてはならない。他のプレイヤーたちは、ひとりを除いて全員降りた。そのひとりとはグレッグ・レイマー、通称「化石男〔フォッシル・マン〕」。コネチカット州から来た丸々と肥った男で、樹皮の化石をポケットにじゃらじゃら入れ、ホログラフィでトカゲの目が浮かび上がるサングラスをかけている。

化石男がどんなカードを持っているのか、アニーにはわからない。数秒前まで、それまでの経緯にもとづいてアニーは、このハンドなら勝てると考えていた。ところがいきなり化石男が自分のチップを全部押し出し、アニーの計画を混乱させた。ずっと私に狙いを定めていたのか。襲いかかるチャンスを待ちつつ、どんどん賭け金を吊り上げてきたのか。その額の大きさで私を怯えさせようというのか。私がすごすごと降りると思っているのか。

全員がアニーを見つめている。彼女はどうしたらいいか、まったくわからない。

降りることもできる。でもそうしたら、このテーブルに辿り着くまでに費やしてきた何万ドルもの金が無駄になってしまうし、この9時間にわたる戦いが無駄になる。自分のすべての努力が水の泡だ。

あるいは、オールイン［チップを全額賭けること］に打って出ることもできる。それで負けたらトーナメントから敗退するが、もし勝てば優勝に近づける。そうしたら子どもたちの教育費も住宅ローンも払えるし、みじめな離婚の埋め合わせにもなるし、毎晩彼女の胃を苦しめている不安も払拭できるだろう。

彼女はふたたびテーブルの上に積み上げられたチップを見て、プレッシャーが喉元まで上がってくるのを感じた。彼女は長年パニック障害に苦しんでいた。発作が起きると、アパートに閉じこもり、外に出られないのだった。20年前、コロンビア大学の2年生のとき、不安に駆られて病院に飛び込んで入院させてくれと頼み、2週間出てこなかった。

どうすべきかとアニーが悩んでいる間に、45秒が経過した。「すみません。時間をかけすぎだということはわかっています。でも、どうしたらいいか、わからないんです」

アニーは自分の10のペアをじっと見つめる。自分がわかっていること、わからないことは何か、と考える。アニーはポーカーの確実性が好きだった。このゲームの醍醐味は予測することにある。さまざまな未来を想像し、そのどれがいちばん起こりそうかを予想するのだ。統計学的に考えると、アニーは落ち着くのだった。何が起きるかを知っているわけではないが、確率的に見て何が正しく、何が間違っているかは知っている。ポーカーのテーブルは穏やかで調和のとれた場所に感じられた。

ところがいま、化石男が、アニーの頭の中にあるシナリオのどれにもあてはまらない行動に出て、平静を乱した。確率的にどの選択が正しいのか、アニーはわからなくなってしまった。文字通り、凍り付いてしまったのだ。

「本当にすみません。もうちょっとだけ待って下さい」

＊

アニーが子どもの頃、母親はほとんど毎日キッチンのテーブルで、タバコ1箱とスコッチの入ったグラスと一組のトランプを前にして、スコッチの瓶が空き、灰皿が一杯になるまで、何度もソリティアをやっていた。終わるとソファまでふらふら歩き、寝てしまうのだった。

アニーの父親はニューハンプシャー州のセントポール校の英語教師だった。セントポール校は、議員や大企業の社長の子弟のための全寮制の学校で、アニーの一家は寮と繋がった家に住んでいたので、母親の飲酒や父親の薄給をめぐって夫婦喧嘩が起きるたびに（実際、それは頻繁に起きた）、アニーは級友たちに聞こえているにちがいないと思った。学校ではいつも自分を余所者《よそ》のように感じていた。裕福な家の子どもたちといっしょに休暇を過ごすには貧しすぎたし、男子にもてはやされる女の子たちとつるむには頭が良すぎたし、ヒッピーたちと付き合うには気が小さすぎたし、生徒会活動をするには数学や科学に関心がありすぎた。アニーにとって、たえず人気の変動する10代の男女の中で生き抜くための最良の手段は「予知」することだった。どの生徒の社会資本が上昇するか下降するかを予測できれば、内輪もめを避けることができる。いつ両親が夫婦喧嘩をするか、いつ母親が酒を飲むかを予測できれば、クラスメイトを家に連れてきても大丈夫かどうかを知ることができる。

「親がアルコール依存症だと、四六時中、これから何が起きるかを考えているものよ」とアニーは著者に語った。「ちゃんと夕食が出るとはかぎらないし、誰も『もう寝なさい』とは言ってくれない。いっさいが崩壊するのをじっと待っていなくてはならないの」

卒業後、アニーはコロンビア大学に入学し、この世には心理学部というものがあるのだということを知った。これこそ彼女が探し求めていたものだった。授業では、人間行動をわかりやすい規則や社会的公式に変換する。教授たちは人格のさまざまなカテゴリーについて、あるいはどうして不安が生じるかを解説してくれる。アルコール依存症の親をもつと、子どもにどんな影響が出るかについて研究している教授もいる。アニーは、自分がどうしてしばしばパニック障害を起こすのか、どうしてときどきベッドから出られないのか、何か恐ろしいことが起きるかもしれないという不安をどうして拭い去れないのか、そうしたことが少しわかってきたような気がした。

当時、心理学は変わりつつあった。認知科学におけるさまざまな実験により、それまで科学的分析にはなじまないとされていた人間行動の理解に、科学的厳密性がもたらされた。心理学者と経済学者は協力して、どうして人間はこういう行動をとるのかを説明する法則を発見しようとした。ノーベル賞を受賞するようないくつかの最も興味深い研究は、人間がどのようにして決断するかを研究対象にしていた。明らかに負担がかかる（費用がかかるから、せっせと働かなくてはならない）ことがわかっているのに、しかも、愛とか満足といった報いはなかなか計算できないにもかかわらず、どうして人は子どもを作ろうと決断するのか。どうして人は、公立ではなく、学費の高い私立学校に子どもを入れようと決断するのか。長年大勢と付き合ってきた後で、どうして結婚の決断をするのか。

実際、私たちの最も重要な決断の多くは、未来を予測しようという企てである。子どもを私立学校に入れることは、いまは授業料が負担になったとしても、将来的に子どもはより幸せになり、職業選択の幅も増えるだろうという、いわば賭けである。子どもを作ろうと決意するとき、私たちは、夜眠れなくなることよりも親になる喜びのほうが大きいと予測している。結婚を決断するとき、私たちは少なくともあるレベルでは、大勢の人と付き合うよりもひとりに落ち着いたほうがメリットが大きいと判断しているのだ。良い決断ができるかどうかは、次に何が起きるかを見抜く基本的能力があるかどうかによるのだ。

心理学者や経済学者の興味を惹いたのは、人びとがしばしば日常生活において、選択のあまりの複雑さに立ち往生することなく、さまざまな未来の中からひとつを選択するということだ。しかも、未来を予測し、最良の未来を選択するのがうまい人と下手な人がいる。その差はどこからくるのか。

アニーはコロンビア大学を卒業すると、ペンシルベニア大学の認知心理学の博士課程にすすみ、いくつもの奨学金に応募し、研究発表にも励んだ。5年間必死に勉強し、いくつも論文を発表し、賞も受賞した。あと数ヵ月で学位が取得できるというときに、いくつかの大学で「ジョブ・トーク」をすることになった。ジョブ・トークとは、大学に職を得るための模擬講義である。もしよくできれば、教授職を保証されたも同然だ。

ニューヨーク大学で最初の講義をする前夜、彼女はマンハッタン行きの列車に乗った。1週間前から不安に苛《さいな》まれていた。夕食のときに吐いた。1時間待って、コップ一杯の水を飲んだが、それも吐いてしまった。どうしても不安を拭い去れない。自分は大きな間違いを犯しているのではないか、本当は大学教授になんかなりたくないのではないか、たんにいちばん安全でいちばん予測しやすい道だから選んだのではないか、そう考えずにはいられないのだった。アニーはニューヨーク大学に電話して、講義を延期してくれるよう頼んだ。婚約者がマンハッタンまで飛行機で迎えにきて、彼女をフィラデルフィアに連れて帰り、彼女はすぐに入院した。数週間後に退院したが、焼けた石を呑み込んだような不安が胃の中から消えなかった。彼女は病院からペンシルベニア大学の教室に直行した。そこで教えることになっていたのだ。なんとか授業は終えたが、吐き気はするし、体はがたがた震え、気絶する寸前だった。もうひとつ授業をすることになっていたが、彼女は無理だと判断した。これでジョブ・トークも台無しだ。もう大学教授にはなれない。

アニーは自分の論文と資料を車のトランクに放り込み、教授たちには「しばらく連絡がとれないと思います」というメモを残し、車で西に向かった。彼女は婚約者と、モンタナ州ビリングズ郊外に、すでに1万1000ドルの家を買ってあった。実際に来てみて、この値段でも高すぎると思った。だが疲労困憊していて、それ以上何も考えられなかった。論文と資料をクローゼットに放り込むと、ソファに崩れ込んだ。いちばんの願いは、できるだけ何も考えないことだった。

数週間後、兄のハワード・レデラーが電話してきて、ラスベガスに遊びに来ないかと誘った。ハワードはプロのポーカープレイヤーで、数年前から毎春アニーをラスベガスに連れて行ってくれた。兄がトーナメントに出場している間、アニーはゴールデン・ナゲット〔ワールドシリーズ・オブ・ポーカーの会場〕のプールサイドで寝そべっていた。飽きると兄のプレイを観戦したり、自分でも何度かやってみたりした。だが今回アニーは、体調が悪くてラスベガスまで行けないと答えた。

兄は心配した。アニーはラスベガスが大好きで、一度もラスベガス行きを断ったことがなかったのだ。

兄は言った。「地元でポーカーをやっているところを探してみたら？　それなら家から出られるだろう」

その頃すでにアニーは結婚していた。夫に調べてもらうと、ビリングズにクリスタル・ラウンジというバーがあって、毎日午後に地下室で、引退した牧場主、建設労働者、保険業者たちがポーカーをやっているという。タバコの煙が充満した、薄汚い地下室だ。だがある日アニーは行ってみて、その場所が気に入った。数日後にまた行ってみて、50ドル儲けた。アニーは著者にこう語った。「あそこのポーカーは、私の好きだった数学と、大学院で勉強した認知科学との組み合わせだったわ。誰もがはったりでまわりを騙そうとし、いいハンドがきたときには興奮を隠す。その種の行動については、大学院で何時間も討論したわ。毎晩兄に電話して、その日のプレイについて話すと、兄は私のどこが間違っていたかとか、誰が私のハンドを見抜いたかとか、次回はどうすればいいかとか、アドバイスしてくれた」。アニーは、最初はそれほどうまくいかなかったが、また行けるくらいには儲けた。彼女は、ポーカーをしているときには胃が痛まないことに気づいた。

じきにアニーはクリスタル・ラウンジに毎日通うようになった。まるで通勤するように、午後3時に行って夜中までプレイし、メモをとったり、あれこれの戦術を試したりした。儲かったら山分けという条件で、兄が2400ドルの小切手を送ってきた。その月末には、兄に半分送った後も、手元に2650ドル残った。翌春また兄に誘われ、アニーは14時間車を運転してラスベガスに行き、トーナメント出場権を買い、初日が終わったときには3万ドル分のチップを手にしていた。

3万ドルという額は、大学院のときに1年間に稼いだ額よりも多かった。彼女はポーカーを理解していた。いっしょにプレイしているほとんどの人たちよりも深く知っていた。彼女は、悪いハンドはかならずしも損ではないことを知っていた。むしろそれは興奮させる。アニーは著者にこう語った。「私はその頃までにエリートプレイヤーと中級プレイヤーの違いを学んでいました。中級プレイヤーはできるだけ多くのルールを知ろうとするわけ。だって確実性を求めれば求めるほど、わかりやすくなるから。エリートプレイヤーになるためには、ベットとは、他のプレイヤーたちに質問を投げかけることだと考えなくてはだめ。いますぐ降りたいのか？　賭け金を吊り上げたいのか？　どれだけ私が吊り上げれば、相手は衝動的に行動するだろう？　それで答えが得られれば、他のプレイヤーたちよりもちょっと正確な未来が予測できる。ポーカーというのは、チップを使って誰よりも早く情報を集めるゲームなの」

トーナメント2日目が終了したときには、アニーは9万5000ドル分のチップを手にしていた。結果は26位だった［チップと実際に獲得する賞金額は異なる］。何十年も経験を積んだ数百人のプロに勝ったのだ。3ヵ月後、アニーと夫はラスベガスに引っ越した。その少し前にアニーはペンシルベニア大学の教授たちに電話して、大学には戻りませんと告げた。

＊

1分が経過した。アニーはまだ10のペアを握っている。もし化石男がもっといいペア（たとえばQ《クイーン》2枚）をもっていて、アニーが降りなかったら、確実に彼女はトーナメントに勝ち残れないだろう。だがもし彼女が勝てば、一気にテーブルのトップに立てる。アニーの頭の中に次から次へと浮かんでくるさまざまな確率や可能性のすべてが、彼女にひとつのことを命じていた。化石男にコールしろ。このトーナメントを通じて、彼女がチップを賭けて化石男に質問を投げかけるたびに、化石男はきわめて合理的な回答で応じた。彼はよほどのことがないかぎり、オールインはしなかった。ところが今回だけは自分のチップを全部テーブルの中央に押し出した。アニーが何度もレイズしてきたにもかかわらず。

アニーは気づいていた——私がここで引き下がることがいかに難しいかを、彼は知っているに違いないと。他の一部のプレイヤーたちとは違って、彼はアニーがまだポーカー殿堂入りしていないことを知っている。実際アニーは、100万人のテレビ視聴者の前でプレイするのは初めてだ。彼女は、自分は場違いなのではないかと不安だったし、「女性もひとり入れよう」とテレビのプロデューサーが考えたというだけの理由で自分は招かれたのではないかと疑っていた。そうした胸の内を、化石男は全部見抜いているに違いない。

アニーは突然、このハンドについての考え方がまったく間違っていたことに気づいた。化石男はあたかも自分がいいハンドをもっているかのように賭けてきた。それは、実際にいいハンドをもっているからだ。自分は考えすぎだったのだ。少なくとも考えすぎだったような気がする。よくわからなかった。

彼女は自分の10のペアを見て、それからテーブルの上の45万ドル分のチップを見て、降りた。化石男が勝った。自分の選択が正しかったのかどうか、アニーにはわからなかった。というのも化石男は相手を降ろして勝ったので、自分のカードを見せる必要はないからだ。

別のプレイヤーが彼女に近づいて、「完全に見誤ったね。我慢すれば勝てたのに」とささやいた。

アニーが降りてから数ゲーム後に、10と9をもっていた化石男はふたたびオールインした。それは頭脳プレイであり、正しい判断だったが、テーブルの上に開かれたコミュニティ・カードは彼に不利に働いた。どんなに頭のいいプレイヤーであっても悪運に見舞われることはある。さまざまな可能性を考慮すればより良く未来を予測できるが、保証するわけではない。化石男はトーナメントから敗退した。席を立つとき、彼はアニーに顔を寄せてこう言った。

「さっき、きみがもっていたハンドは本当に難しかったと思うよ。じつはおれはK《キング》のペアをもってたんだ。降りたのは賢明だった」

彼からそう言われたとき、アニーの胃の中に引っかかっていたパニックの塊が溶けた。さっきの勝負を降りてからずっと落ち着けなかったのだ。自分の選択が正しかったのかどうかを何度も繰り返し考えていたのである。彼女の頭はまたゲームに戻った。

もちろん物事がこれからどうなるかを知りたいと思うのは当然だ。未来を予測できないときに、その選択にどれほど多くのものが懸かっているかを考えるのは恐ろしいことだ。健康な赤ちゃんが生まれるかしら？　婚約者と私は10年後も愛し合っているだろうか？

うちの子には本当に私立学校が必要なのだろうか、公立でも同じなんじゃないだろうか？良い決断ができるかどうかは、未来を予測できるかどうかに懸かっているが、予測というのは不正確で、ときには恐ろしい科学だ。それは私たちを、私たちは何も知らないという事実に直面させるからだ。いかに良い決断をするかを学ぶということは、逆説的だが、疑惑と和解するということなのだ。

だが、不確実性とうまく調和する方法を学ぶことは可能である。自分が何を知っていて何を知らないかを、ある程度正確に計算することで、曖昧模糊とした未来をより予測しやすいものにする方法がある。

アニーはまだトーナメントに生き残っている。残れるだけのチップがまだ手元にあるからだ。ディーラーが各プレイヤーにカードを配る。さあ次のゲームの始まりだ。

## 良い判断プロジェクト

２０１１年、アメリカ合衆国国家情報長官室はいくつかの大学に、助成金を出すから、「情報予測の正確度、精密度、タイミングの良さを格段に向上させる」ためのプロジェクトに参加してほしいと呼びかけた。中身はといえば、大学ごとに外交の専門家のグループを結成して未来を予測し、誰が最も正確な未来を予測したか、それをいかに予測したのかを調査する、というものだった。それを学べば、CIA〔中央情報局〕の分析家たちの業績がぐんと上がるのではないか、政府はそう期待したのである。

このプログラムに参加した大学のほとんどは標準的なアプローチ法をとった。すなわち教授、大学院生、国際政策研究者、その他の専門家を集め、北朝鮮は年内にふたたび軍縮会議の席につくか、市民プラットフォーム党はポーランドの下院選挙で最大議席数を獲得するかなど、まだ誰にも答えのわからない質問をして、回答者がどのようなアプローチで答えようとするかを観察する。さまざまなアプローチを集めればCIAに新鮮なアイディアを提供できるだろう――誰もがそう考えた。

だがふたつの大学は、それとは異なる方法を採った。ペンシルベニア大学とカリフォルニア大学バークレー校の心理学者、統計学者、政治学者のグループは、政府の助成金を使って、一般人を優秀な予測者に育てられるかどうか試してみようと考えた。このグループは「良い判断プロジェクト」を自称し、専門家ではなく、数千人の弁護士、主婦、大学院生、熱心な新聞読者を集め、未来についてのさまざまな異なる思考法を教える授業を、インターネットで受講してもらうことにした。その後で参加者たちに、専門家と同じ外交に関する質問に答えてもらう。

「良い判断プロジェクト」は2年間にわたってオンライン授業を配信し、人びとが予測するのを観察し、データを集め、誰がより良い予測をしたか、また、異なるタイプの授業を受講すると行動がどう変わるか、を調べた。最終的に「良い判断プロジェクト」はその研究成果を発表した。それによると、たとえ短時間でも調査法や統計学の考え方を教えると、つまり未来についてのさまざまな考え方を教えると、予測の正確さが上がる。そして驚くべきことに、ある特定の授業を受講すると、未来を予測する能力が著しく上がる。その特定の授業とは、確率論を用いた考え方を教えることだ。

確率論的思考を教えるために「良い判断プロジェクト」はどのような授業をおこなったかというと、未来を、これから何が起きるのかと捉えるのではなく、起こりうる一連の可能性として捉えることを教えたのだった。たとえば明日を、ずらりと並んだ一連の可能性として捉える。それらの可能性が実現する確率はそれぞれ異なる。「良い判断プロジェクト」の監修者のひとり、ペンシルベニア大学のコンピュータ科学の教授であるライル・アンガーは言う。「たいていの人は、未来について考えるとき、いい加減になりがちです。たとえば、今年の休みはたぶんハワイに行くだろう、というふうな言い方をします。行く可能性は51パーセントなのか、それとも90パーセントなのか。払い戻しできないエアチケットを買うとき、それは大問題になります」。「良い判断プロジェクト」の確率論教育の

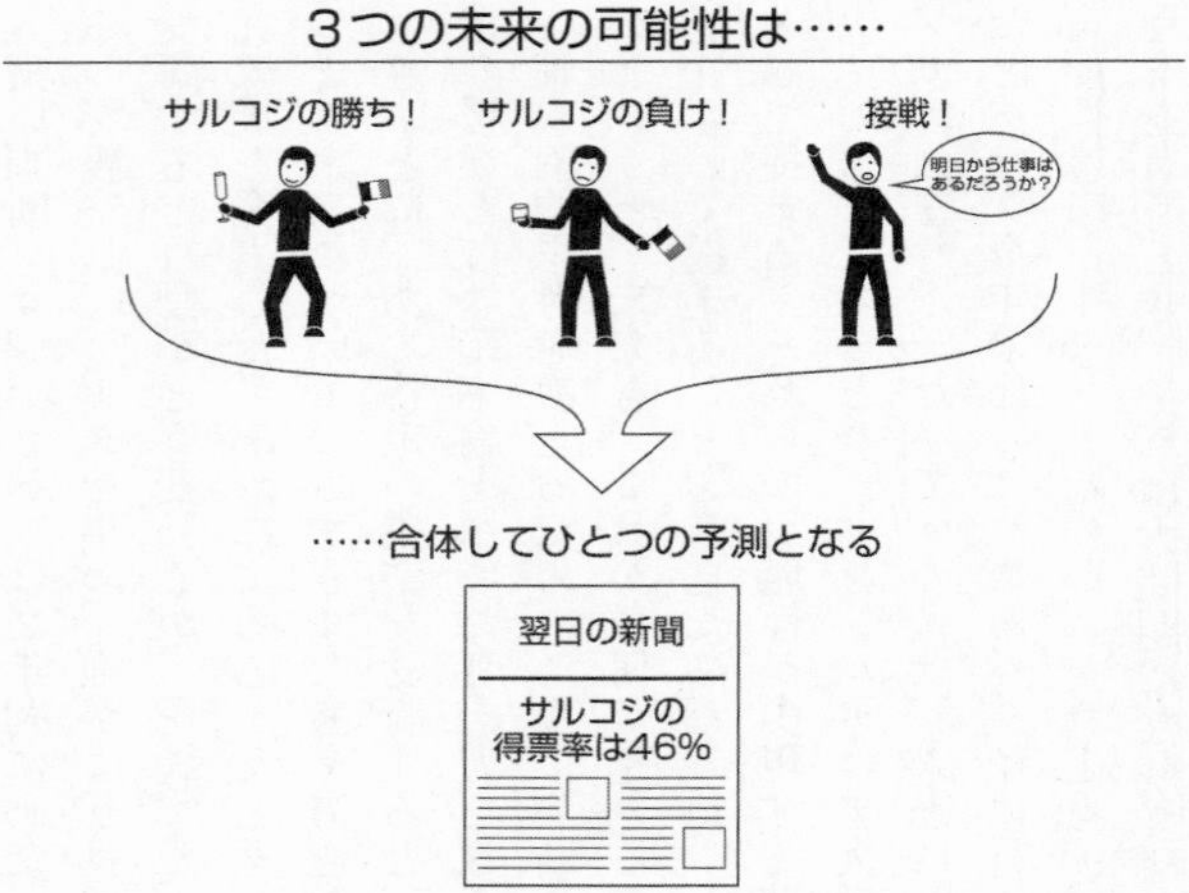
3つの未来の可能性は……
サルコジの勝ち！
サルコジの負け！
接戦！
明日から仕事はあるだろうか？
……合体してひとつの予測となる
翌日の新聞
サルコジの得票率は46%

目標は、どうやって自分の直感を統計的評価に変換するかを教えることだった。

たとえばある課題は、来《きた》るべきフランスの選挙でニコラ・サルコジ大統領が再選されるかどうかを分析するというものだった。

この課題は、サルコジが再選される可能性を予測するためには、少なくとも3つの変数を考慮しなければならないことを示している。第一の変数は現職の強さ。これまでのフランスの選挙では、サルコジのような現職大統領の得票率は67パーセントだったから、それにもとづいて、サルコジが再選される確率は67パーセントだと予測することもできよう。

だが考慮に入れなくてはならない変数は他にもある。フランスの有権者の間ではサルコジの人気が急落していたので、いくつもの世論調査で、サルコジ再選の確率は25パーセントだと予測されていた。いいかえると、彼は4分の3の確率で選挙に負けるということだ。また、フランスでは不況が長引いているので、経済学者たちは、サルコジは45パーセントしか得票できないだろうと予測していた。

このように、考慮すべき未来の可能性は3つある。サルコジの得票率は67パーセントなのか、25パーセントなのか、45パーセントなのか。ひとつのシナリオでは彼は大勝し、別のシナリオでは大敗し、3つ目のシナリオでは接戦になる。たがいに矛盾したこの3つの可能性を、どうしたらひとつの予測にまとめられるか。授業では次のように教えられた。「現職の強さ、支持率、経済成長率にもとづいた3つの予測の平均を計算すればよい。3つのうちのいずれかをとくに重要視する理由がないのであれば、3つを同等に扱えばよい。このやり方でいくと、再選の確率は(67%+25%+45%)÷3=約46%となる」

9ヵ月後、サルコジは48・4パーセントの得票率で、フランソワ・オランドに負けた。これが最も基本的な確率論的思考である。このごく単純な例の背後にあるのは、相矛盾する複数の未来をひとつの予測に合体させよ、という考え方だ。この論理がもっと複雑になってくると、専門家は確率曲線を用いて説明する。これは複数の可能性の分布を示す図だ。たとえば、サルコジの党がフランスの国民議会でどれくらいの議席を獲得するかと聞

## 確率曲線

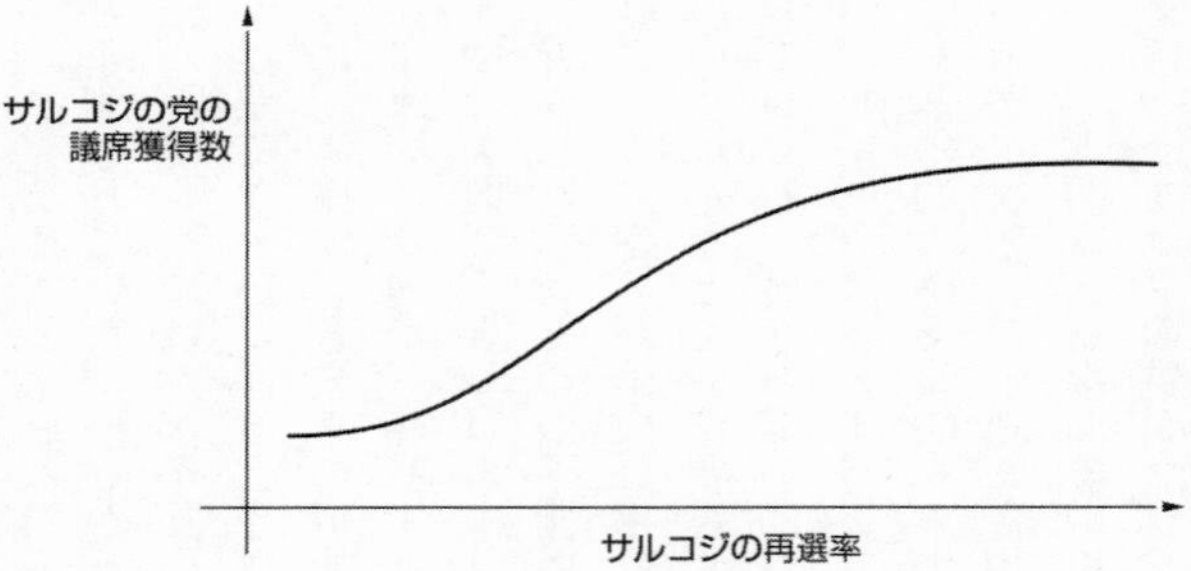


かれたら、専門家は、議席獲得数はサルコジが再選される確率と連関していることを示す確率曲線を持ち出す。

実際、サルコジが選挙に負けた後、彼の国民運動連合（ＵＭＰ）は選挙で苦戦し、大幅に議席数を減らし、１９４議席しか獲得できなかった。

「良い判断プロジェクト」は参加者たちに、複数の確率を合体させ、いろいろな未来を比較するための、さまざまな方法を教えた。全体の中心となっている考え方は、何度も繰り返し強調された。未来はひとつではなく、相矛盾する一群の可能性であり、そのうちのひとつが現実となる。どれが実現する可能性が最も高いかを予測するためには、複数の未来をひとつに統合すればいいのだ。

## 確率曲線と実際の得票率と議席獲得数

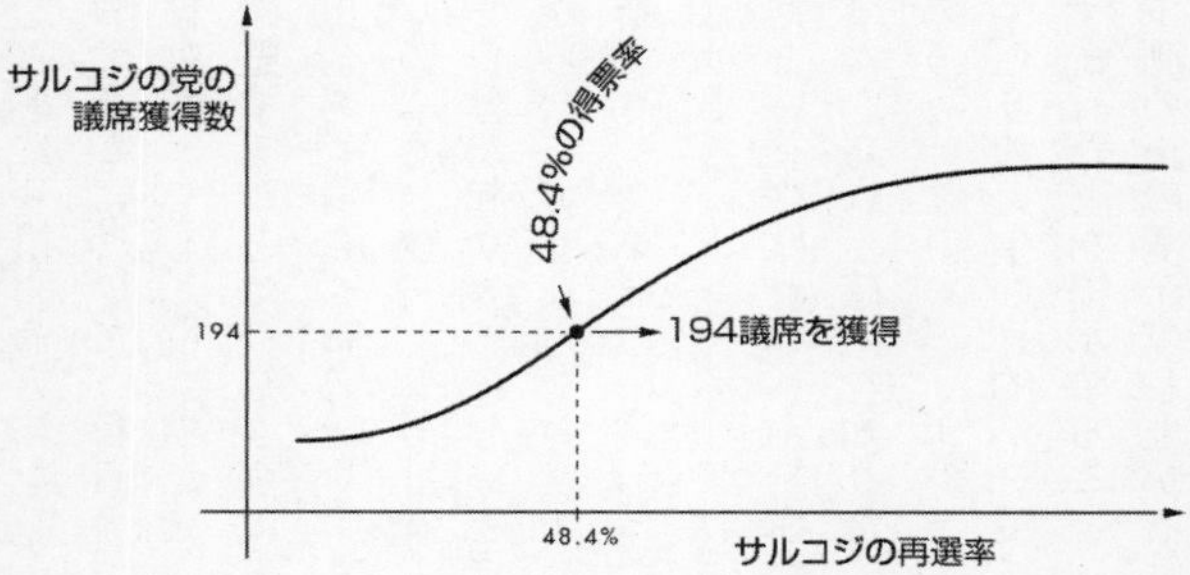


　これが確率論的思考だ。さまざまな可能性を頭の中で列挙し、それぞれの確率に評価を下すのである。やはり「良い判断プロジェクト」の監修者だったバーバラ・メラーズは言う。「私たちは複数の未来について考えることに慣れていません。私たちはたったひとつの現実を生きているので、無理やり未来を複数の可能性として考えさせられると、不安になります。なぜなら、起きてほしくないことについても考えなくてはならないからです」

　参加者に確率論的思考を教えただけで、予測の正確度が50パーセント上がった、と報告書は述べている。外部の観察者はこう言う。「確率論的思考を教わったチームがいちばん正確な予測をした。参加者たちは、ただの勘を確率に変換する方法を教えられたのだ。彼らはチームのメンバーたちと、確率をどう調整するかについて、毎日ネット上で議論した。たとえば『現代中国の特性』といった大理論をもっても、役に立たない。ごく些細な問題を複数の有利な点から見て、すぐに確率を調整することはひじょうに役に立つ」

確率論的思考を身につけるということは、自分の予測に疑問を呈し、不確実性とともに生きるということである。より正確な未来予想ができ、より良い決断ができるようになるためには、自分が起こってほしいと思うものと、起きる可能性が高いものとの区別ができるようにならなくてはならない。

「良い判断プロジェクト」に関わった、カリフォルニア大学バークレー校のハース・ビジネススクール教授、ドン・ムーアは言う。「いま自分が恋人を愛している確率は１００パーセントだというのはたいへん結構だが、彼女に結婚を申し込むとなったら、その後30年間いっしょにいられる確率を知りたくなるんじゃないだろうか。30年間たがいに愛し合い続けるだろうと、１００パーセントの確信をもって言うことはできないが、愛し合い続ける確率、ふたりの人生の目的が一致する確率、子どもができると夫婦関係がどれほど変わるかを示す統計などを提示することはできる。それを自分の経験と照らし合わせて考えれば、未来予測の正確度が少し上がるはずだ。長い目で見ると、これはとても重要だ。たとえ現在、恋人を愛している確率が100パーセントであることを知っていたとしても、未来について確率論的に考えるとなると、現在は曖昧模糊としているが、長期的に見るとじつは重要だという事物を通して考える必要がある。そうなると、自分に対して正直にならなくてはならない。その正直さのひとつは、自分にはよくわからないことがあるということを認めることだ」

＊

アニーが本気でポーカーを始めたとき、兄はアニーを自分の前に座らせて、勝者と敗者の違いは何かについて説明した。ハワードに言わせると、敗者はつねにテーブル上で確実性を探す。勝者は、自分が何を知らないのかについて考える。実際、自分は何を知らないかを知ることには大きな利点がある。その知識を敵に向けて用いることができるからだ。アニーがゲームに負けて兄に電話をし、負けちゃった、ついてなかった、ハンドが悪かった、などと嘆くと、兄は泣き言はやめろと言った。

「ひょっとしたら自分も、テーブル上に確実性を求めている馬鹿のひとりではないか、と一度でも考えたことはあるかい？」

アニーがプレイしていたテキサス・ホールデムというポーカーでは、各プレイヤーにカ

## テキサス・ホールデム

コミュニティ・カード

あなたのハンド

ードが2枚ずつ伏せて配られる。それからテーブルの真ん中にコミュニティ・カードが、表にして並べられる。これはすべてのプレイヤーに共通のカードだ。自分のハンドとコミュニティ・カードを組み合わせて、いちばん強い役を作った人が勝者になる。

ハワードの話では、彼がポーカーを始めたときは、ウォール街のトレーダー、ブリッジの世界チャンピオン、数学おたくなどの仲間とプレイした。数万ドル賭け、朝までプレイした。それから全員でいっしょに朝食をとりながら、前夜のゲームを分析した。結局ハワードは、ポーカーで最も重要な部分は数学ではないことを悟った。十分に経験を積めば、誰だって確率が計算できるようになる。最も重要なのは、確率にもとづいて決断することだ。

たとえばいまテキサス・ホールデムをやっているとしよう。あなたが手にしているのは♡のQ《クイーン》と、同じく♡の9だとする。そしてディーラーが4枚のコミュニティ・カードをテーブル上に置いた。

この後、コミュニティ・カードがもう1枚置かれることになる。もし5枚目のカードが♡だったら、あなたは♡が5枚、つまりフラッシュになる。これはかなり強い役だ。すぐに次のような暗算ができるはずだ。カード1組は52枚で、すでに♡が4枚出ているということは、♡の残りは9枚、♡でないカードの残りは37枚だ。フラッシュになるか、ならないかの確率は9対37、つまりフラッシュになるのは約20パーセントである。*
いいかえると、フラッシュができずにあなたが負ける確率は80パーセントだということである。初心者はそうした計算をして、ゲームを降りる。初心者は確実性しか見ないからだ。フラッシュができる確率は低い。初心者は、可能性の低い勝利を得るために金を捨て

＊ポーカーは「オッズ・オブ・オッズ」のゲームである。この例はあくまで確率論的思考法（と「ポットオッズ」という概念）を説明するためのものであり、このハンドの詳しい分析はもう少し複雑である（たとえば、テーブルには他のプレイヤーたちがいることを考慮に入れなくてはならない）。もっと詳しい分析については註を参照されたい。

るより、降りるほうを選ぶ。

だがベテランはそのハンドに対して違った見方をする。兄はアニーにこう言った。「優秀なポーカープレイヤーは確実性なんか気にしない。彼らが気にかけるのは自分が何を知っていて、何を知らないかだ」

たとえば、もしベテランが♡のQと9をもっていて、フラッシュを狙っているとする。相手が10ドル賭けて、賭け金の総額が100ドルになったとする。そのとき第二の確率計算が始まる。ゲームに残って、最後のカードが♡かどうかを確かめるために、ベテランはあと10ドル賭ければいい。もし10ドル賭けてフラッシュになったら、100ドル儲かる。この場合、「ポットオッズ」は10対1だ。

ここでベテランは、これと同じハンドで100回プレイしたと仮定する。ベテランは今回勝てるかどうかはわからないが、先に述べたように勝てる確率は20パーセントだから、まったく同じハンドで100回プレイしたら、20回勝って、勝つたびに100ドル儲け、合計2000ドル儲かるということになる。

毎回10ドル賭ければいいのだから、100回プレイするために必要な賭け金は1000ドルにすぎない。したがって、もし80回負けても、20回勝てば、儲けの2000ドルから、賭けた1000ドルを引いて、いわば純益が1000ドル出るわけだ。

## 確率論的に賭け方を考えると……

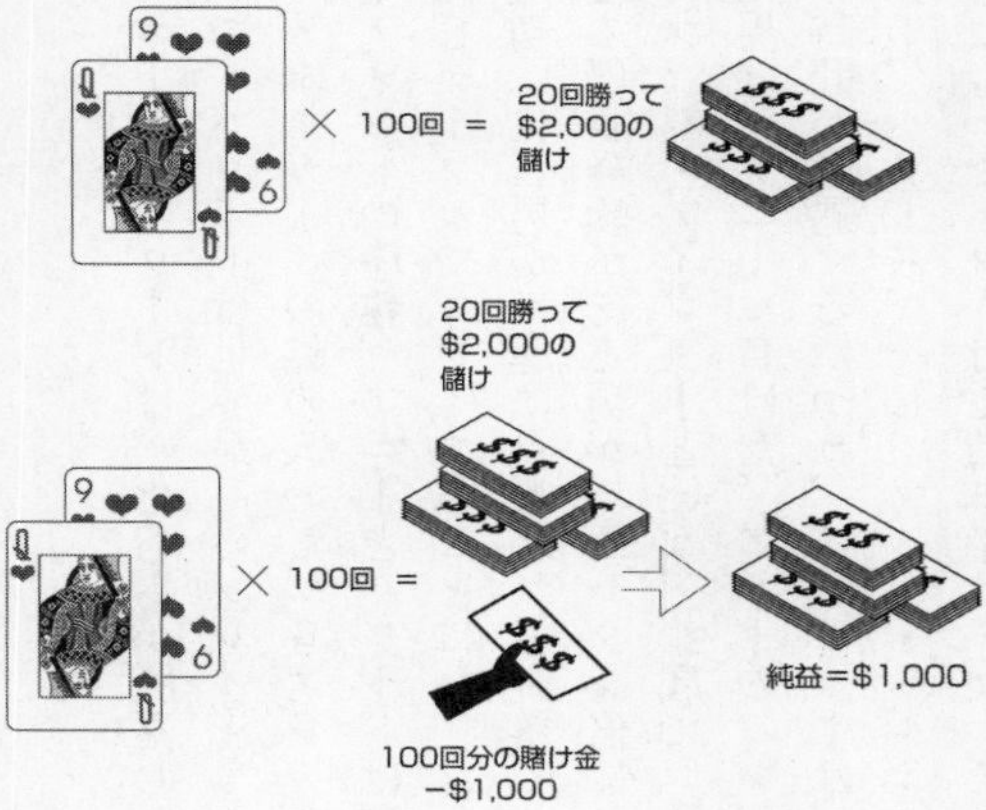


おわかりいただけただろうか。おわかりにならなくともかまわない。要は、ベテランは確率論的に考えるということである。ベテランは、運命は予測できないことを知っている。だが同じハンドで１００回プレイすれば、１０００ドル儲かるかもしれない。だからベテランは賭け金を積み、ゲームに残る。確率論的見地から、長期的に見れば儲かることを知っているからだ。重要なのは、長期的に見て儲かるような賭け方をするということである。

兄はアニーに言って聞かせた。「ほとんどのプレイヤーは、テーブルの上で必死に確実性を探す。それが彼らの選択に影響を与える。偉大なプレイヤーになるということは、不確実性を怖がらないということだ。

不確実性とうまく付き合えれば、うまく賭けることができるようになるのさ」

＊

アニーの兄ハワードは、化石男が脱落したとき、アニーの隣でプレイしていた。この20年間で、ハワードは世界最高のプレイヤーのひとりになっていた。「ワールドシリーズ・オブ・ポーカー」の銘の入ったブレスレットをふたつもっており、数百万ドル儲けていた。トーナメントの序盤、アニーとハワードは運良く直接対決しなくてすんだが、7時間後には同じテーブルでプレイすることになった。

最初に化石男が不運に見舞われて脱落した。その後、ドイル・ブランソンという71歳の、9度の優勝経験がある男が、チップを倍にしようと危険な賭けに出たが、あえなく敗退した。フィル・アイヴィーという、24歳で「ワールドシリーズ・オブ・ポーカー」に初優勝した男は、アニーに負けた。アニーのハンドはA《エース》とQ、アイヴィーのハンドはAと8だった。時間が経過するにつれ、プレイヤーはどんどん減っていき、ついに残り3人になった。アニー、ハワード、そしてフィル・ヘルミュースという男だ。アニーは兄と直接対決するはめになった。3人は1時間半にわたって戦いを繰り広げた。そしていま、アニーが手にしたのは6のペアだった。

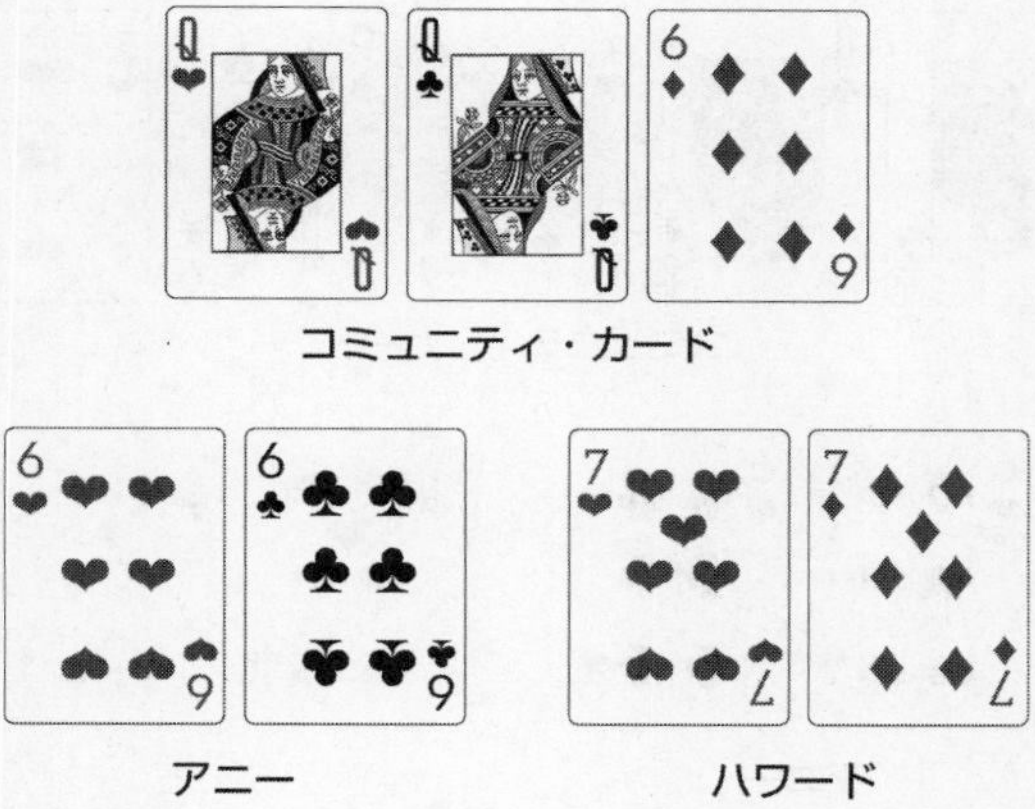


アニーは、自分が何を知っていて何を知らないのか、頭の中で計算した。自分のハンドが強いことは知っている。確率論的に見て、これと同じハンドで100回プレイすれば最終的に儲かることもわかっている。後にアニーは著者にこう語った。「人にポーカーを教えるとき、カードを見ないでベットしなくてはいけないような状況もあると教えます。ポットオッズが自分に有利なときは、つねにベットするべきだからです」

兄ハワードもハンドがいいらしい。というのも、31万ドル相当の自分のチップをオールインしたからだ。フィル・ヘルミュースは降りた。アニーがベットする番だ。

彼女は声を上げた。「コール」

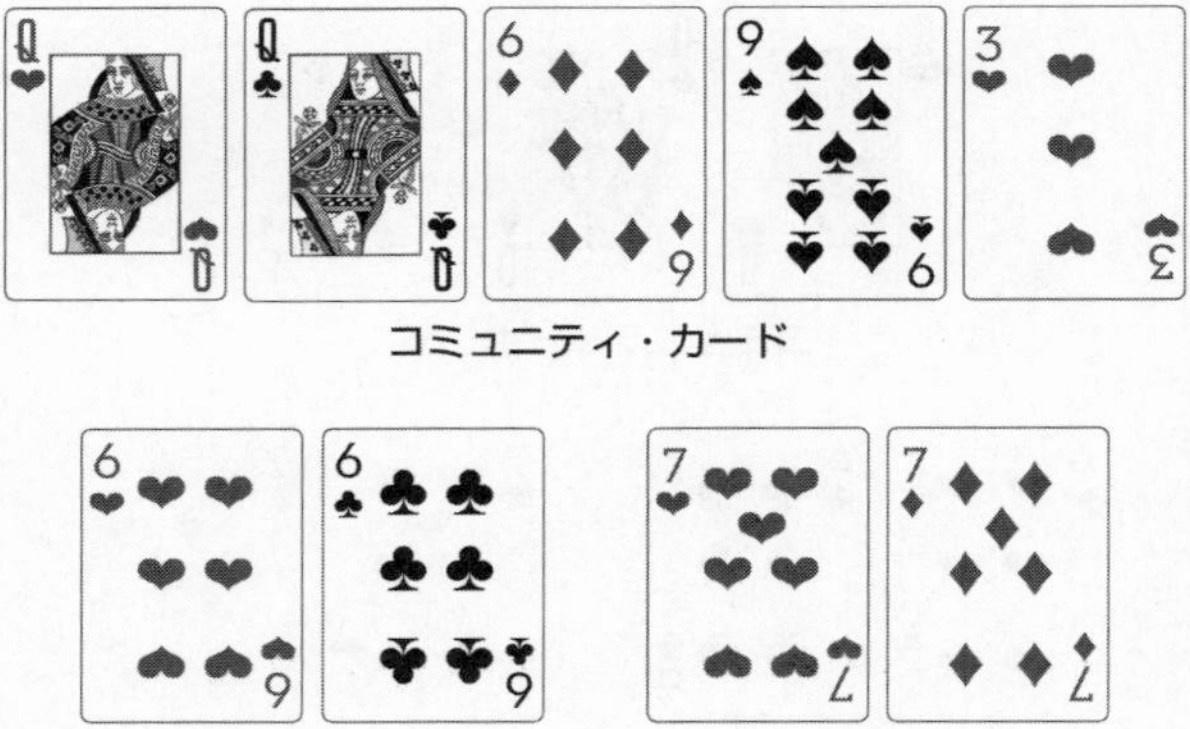

コミュニティ・カード

アニー　ハワード

ふたりはカードを見せた。アニーは6のペア、兄は7のペアだった。

「いいハンドね、兄さん」とアニーは言った。ハワードの勝つ確率は82パーセントだ。勝てば50万ドル以上のチップを獲得でき、テーブルのトップに躍り出ることになる。確率論的に見れば、ふたりのプレイはどちらも正しい。ハワードは後にこう語った。

「アニーの選択は正しかった。文字通り賭けに出たんだから」

ディーラーがコミュニティ・カードの最初の3枚をめくった。

「ああ、神様」。そう言ってアニーは顔を覆った。

6とQ2枚と自分のハンドを組み合わせれば、フルハウスだ。もしアニーとハワードがこれと同じハンドで100回プレイすれば、ハワードはたぶん82回勝てるだろう。だが今回はその82回のうちに入っていなかった。ディーラーは残りの2枚をめくった。

ハワードの負けだ。

アニーは椅子から飛び上がって兄に抱きつき、「ごめんね、兄さん」とささやいた。そして会場から飛び出した。ドアまで行き着く前に、泣き出していた。

ハワードは廊下で妹を見つけると、「気にするな。さあフィルを負かすんだ」。

ハワードは後に著者に語った。「じっと堪《こら》えることが大事だ。僕はこれと同じことを息子といっしょにやってみた。彼は大学に志願するとき、すごく神経質になっていたので、私と息子とで12の大学のリストを作ってみたんだ。4つは確実、4つは合格の確率が半々、残りの4つは望み薄。そして、各大学の合格率を計算してみた」

各大学がネット上で公開している統計をもとに、ハワードと息子は各大学に入学できる確率を計算したのだった。そしてすべての合格率を合算した。これはごく初歩的な数学だから、文系の学生でもちょっとグーグルを使えばできるはずだ。その結果、ハワードの息子は少なくともひとつの大学には99・5パーセントの確率で入学できることがわかった。また、5割以上の確率でいい大学に入れることもわかった。だが息子が憧れていた名門大学に確実に入れるかどうかは不明だった。

「息子はがっかりしたが、数字にしてみると、彼の不安はだいぶ減った。第一志望には入れないかもしれないが、どこかにはかならず入れるということがわかったからさ」

ハワードは言う。「確率論は占いによく似ているが、占い師が『こうなるかもしれない』と言ったことをちゃんと受け入れられるくらい強くなくてはだめなんだ」

## ベイズの定理の核心

1990年代後半、ジョシュア・テネンバウムというマサチューセッツ工科大学の認知科学の教授が、人びとが日常的に気楽におこなう予測・予言についての大規模な調査に着手した。私たちは毎日、ある程度の予測でしか答えられないような問いを何十も突きつけられる。たとえば、会議はあとどれくらいで終わるのか、とか、どちらの道のほうが空《す》いているか、とか、家族で海に行くのとディズニーランドに行くのとどちらが楽しいだろうか、など、私たちは予測を立て、さまざまな可能性を比較検討する。自分では気づいていないが、私たちは確率論的に思考している。テネンバウムは考えた――私たちの脳はどのようにしてそれをおこなうのか。

テネンバウムの専門はコンピュータの認知力、とくにコンピュータの情報処理と人間の情報処理との類似性である。コンピュータはもともと決定論的な機械である。あなたが家族といっしょに海に行くのとディズニーランドに行くのはどちらが楽しいかをコンピュータに答えさせるためには、海に行く楽しさとディズニーランドに行く楽しさを比較するための特定の公式を与えなくてはならない。それに対して人間は、たとえ一度も海にも、またディズニーランドの「おとぎの国」に行ったことがなかったとしても、決めることができる。私たち人間は過去の経験から推論することができる。たとえば、キャンプに行くと子どもたちは不平ばかり言い、漫画を読みふけっているから、ミッキーやドナルドと遊んだほうが楽しいだろう、とか。

テネンバウムは2011年に「サイエンス」誌に寄稿した論文にこう書いている。「私たちの脳は、いかにしてこんなに少ない情報からこれほど多くのものを引き出すことができるのだろうか。親なら誰でも知っているだろうし、科学者たちも確認していることだが、平均的な2歳児は、ほんのいくつかの例を見ただけでも、『馬』とか『ヘアブラシ』といった新しい言葉の使い方を覚える」。2歳児にとって、馬（ホース）とヘアブラシとはよく似ている。音が似ているし、絵を見ても、どちらも胴体が長く、どちらも胴体からずらりと並んだ直線（馬の場合は脚、ブラシの場合は毛）が伸びている。色はさまざまだ。それでも子どもは、一回しか馬の絵を見たことがなく、一度しかヘアブラシを使ったことがなくとも、ふたつの言葉の違いを習得する。

それに対してコンピュータは、どういう場合に「馬」あるいは「ヘアブラシ」という言葉を使うべきかについて、明確な指示をしなくてはならない。「4本の足」ならば馬の可能性が高く、100本の剛毛ならばヘアブラシの確率が高いことを明示する特別なソフトウェアが必要だ。ところが子どもは、ちゃんとした文が言えないうちから、瞬間的にそうした計算ができる。テネンバウムは書いている。「幼児の脳を、感覚からインプットされたデータを処理するコンピュータと考えると、これはものすごいことだ。幼児は、それぞれのひとつか、ふたつの例を見ただけで、どうやってこれらの部分集合の境界線を見分けられるのだろうか」

いいかえると、ある種のことに関して、あらゆる可能性のうちのほんのわずかしか知らないのに、私たち人間はどうしてこんなにうまく予測ができる（そして決断ができる）のだろうか。

この問いに答えようと、テネンバウムと同僚のトマス・グリフィスはある実験を考案した。彼らはネット上で、予想可能なさまざまな事柄を漁った。「この映画がどれくらいの興行収入を上げるか」「平均寿命はどれくらいか」「このケーキは何分焼けばいいか」など。彼らがこれらの主題に興味をもったのは、それぞれについて複数の例をグラフにする

異なる予測パターン

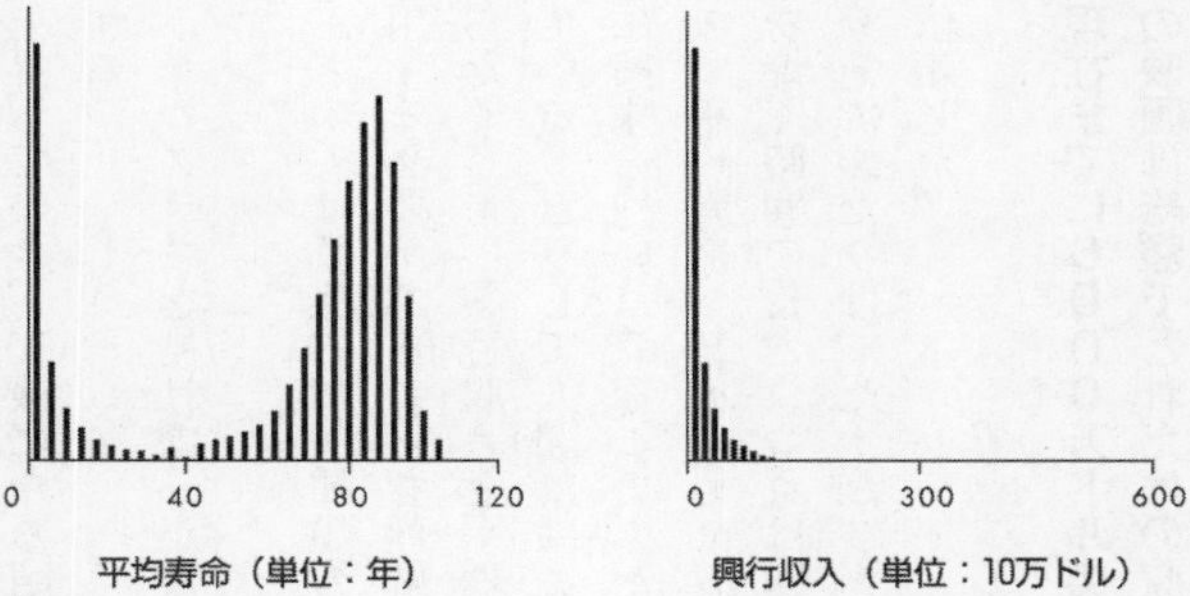


と、特定のパターンがあらわれるからだ。たとえば興行収入についていえば、基本原則が確証される。つまり、毎年、莫大な収入を上げる作品がほんのいくつかあり、他のほとんどの作品は赤字である。

これは、数学の分野では「べき乗分布」と呼ばれており、ある年に封切られたすべての映画の興行収入をグラフにすると、上のようになる。

他の主題をグラフにすると、これとは異なったパターンがあらわれる。たとえば平均寿命。私たちがある特定の年齢で死ぬ確率は、1年目がやや突出している。多くの子どもが誕生直後に死ぬからだ。だが最初の数年を生き延びると、その後数十年生きる可能性が高い。その後、40歳ごろから死亡率は上昇していき、50歳になる頃には死亡率は毎年加速的に上昇し、82歳のあたりで頂点に達する。

前ページのグラフを見ればわかるように、平均寿命は正規分布曲線（ガウス分布曲線）を示す。

ほとんどの人は直感的に、種類の異なる出来事を予測するときにはそれぞれ異なる推論法を適用する必要があることを理解する。たとえ医学的統計や娯楽産業のトレンドを何ひとつ知らなくても、興行収入と平均寿命とでは異なる評価法が必要になることを、私たちは知っている。どうして人間にはこうした推測ができるのか、テネンバウムとグリフィスはそこに興味を抱いた。そこでふたりは異なるパターンを示すさまざまな出来事を集めた。興行収入、平均寿命、詩の平均的な長さ、議員の在職年数（これはアーラン分布を示す）、ケーキを焼く時間の長さ（これは顕著なパターンはあらわれない）。

そのうえでふたりは、たったひとつのデータにもとづいて未来を予測せよ、と数百人の学生に依頼した。

**・現在までに6000万ドルの興行収入を上げた映画について、雑誌で読んだとする。この映画は総額でどれだけの収入を上げるか。**

・39歳の人に会ったとする。彼または彼女は何歳まで生きるか。
・ケーキを焼き始めてから14分経過した。あと何分オーブンに入れておくべきか。
・15年議員をつとめた人に会ったとする。彼はあと何年議会に残るか。

学生にはそれ以上の情報は与えられない。べき乗分布についてもアーラン分布についても教えられない。ただ、ひとつのデータにもとづいて未来を予測しなくてはならない。どのような確率論をあてはめればいいかについても、いっさいアドバイスをもらえない。

そうしたハンデがあるにもかかわらず、学生たちの予測は驚くほど正確だった。彼らは、6000万ドルの収入を得た映画はさらに3000万ドル稼ぐことを知っていた。30代の人はおそらくあと50年は生きるだろう。15年間つとめてきた議員はあと7年くらいつとめるだろう。現職議員は有利だが、政治潮流の変化で没落することもありうるから。

どういう筋道を辿って予測したのかと訊かれて、答えられる学生はほとんどいなかった。ほとんどの学生は直感で予測していた。平均して、学生たちの予測と、データが正解としていたものとの誤差は10パーセント以内だった。実際、テネンバウムとグリフィスが、個々の問いに対する学生たちの予測をグラフにすると、その分布曲線は、教授たちがネット上で見つけたデータの現実のパターンとほぼ完全に一致した。

それに劣らず重要な発見は、種類の異なる予測をするにはそれぞれ異なる推論が必要であることを、学生たちが直感的に理解していたことである。平均寿命は正規分布曲線に、興行収入はべき乗分布曲線になることを、学生たちは知っていた。ただし、なぜ自分がそれを知っているのか、その理由は知らなかった。

一部の研究者は、直感でパターンを理解するこの能力を「ベイズ認知」とか「ベイズ心理学」と呼んでいる。というのも、コンピュータがこの種の予測ができるようになるには、ベイズの定理を用いなければならないからである。ベイズの定理という数学の公式は、ふつう数千のモデルを動かし、数百万の結果を比較しなければならない。* ベイズの定理の核心にはひとつの原理がある。手元にほんのわずかなデータしかなくとも、推測を立て、その推測を、私たちの世界観察にもとづいて修正することで、未来を予測できる、という原理である。たとえばあなたの兄が、友人と夕食に出かけると言ったとすると、あなたは60パーセントの確率で相手は男性だと推測できる。兄の友人はほとんど男性だからだ。さてその兄が、夕食の相手は会社の友人だと言ったとする。となると、あなたは推測を修正するだろう。兄の同僚のほとんどは女性だからだ。ベイズの定理を用いると、ひとつかふたつのデータとあなたの推測にもとづいて、兄の夕食の相手が男性か女性かについて正確な確率を計算することができる。さらに、名前はパットだとか、冒険映画が好きだとか、ファッション雑誌が好きだとか、新しい情報が入れば、ベイズの定理はさらに厳密に確率を計算することができる。

人間は、それほど必死に考えなくとも、その種の計算ができる。しかもその予測は驚くほど正確だ。私たちの多くは平均寿命の保険統計表を実際に分析したことはないが、それでも経験にもとづいて、幼児が死ぬことは比較的稀だが、90歳の老人が死ぬのはふつうだということを知っている。私たちの多くは興行収入の統計には関心を払わない。それでも、誰もが見るような映画が毎年何本かはあること、そして数多くの映画が1週間か2週間で映画館から姿を消すことを知っている。そこで私たちは平均寿命や映画の興行収入について、自分の経験にもとづいて仮説を立てる。葬儀に参列したり、映画を観にいったりする回数が増えるにつれ、私たちの本能もそれだけ精微になっていく。人間は驚くほど優秀な

＊ベイズの定理を最初に仮定したのはトマス・ベイズで、死後の1763年に出版された草稿に書かれていた。コンピュータがなければ計算できないほど複雑だったので、何世紀もの間、統計学者たちはほとんど無視していた。必要な計算をするための手段がなかったからである。ところが1950年代以降、コンピュータが進化するにつれ、科学者たちは、戦争が起きる確率、ほんの少人数だけに試験したことが広範囲に有効かどうかの確率など、これまで予測不能と考えられていた事象も、ベイズの定理を使えば予測可能ではないかと考えるようになった。だが今日ですらベイズの確率曲線を計算するには、場合によってはコンピュータで数時間かかる。

ベイズ流予言者なのである。そのことに気づいてはいないのだが。

だが、私たちも時にはまちがえる。たとえばテネンバウムとグリフィスは学生たちに、すでに11年間在位しているエジプトのファラオはあと何年統治を続けるかと問うた。ほとんどの学生は、ファラオもヨーロッパの王様たちと同様だと考えた。ほとんどの人は、歴史小説を読んだりテレビの歴史ドラマを見たりして、王家の人びとは時には幼くして死ぬということを知っているが、一般的に見れば、王位にある者は中年まで生き延び、髪が白くなるまで在位していた。学生たちの答えはさまざまだったが、それを平均すると23年だった。

もしこれが英国の王に関する問題だったら大正解だったが、エジプトのファラオの場合は不正解だった。4000年前は平均寿命がもっと短かった。ほとんどのファラオは35歳まで生きると、老人と見なされた。したがって、すでに11年間在位したファラオはあと12年しかその座に留まらず、古代エジプトで一般的だった死因で世を去るというのが正解だった。

学生たちの推論は正しかった。ファラオの在位の計算はアーラン分布に従うことになるという学生たちの直感は正しかった。だが彼らの前提（ベイズ理論では「事前確率」とか「基準率」と呼ぶ）が間違っていた。古代エジプト人の寿命に関する前提知識が間違って予測の歪みはなぜ起きた？

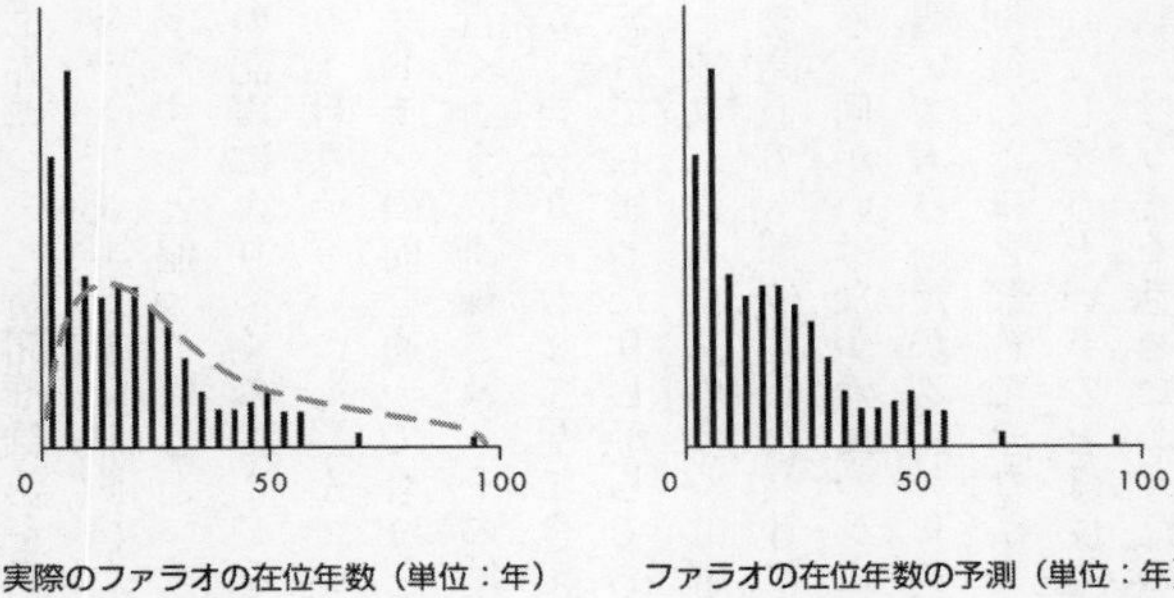


いたので、彼らの予測も歪んでしまったのだ。

テネンバウムは著者にこう語った。「人間は、ごくわずかな情報にもとづいて予測を立て、実生活から吸収したデータでそれを修正する。これは驚くべき能力だ。ただし、正しい前提から出発しなければ、正しい予測はできない」

ではどうしたら正しい前提知識が得られるのか。それは自分の経験が十分に幅広いかどうかをチェックすることだ。私たちの前提知識は、自分が実際に遭遇したことにもとづいているが、私たちの経験はしばしば偏った例に準拠している。とくに私たちは成功により注意を払い、記憶し、失敗は忘れる傾向がある。たとえば多くの人はビジネスの世界について新聞や雑誌を通して知る。いちばんよく行くのは、いつでも混んでいるレストランであり、観る映画はいちばん人気のある作品だ。問題は、そうした経験は成功のほうにずっと偏っているということだ。新聞や雑誌は10億ドルで買収されたベンチャー企業の記事により多くのページを割き、何百もの、倒産した似たような企業のことはあまり取り上げない。いつも混んでいるお気に入りのピザ・レストランに行く途中、がらがらのレストランの前を通ってもほとんど気づかない。いいかえると、私たちは成功のほうに目が行くように訓練され、その結果、より良い結果を予測する。なぜなら、自分の経験や知識が、自分がこれまで見てきた成功のほうに偏っているからだ。失敗のほうは見逃したり、忘れてしまったりしがちである。

反対に、成功した人たちの多くは膨大な時間をかけて、失敗に関する情報を探す。新聞の経済面を開いても、倒産した会社に関する記事を探す。昇進できなかった同僚と昼食を食べながら、何がいけなかったのかについて尋ねる。年次評価においても、賞讃だけでなく批判も書いてもらいたがる。クレジットカードの支払い明細を隅から隅まで点検して、どうして期待したほど節約できなかったのか、その原因を探る。家に帰ると、いやなことは全部忘れてしまうというのとは反対に、その日の失敗について反省する。どうしてあの一本の電話だけうまく話せなかったのか、とか、会議ではもっと要領よく話せたのではないか、とか。すべての人には、楽観的になり、自分の失敗は無視し、他人の失敗は忘れる、という生まれつきの性癖がある。だが、良い予測を立てるためには現実的な前提知識が必要であり、その知識は経験にもとづいている。いい知らせばかりに注意を払うというのは、片耳を塞いでいるようなものだ。

「最も優れた企業家たちは、成功した人たちとばかり話すことから生じるリスクをつねに意識している」と、バークレーのドン・ムーア教授は言う。彼は企業家の心理について研究していて、「良い判断プロジェクト」にも参加した。「彼らはできるだけ、自分の失敗についてこぼしている人たちといっしょにいようと心がけている。ふつうの人は、そういう人をできるだけ避けようとする」

結局これが、より良い決断ができるようになるための最も重要な鍵だ。良い選択ができるかどうかは、未来を予測できるかどうかにかかっている。正確な予測ができるためには、成功例と同じだけの失敗例を知らなくてはならない。混んでいる映画館だけでなく、空いている映画館にも行かないと、興行収入のことはわからない。平均余命について正確に知るには、赤ん坊と老人の両方を見なくてはならない。優れたビジネス感覚を育むには、どんどん出世する同僚とだけでなく、全然出世できない同僚とも話さなくてはいけない。

これは容易ではない。成功例は、いつまでもじっと見ていることができる。解雇されたばかりの友人にあれこれ質問するのは気が引けるものだ。離婚したばかりの同僚に、何が原因か直截《ちょくせつ》に聞ける人はあまりいないだろう。だが自分の前提知識を正確に測るには、成功例と失敗例の両方を見なければいけない。

だから、もし今度友人が出世の機会を逃したら、その理由を聞くべきだ。取引がうまくいかなかったら相手の会社に連絡して、何が悪かったのかを指摘してもらうべきだ。いやな1日を過ごし、奥さんに八つ当たりしてしまったときは、明日はすべてうまくいくさと自分に言い聞かせるだけでなく、何があったのかを徹底的に考えなくてはいけない。

そのうえで、いちばん可能性の高い未来を予測する洞察力を用い、さまざまなことが起きる確率をできるだけたくさん思い浮かべるのだ。さまざまな未来を思い描こうとつとめ、自分のどの前提知識が確実で、どれが間違っていたのかが見えてくると、次回、より良い決断ができる確率がそれだけ高くなるのである。

*

アニーは大学院で習ったので、ベイズの定理をよく知っていて、それをポーカーに応用してきた。「初対面の人とプレイするとき、最初にするのは基準率について考えること」と、アニーは著者に語った。「ベイズの定理を習ったことがない人にとっては、私のプレイはきっと先入観に囚われているように見えるでしょうね。たとえば、もし目の前に座っているのが40歳のビジネスマンだったら、私はこう推測します。きっと彼にとって大事なのは、プロとプレイしたぞ、勝ち負けなんかどうでもいいんだ、と友だちに自慢することだけだろう。あるいは、もし相手がポーカーのTシャツを着た22歳の青年だったら、きっとネット対戦でポーカーを覚えたんだろう、だからきっとタイトに、限定的なゲームをするだろう、って。でも先入観とベイズの定理の違いは、ゲームがすすむにつれて、自分の前提知識を修正していくところです。そのプレイを見て、40歳のビジネスマンがものすごいブラフ〔はったり〕をするとわかったら、みんなから過小評価されたがっているプロかもしれない、というふうに考えるのです。もし22歳の青年がどんなハンドでもブラフをしてきたら、たぶん彼はお金持ちのお坊ちゃんで、自分のやっていることがわかっていないんだろう、というふうに考えるわけです。私は時間をかけて、自分の前提知識を修正していきます。それが間違っていたら、予測も失敗しますから」

アニーの兄が敗退したあと、「ワールドシリーズ・オブ・ポーカー」のメイントーナメントのテーブルに残ったのはふたりだった。アニーとフィル・ヘルミュースだ。フィルはポーカー界のレジェンドで、テレビでも「ポーカー野郎」として有名だった。彼は著者にこう語った。「おれはポーカー界のモーツァルトさ。他のプレイヤーたちのハンドを、誰よりもよく見抜ける。たぶん世界一だろう。これは白魔術、本能なのさ」

アニーがテーブルの一方の端に、フィルがもう一方の端に座る。アニーは後に語った。

「そのとき私は、フィルがどんなふうに私のことを見ているのか、よく知っていました。以前、彼は私に、きみのポーカーにはクリエイティブなところがない、頭がいいんじゃなくて、運が良かっただけだ、臆病だから、ブラフすべきときにできないんだ、と言っていました」

これはアニーにとっては問題だった。というのも、彼女はフィルに、ブラフだと思ってもらいたかったからだ。彼を大きな賭けにおびき出すための唯一の方法は、ブラフでないときに、ブラフだと思い込ませることだ。このトーナメントを勝ち抜くためには、彼女に関するフィルの前提知識を変えさせることが必要だ。

一方、フィルのほうは別の作戦があった。彼は自分のほうが強いと思っていた。アニーのことを見抜けると思っていた。「おれにはものすごい速度で相手を見抜く能力があるんだ。相手が何をしているのかがわかれば、テーブルを支配できる」。これはけっして空自慢ではない。フィル・ヘルミュースは世界選手権で14回優勝している。

アニーとフィルの手元にあるチップの山はほぼ同じだった。最初の1時間は勝ったり負けたりして、ほぼ引き分け状態だった。フィルはかすかにアニーを挑発し、彼女を怒らせ、理性を失わせようとしていた。

彼は言った。「お兄さんとやりたかったな」

アニーが答える。「あら、そう。私で悪かったわね」

アニーは4度フィルを脅した。「私は彼を、『くそ、毎回ブラフしやがって。反撃してやる』と言い出す瞬間まで追いつめたかったのです」。だがフィルは落ち着いているようだった。まったく過剰反応は示さなかった。

とうとうアニーが待っていたハンドがやってきた。ディーラーが彼女に配ったのはK《キング》と9だった。フィルのほうはKと7だ。ディーラーがテーブルの真ん中にコミュニティ・カードを置いた。K、6、9、J《ジャック》だ。

フィルはKのペアだ。だがフィルは知らなかったが、アニーのほうはKと9のツー・ペアだ。たがいに相手のハンドはわからない。

アニーがベットする番だ。彼女は12万ドルにレイズした。フィルは、自分のハンドがいちばん強いと思っていたから、さらにレイズした。するとアニーはオールインして、賭け金を97万ドルまで吊り上げた。

今度はフィルの番だ。

彼は独り言を言い始めた。「信じらんねえなあ、まったく。おれがどんなに強いか、わ

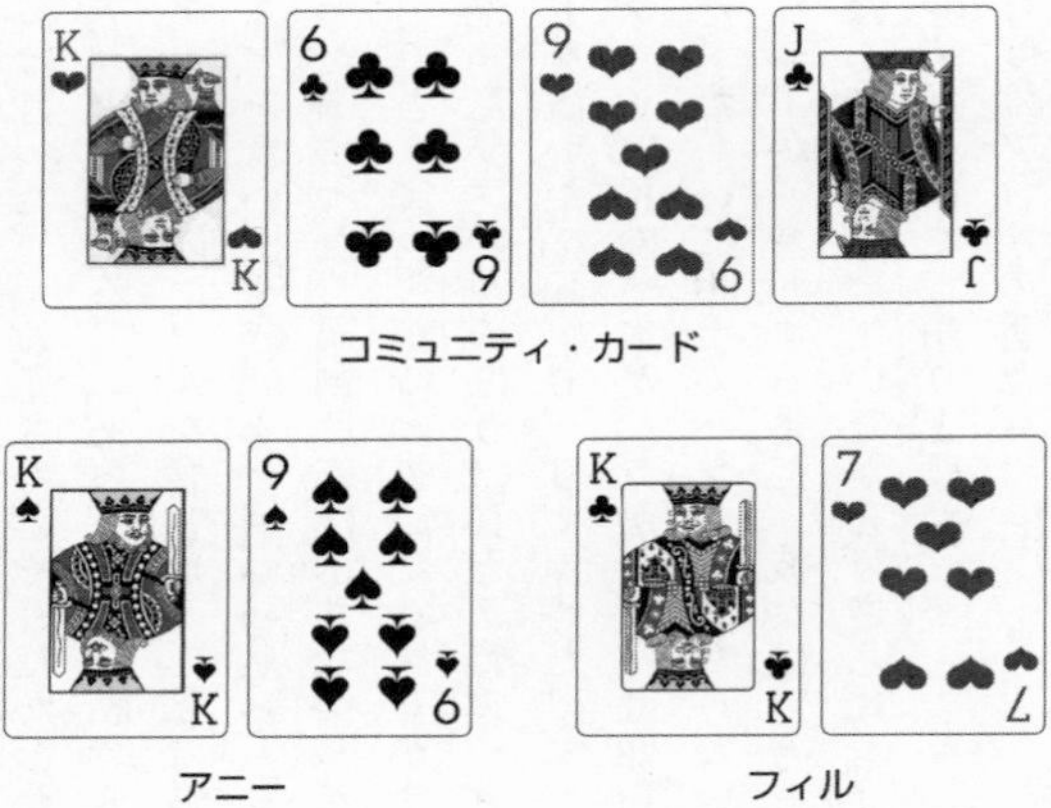


かってないんじゃねえのか。おれのハンドがどんなに凄いか、わかってねえのかなあ」

彼は立ち上がって、歩き回りながら言った。「わからん。なんだか、悪い予感がするぞ」

彼は降りた。

フィルはKを表向きにし、自分がKのペアだったことを示した。アニーは9だけ表にし、Kのペアもあることは明らかにしなかった。

後にアニーはこう言った。「私は、私に関する彼の前提知識を変えさせたかったんです。9のペアでブラフをしていたと思わせたかったんです」

フィルがアニーに言った。「はあ、マジ

コミュニティ・カード

アニー

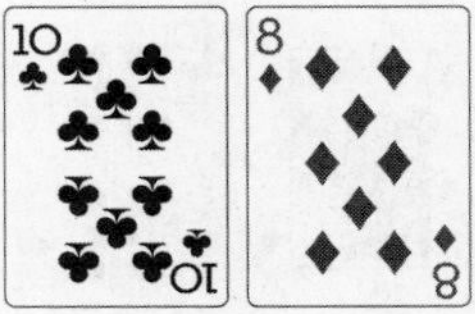

フィル

で9で突っ込んできたのか？ そりゃあ、おれみたいな相手には、ちょっとやりすぎじゃねえのか。降りるのは早すぎたな」

さあ次のゲームだ。アニーは１４６万ドル分のチップを手に入れていた。フィルは54万だ。ディーラーがカードを配る。アニーはKと10だ。フィルは10と8。最初のコミュニティ・カードは2、10、7。

フィルは10のペアで、キッカー〔役とは関係ないカードのこと〕は8だ。なかなかいいハンドだ。アニーも10のペアで、キッカーはK。アニーのほうがやや有利だ。

フィルは４万５０００ドルベットした。アニーはそれを20万ドルにレイズする。かなり挑発的な行動だ。だがフィルは、アニーが不注意なプレイをしていると考え始め

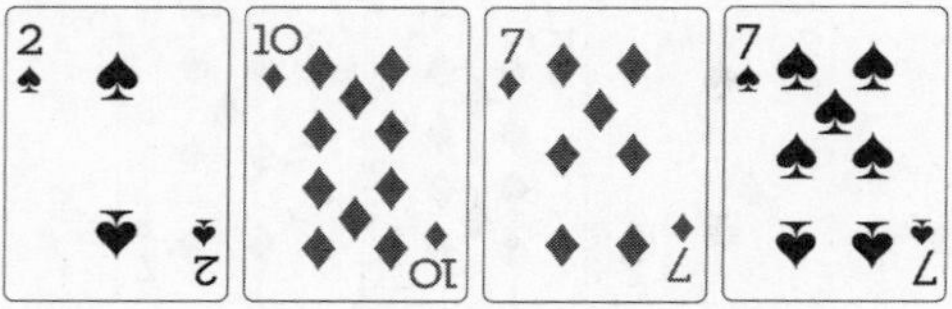

コミュニティ・カード

アニー　　　　フィル

ていた。彼女らしくないパターンを示していると考えた。ブラフ、ブラフ、またブラフだ。フィルの前提知識は変化しつつあった。

　フィルはテーブル上のチップの山を見た。彼は自問した——彼女は大事な一番でブラフをかませないというおれの前提知識は間違っていたのか？　たぶん今もブラフだな？　きっと無理しているに違いない。

「オールインだ」。フィルはそう言うと、自分のチップを全部テーブルの中央に押し出した。

「コール」とアニーは言った。

　双方がカードを見せ合う。

「くそ」とフィルが舌打ちをした。ふたりとも10のペアだが、キッカーはフィルの8

コミュニティ・カード

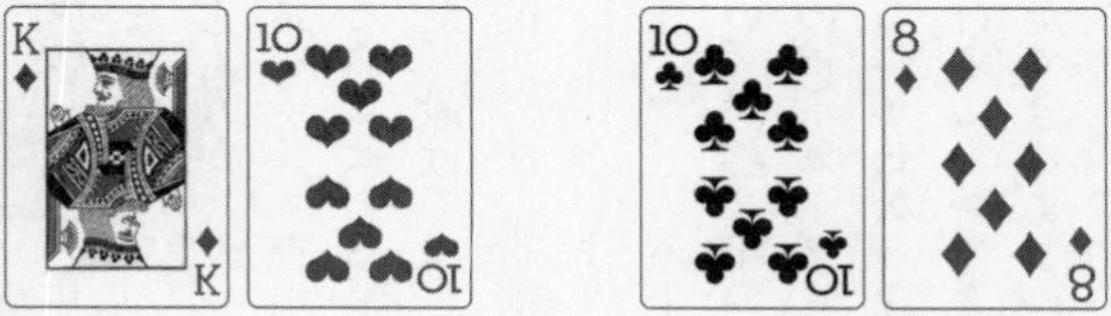

アニー　　　　フィル

に対してアニーはＫだ。

ディーラーはもう一枚のコミュニティ・カードを置く。７だ。どちらにも有利ではない。

アニーは立ち上がって、両手で頬を挟んでいた。フィルも立ち上がった。息が荒れていた。「頼む、８よ、出てくれ」。彼が勝てる唯一のカードだ。ディーラーは最後のコミュニティ・カードをめくった。３だった。

アニーは２００万ドルの賞金を手にした。フィルは負けた。試合終了。アニーが優勝だ。

後に彼女は、このトーナメントに勝ったことで人生が変わった、と語った。実際、これによって彼女は世界一有名な女性ポーカープレイヤーになった。続けて2010年には全米ヘッズアップ〔一対一でプレイするポーカー〕選手権でも優勝した。現在も彼女はワールドシリーズ・オブ・ポーカーの賞金王である。彼女はこれまでに400万ドル稼いだ。もうローンの心配はないし、パニック障害の発作を起こすこともなかった。2009年、彼女は「セレブリティ・アプレンティス」〔有名人がゲームをやるテレビ番組。かつてドナルド・トランプがホストを務めていた〕に出演した。収録が始まる前にはやや緊張したが、大したことはなかったし、不安でパニックに陥ることもなかった。最近ではポーカーのトーナメントにはほとんど出場せず、ビジネスマン向けに確率論的思考法の講演をしている。不確実性とどう和解するか、ベイズの定理を使えば人生においていかにより良い決断ができるかについての講演だ。

アニーは著者にこう語った。「ポーカーの大部分は運です。人生と同じです。何が起きるか、誰にもわからない。大学2年のときに精神科病院にみずからすすんで入ったときには、まさか自分がプロのポーカープレイヤーになるとは夢にも思いませんでした。でも、人生がこれからどうなるかがわからないという状態に満足しなくてはいけません。それによって私は不安を遠ざけることができるようになったのです。私たちにできることは、目の前にある最良の決断ができるようになること、そして長い目で見れば自分に有利な確率になると信じることです」

どうしたらより良い決断ができるようになるのか。ひとつには、確率論的に考える訓練をすることだ。その訓練に必要なのは、さまざまな未来をイメージする、つまりたがいに矛盾するさまざまなシナリオを頭の中にすべて並べ、そのどれが実現する可能性が高いかを見抜く能力を育てることだ。

＊

その能力を育てるにはさまざまな方法がある。統計学を勉強する。ポーカーのようなゲームをする。人生における成功や落とし穴を体験することを通じて学ぶ。子どもが不安を抱えているときに、問題を書き出して確率を計算することで、その不安を取り除いてやることもできるだろう。ベイズ的本能を育てる方法はいろいろあるのだ。たとえば、過去の選択を思い出して自問する――どうして「絶対にこうなる」などと確信したのだろうか。どうして間違えたのだろうか。

方法は違っても、目的はひとつだ。あらかじめひとつに決めてしまうのではなく、未来を複数の可能性と捉えること。自分が知っていることと知らないことをはっきり区別すること。どの選択がいちばん実現可能性が高いかを自問すること。占いは現実的ではない。絶対的確信をもって明日を予言できる人はいない。だが一方で、いっさい予言するのを避けようとする人たちもいる。確実性への欲求と、疑念がもたらす恐怖があまりに強くて、予言できないのだ。でも、それも誤りだ。

もしアニーが学問の世界に留まっていたら、そうしたことは問題になったのだろうか。彼女は言う。「もちろんです。どんな職業につくか、休暇が取れるかどうか、老後のためにどれくらい貯金すればいいのか、これらはどれも予言です」。したがって同じ基本ルールがあてはまる。最良の選択をする人は、できるだけ多くの未来をイメージし、それを書き出し、徹底的に考え、そして「どれがいちばん実現しそうか。それはなぜか」と自分に問うのだ。

誰でも努力によって、より良い決断が下せるようになる。みずから訓練すれば、毎日の生活が予言の連続であることがわかるだろう。つねに正しい決断ができる人などはいないが、訓練によって、自分の予言が的中する確率を上げることはできる。

# 第7章 イノベーションを加速させる

## ――アイディア・ブローカーと『アナと雪の女王』を救った創造的自暴自棄

### 速い独創性

試写室が開く1時間前から行列ができ始めた。やってきたのは映画監督、アニメーター、ストーリー・エディター、脚本家たちだ。いずれもディズニーの社員で、噂になっている映画のテスト試写を観にきたのだ。

みんなが椅子に座り、照明が暗くなると、雪に覆われた風景をバックに姉妹があらわれる。妹のアナは威張っていて、保守的で、近々おこなわれるハンサムなハンス王子との結婚式と、彼女の女王戴冠式のことで頭が一杯だとすぐにわかる。姉のエルサは嫉妬深く、邪悪で、呪われている。彼女が手を触れたものはみんな凍ってしまう。その魔力のために女王になれないのだ。彼女は家を飛び出し、山奥の水晶宮にこもって恨みの塊になっており、復讐の機会を狙っている。

アナの婚礼が近づくと、エルサはオラフという皮肉屋の雪だるまと、女王の座を手に入れるためにアナを誘拐しようとするが、顎の長い、威勢のいいハンス王子に計画を妨げられる。エルサは怒りを爆発させ、雪の怪物たちに山を下りて町を襲えと命じる。人びとは怪物を追い払うが、煙が晴れると犠牲者が出たことがわかる。アナの心臓の一部が凍り、ハンス王子がいなくなっている。

後半は、王子のキスが自分の心臓を癒やしてくれるのではないかと期待して、王子を探すアナを追う。一方、エルサは再度の襲撃を準備する。今度は村に雪の怪物の大軍を送り込もうとする。ところが怪物たちはじきに彼女の手に負えなくなる。怪物たちは、エルサを含め、誰彼かまわず脅し始める。生き延びる唯一の道は力を合わせることだと、アナとエルサは悟る。ふたりは力を合わせて怪物たちを退治し、別々に戦うよりも協力するほうがずっといいことを知る。ふたりは友情を築き、アナの心臓は解ける。平和が戻ってくる。誰もがそれからいつまでも幸せに暮らしたのだった。

その映画の題名は『アナと雪の女王』（以下、『アナ雪』）。ちょうど1年半後に封切られることになっている。ふつう、ディズニーでは試写が終わると拍手喝采が起きる。みんなが歓声を上げたり、大声で叫んだりすることも珍しくない。試写室にはティッシュペーパーが何箱も用意されている。ディズニーでは往々にして、泣ける映画はヒットする。

今回は拍手喝采も歓声もなく、ティッシュを使う人もいない。みんなは静かに出ていった。

＊

試写の後、この映画の監督クリス・バックと、制作に携わったディズニーの10人ほどが、自分たちがたったいま観たものについて議論するため、スタジオの食堂のひとつに集まった。これはディズニー・スタジオの「ストーリー・トラスト」の会合だ。ストーリー・トラストとは、制作過程を通じてその作品に関するフィードバックを提供するグループのことだ。『アナ雪』の最新版について議論する前に、一同はスウェーデン風ミートボールのケータリングを各自カウンターから取ってきた。バックは何も口にしなかった。彼は著者に言った。「何も食べる気になれなかった」

ディズニーのチーフ・クリエイティブ・オフィサーであるジョン・ラセターが議論の口火を切った。彼は「素晴らしいシーンがいくつかある」と言って、とくに気に入った場面をいくつか挙げた。戦闘シーンはスリリングだ。姉妹の会話はウィットに富んでいる。雪の怪物たちはけっこう恐ろしい。展開もスピーディで、とてもいい。「いい作品だ。完成度の高い作品になるだろう」

次いで彼は欠点を列挙し始めた。そのリストは長かった。

10以上の問題点を指摘した後、彼はこう言った。「掘り下げが足りない。観客の共感が得られない。共感できるキャラクターがひとりもいないからだ。アナは真っ直ぐすぎるし、エルサは邪悪すぎる。最後まで誰も好きになれなかった」

ラセターが話し終わると、ストーリー・トラストの他のメンバーが次々に問題点を指摘した。プロットには論理的な欠陥がある。ハンス王子はあまり魅力的ではないのに、どうしてアナはあれほど彼に夢中になるのか。登場人物が多すぎて、とても全員を追えない。プロットのひねりはどれも、あらかじめわかってしまう。エルサが妹を誘拐して、いきなり町を襲うというのはちょっと無理がある。アナは城に住み、王子と結婚し、じきに女王になるというのに、どうしてあんなに不満ばかり抱えているのか。ストーリー・トラストのメンバーのひとり、ジェニファー・リーという作家は、エルサの友である皮肉屋のオラフがとくに大嫌いで、ノートに「オラフを消せ」と書き殴っていた。

じつのところ、バックはこれらの批判にまったく驚かなかった。もう数ヵ月前から彼のチームは、どこかがまずいと感じていた。脚本家は何度も台本を書き換えていた。最初、アナとエルサは姉妹ではなく、他人どうしだった。その後、エルサが王位に就き、アナが「自分が跡継ぎでないこと」にショックを受けるという話に変わった。ソングライター（ブロードウェイで『アベニューQ』や『ブック・オブ・モルモン』をヒットさせたロバート・ロペスとクリステン・アンダーソン＝ロペスの夫婦コンビ）は、次々に曲を書いては破棄しなければならないので、疲労困憊していた。チームは、嫉妬と復讐を深刻にならずに描くにはどうしたらいいのかがわからなかった。

いくつものバージョンが作られた。あるバージョンでは、姉妹は王の後継者ではなく庶民で、別のバージョンでは、姉妹はともにトナカイを愛することで和解する。あるバージョンでは、姉妹は別々に育てられたことになっていたし、別のバージョンではアナは結婚式の祭壇でいきなり王子に捨てられる。バックは、エルサの呪いの起源を説明するために何人もの人物を登場させ、別の恋愛エピソードを導入しようとした。どれひとつとして、うまくいかなかった。たとえば彼はアナをもっと愛すべき女性にして、エルサのきつさを和らげようとしたが、ひとつ問題点を解決するたびに何十もの問題が生じた。

『アナ雪』のソングライターのひとり、ボビー〔ロバート〕・ロペスは言う。「どんな映画も最初は欠点だらけだ。でもこの作品の場合、厄介なパズルみたいで、ひとつのピースをはめようとすると、他の全部が合わなくなるのだった。しかも、タイムリミットが近づいていることを、みんな知っていた」

アニメ映画は制作に4〜5年かけるのがふつうだが、『アナ雪』のスケジュールはタイトだった。本格的な制作に着手したのは1年足らず前だったが、最近他のディズニー映画が失敗したため、経営陣は『アナ雪』の公開を2013年11月、すなわち1年半後に繰り上げた。本作のプロデューサー、ピーター・デル・ヴェッチョは言う。「急いで答えを出さなくてはならなかったが、いくつものストーリーをいっしょくたにしたみたいな感じがしてならなかった。感動がない。あの時期がいちばん辛かった」

拍車をかけて締め切りに間に合わせるためにはどうしたらいいか、いいかえると、創作過程をもっと生産的にするにはどうしたらいいか、という問題はもちろん映画業界に限った話ではない。学生も、経営者も、アーティストも、政策立案者も、その他何百万もの一般庶民も、ほとんど毎日のように問題に直面し、独創的な答えをできるだけ早く出さなくてはならない。経済が変動し、高い創造能力がこれまで以上に重要になるにつれ、ますます「速い独創性」が求められるようになっている。

実際、多くの人にとって、イノベーションのスピードをどれほど上げられるかが、最も重要な仕事のひとつになっている。ウォルト・ディズニー・アニメーション・スタジオの社長であり、ピクサーの共同創立者であるエド・キャットマルは言う。「私たちのいちばんの関心事は、創作過程の生産性だ。これはうまくやれることもあれば、やれないこともある。うまくやれば革新のスピードが上がるし、うまくいかないと、いいアイディアがみんな死んでしまう」

さて、『アナ雪』をめぐるストーリー・トラストの議論は終わりに近づいていた。ラセターが監督のバックに言った。「この映画の内部ではいくつかの異なるアイディアが競合している感じがする。エルサの物語があって、アナの物語があって、ハンス王子がいて、雪だるまのオラフがいる。どの物語にもすごくいいところがある。いや実際、素晴らしい素材がたくさん盛り込まれている。でもそれを、観客の心を摑むひとつの物語にまとめあげる必要がある。『核』がなくてはだめだ」

ラセターは椅子から立ち上がった。「できるだけ時間をかけて、答えを見つけてくれ。でも、あまり時間がかからないことを祈っている」

## ウエスト・サイド物語

1949年、ジェローム・ロビンズという振付家が、友人の指揮者レナード・バーンスタインと脚本家のアーサー・ローレンツに、大胆な計画を持ちかけた。彼は熱弁をふるった——共同で新しいタイプのミュージカルを作ろうじゃないか。『ロミオとジュリエット』のストーリーにもとづいているが、舞台は現代のニューヨークだ。クラシック・バレエとオペラと実験演劇を融合させるんだ。現代のジャズやモダニズム演劇を取り入れてもいい。目標はブロードウェイの前衛になることだ、と。

すでにロビンズは舞台で、いや実人生でも、新境地を切り拓いていた。同性愛が非合法だった時代に、彼はバイセクシュアルだった。反ユダヤ主義によってキャリアを傷つけられることを恐れて、ジェローム・ラビノヴィッツからジェローム・ロビンズに改名していた。下院反米活動委員会で、協力しないと彼が両性愛者であることを広く公表すると脅されて、友人たちの名前を共産主義者として挙げた。彼は高圧的で完璧主義者だったため、ダンサーたちは彼を軽蔑し、舞台の外では彼とは口をきかなかった。だが、彼の舞台への誘いを断るダンサーはほとんどいなかった。彼は現代を代表する創造的なアーティストとして評価されていた。いや崇拝されていたといっても過言ではない。

『ロミオとジュリエット』をミュージカル化しようというロビンズの案は、当時としてはじつに斬新だった。当時のブロードウェイのミュージカルはどれも、最初から結末がわかっている青写真にもとづいていた。男性主役と女性主役がいて、ふたりは歌ではなく台詞で物語を進行させるのだった。コーラスがいて、ダンサーたちがいて、豪華な装置があり、各場面の真ん中あたりにいくつかのデュエットが挿入されていた。バレエでは物語とダンスが一体となっており、オペラでは会話は歌われ、音楽が舞台上の役者たちに劣らずドラマを盛り上げる。だが当時のミュージカルは、プロットと歌とダンスが融合していなかった。

ロビンズはこれまでとはどこか違うものを作りたかった。彼は後にこう語った。「大望を抱いているおれたち3人が、それぞれの才能を注ぎ込もうじゃないか。どうしてレナードがオペラを、アーサーが芝居を、おれがバレエを書かなくちゃならなかったのか、考えてみよう」。3人は、現代的な、だが歴史に残るような何かを創造したかった。バーンスタインとローレンツは、反人種差別暴動を報じる新聞記事を読んで、プエルトリコ人と白人の恋愛を主題にしたミュージカルにしようと提案した。その男女それぞれの家族は、対立するギャングと関係している。タイトルは『ウエスト・サイド物語』で決まりだ。

その後の数年間、3人は台本、楽譜、振り付けのアイディアを見せ合った。何ヵ月も会わないときは、草稿を送り合った。だが5年くらい経ったとき、ロビンズはもう我慢できなくなった。彼はバーンスタインとローレンツに手紙を書いた――このミュージカルは重要なんだ。ミュージカルの新しい境地を切り拓くことになるだろう。早く台本を完成させる必要がある。スピードアップするためには、全部の場面で何か新しいことをやろうとしてはだめだ。試行錯誤しながらも、他の作品では成功しているような、伝統的なやり方でやろう。ただしその伝統を新しいやり方で組み合わせよう、と。

たとえば、彼らは主役のトニーとマリアの出会いをどうしようかと悩んでいた。ロビンズはこう提案した――シェイクスピアをそのまま使って、ダンス・フロアで出会うことにしよう。ただし現代風にする必要がある。そのダンス・フロアでは、「情熱的なマンボにのって、若者たちが即興でジルバを踊っているんだ」。

ロビンズはさらにこう提案した――トニーが敵方のギャングを殺してしまう場面では、映画の格闘シーンのような振り付けにしよう、と。「格闘シーンはすばやく始める必要がある。そうでないと観客が退屈してしまう」。トニーとマリアの劇的な出会いには、『ロミオとジュリエット』の秘密の結婚式のような何かが必要だが、同時に、オペラの演劇性と、ブロードウェイのお客さんの好きなセンチメンタルなロマン主義を融合させる必要がある、と。

いちばんの問題は、どのような演劇的伝統が真の力をもっていて、どの伝統がすでに紋切り型になってしまっているかを解明することだった。たとえばローレンツは伝統的な三幕構成の台本を書いたが、ロビンズは「2回も休憩が入ったら観客の集中力が途切れてしまう」と猛反対した。物語が次から次へと休みなく進行すれば観客は飽きない。そのことは映画がとっくの昔に証明してみせた。ロビンズはローレンツに宛ててさらにこう書いている。「しかも、きみが独自の登場人物を使って、独自のスタイルで書いた部分がいちばん好きだ。いちばんうまくいっていないのは、シェイクスピアが背後で睨んでいるみたいに感じられる部分だ」。簡単に先が見えるような登場人物は何があっても避けるべきだ。ロビンズはバーンスタインとローレンツにこう書き送っている。「アニタの性格は流れから外れている。彼女は典型的な、浪花節調の姉御タイプの脇役だ。彼女のことは忘れよう」

彼らがこの企画に着手してから８年後の１９５７年、ようやく作品が完成した。彼らはいくつかのタイプの劇場芸術を混ぜ合わせて、新しいものを生み出した。このミュージカルでは、ダンスと歌と対話が統合されて、人種差別と不正を描いたひとつの物語を作りあげている。しかもその物語は、劇場のすぐ外で売っている新聞と同じくらい「今」の物語だ。あとはスポンサーを見つけるだけだ。３人が接触したプロデューサーたちはことごとく彼らの提案を却下した。この演目は観客が期待しているものと違いすぎる、とスポンサーたちは口々に言った。結局、ロビンズが、ワシントンＤＣでの上演を後援してもいいというスポンサーを見つけた。ワシントンＤＣならブロードウェイから遠いので、もしコケたとしてもその噂はニューヨークまで届かないだろう、誰もがそう期待していた。

＊

創作過程を急発進させるためにロビンズが提案した方法、すなわち他の作品からすでに成功が証明された伝統的なアイディアをもってきて、それを新しいやり方で組み合わせるという方法は絶大な効果を上げた。これは、創造的な成功を呼び起こすために、ありとあらゆる人びとが用いてきた手だ。2011年、ノースウェスタン大学ビジネススクールの教授たちは、科学研究においてはそうした組み合わせがどのようにして起きるのかを検証しようと考えた。彼らは2013年に雑誌「サイエンス」にこう書いている。「芸術においても、科学においても、商業的な革新においても、すでにある素材を組み合わせるというのが、創造的な理論の中核をなしている。最も独創的なアイディアは古い概念から生まれる。新しいアイディアを構成する個々のブロックは、すでにある知の中にすでに具現化されている」。どうして一部の人びとは、それらの古いブロックをもってきて新たな形で組み立てることに長けているのか。研究者たちの関心はそこにあった。

研究者たち、すなわちブライアン・ウッツィとベン・ジョーンズは、自分たちのよく知っている活動に注目してみることにした。学術論文の執筆と発表である。彼らは、1万2

000以上の学術誌に発表された1790万編の学術論文のデータベースにアクセスした。彼らは考えた――個々の論文の独創性を測る客観的な方法はないが、執筆著たちが註で言及している文献を分析することで、論文の独創性を評価することはできる、と。ウッツィは著者にこう語った。「ニュートンとアインシュタインを結びつけた論文は珍しくない。この組み合わせは数千の論文に見られる。だがアインシュタインと王充《おうじゅう》〔儒教批判で知られる中国の後漢時代の哲学者〕を結びつけた論文のほうが独創的だといえる。めったに見られない組み合わせだからだ」。しかも、他の研究者たちによって数千回も引用されるような最もポピュラーな論文だけに焦点を絞れば、個々の論文の独創性を評価することができるだろう。「最も頻繁に引用される論文の上位5パーセントに入るためには、何かすごく新しいことを言わなくてはならない」

ウッツィとジョーンズは、同僚のサティアム・ムヘルジーとマイク・ストリンガーの協力を得て、1790万編の論文を評価するためのアルゴリズムを書いた。個々の研究がいくつの異なるアイディアを含むか、それらのアイディアはそれ以前に同じ組み合わせで言及されたことがあるか、その論文はたくさんの人に読まれたか無視されたか、それらを調べれば、彼らの作ったプログラムは個々の論文の新しさを評価できる。そうすれば、最も独創的な論文には何か共通の特徴があるのかどうかがわかるはずだ。

分析の結果、次のようなことがわかった。独創的な論文は短く、独創的でない論文は長い。個人によって書かれたものもあるが、大多数はチームによって書かれたものである。研究職についたばかりの研究者によって書かれたものもあれば、もっと年長の研究者によって書かれた論文もあった。

いいかえると、独創的な論文を書くにはさまざまな方法があるのだ。

だがすべての独創的な論文には少なくともひとつの共通点があった。たいてい、すでに知られているアイディアを新しい形で組み合わせていた。実際、平均して最も「独創的な」論文の90パーセントはすでに公表されていて、数千人の他の科学者たちによってすでに取り上げられていた。しかし、独創的な論文では、そうした既知の概念が、誰も思いつかなかったようなやり方で問題に応用されていた。ウッツィとジョーンズは書いている。「すべての科学分野にまたがる1790万編の論文を分析した結果、明らかになったのは、科学はほとんど普遍的なパターンを踏襲しているということである。最も影響力の大きい科学は、先達の仕事のきわめて伝統的な組み合わせにもとづいているが、同時に、そこには非凡な組み合わせが混じっている」。ほとんどの場合、アイディアそれ自体よりもむしろこのアイディアの組み合わせが、その論文を重要かつ独創的な研究にしているのである。

過去50年の最も大きな知的革命のいくつかを振り返ってみれば、まったく彼らの言うとおりであることがわかる。行動経済学の分野は、企業や政府がどのように機能しているかについての見方を一変させたが、この分野が出現したのは1970年代半ばから80年代のことで、経済学者たちは、古くから知られている心理学のさまざまな原理を経済学に応用し、どうしてきわめて分別のある人間が宝くじを買うのかといった問題に答えようとした。よく知られている概念の新たな組み合わせについて、もうひとつ例を挙げるならば、今日のインターネットのソーシャル・ネットワーク企業が成長したのは、ソフトウェア・プログラマーたちが、本来はウィルスがどう拡散するかを説明するために発展した公衆衛生学のモデルを、友人たちとどのようにして最新情報を共有するかという問題に応用したからだ。今日、医師たちは複雑な遺伝子配列を即座に描くことができるが、それは研究者たちが、遺伝子がどのように進化するかを探求している実験室に、ベイズの定理を持ち込んだからである。

古い概念を独自のやり方で並置することで独創性を高めるというのは、今日に始まったことではない。歴史家は知っている――トマス・エディソンの発明のほとんどは科学の一分野から他分野へとアイディアを持ち込んだ結果である。スタンフォード大学のふたりの教授は1997年にこう書いている。「エディソンとその仲間は、彼らが最初に取り組んだ電報産業で得た電磁気という概念を用いた。その古い概念を、照明、電話、蓄音機、鉄道、鉱山などの産業に持ち込んだのだった」。研究者たちは知っている——研究所や企業は、独創性を発揮させるためにそうした新しい組み合わせを奨励している。IDEOというプロダクトデザイン会社について1997年におこなわれた研究によれば、「大ヒットしたデザインのほとんどは、まったくの異業種それぞれにおいてすでに存在していた知を結び合わせたものだった」。たとえばIDEOのデザイナーたちは、ふつうの水差しと、シャンプー容器の洩れないノズルとを合体させて、大ヒットしたミネラルウォーターの瓶をデザインした。

古いアイディアの新たな組み合わせという発想は金融業にも浸透している。金融派生商品は、元来は埃《ほこり》の分子の運動をあらわすために開発された公式と、ギャンブルのテクニックを混合させて計算する。現代の自転車用ヘルメットを発明したデザイナーは、ほとんどどんな衝撃にも耐える船体を帽子の形にデザインできるのではないかというアイディアを思いついたのだった。こうした組み合わせは子育ての分野にまで進出している。世界的ベストセラーになった『スポック博士の育児書』(1946年)は、フロイトの精神分析と伝統的な子育てを合体させたものだ。

ウッツィは言う。「私たちが群を抜いて独創的だと考えている人のほとんどは本質的には知的媒介者だ。彼らは、異業種間あるいは異集団間で知識を移動させるやり方を知っているんだ。彼らは、さまざまな人びとがそれぞれ別の場所で同じ問題に取り組んでいるさまをたくさん見てきたので、どのアイディアがうまくいくかを知っているんだ」

社会学の世界では、そうした媒介者はしばしばアイディア・ブローカーあるいはイノベーション・ブローカーと呼ばれる。ロナルド・バートという社会学者は、２００４年の論文で、大手電子機器企業の管理職６７３人を調査し、以下のことを発見した。つねに「独創的」とされるアイディアを出すのはたいてい、会社のある部門のアイディアを取り上げ、それを別の部門の社員たちに説明する才能に恵まれた人たちだった。「いくつものグループと接触のある人は、別の考え方や行動の仕方をよく知っている。いくつものグループに出入りするブローカーはアイディアを出すことが多く、そのアイディアが却下されることはあまりなく、名案だと賞讃されることが多い」。バートによれば、彼らの提案には説得力がある。他の部署でどの案が成功したか、知っているからだ。

バートは続ける。「独創性は天才のものではない。独創性というのは貿易業みたいなものである」

しかしとくに興味深いのは、イノベーション・ブローカーは特定の性格とは結びついていないことだ。いくつもの研究によれば、ほとんど誰でもブローカーになれる。正しい方向に背中を押されさえすれば。

＊

『ウエスト・サイド物語』のリハーサルが始まる前、ロビンズはバーンスタインとローレンツのところに行って、冒頭のシーンが気に入らないと言った。最初の案では、登場人物たちが台詞で自己紹介し、ストーリーの核心を説明するという、伝統的な始まり方だった。

**第一幕　第一場**

自分が所属するギャング（ジェット団）の制服を着たティーンエイジャーのA－ラブが歩いて舞台を横切ろうとする。いきなりふたりの肌の黒い少年が壁から飛び降りてきて、A－ラブを押し倒し、地面に押さえつけ、殴る。ふたりが走り去った後、A－ラブと同じ服装の少年たちが数人、反対側から走ってくる。

**ディーゼル**　A－ラブじゃないか！
**ベイビー・ジョン**　ひどくやられてる。

**アクション**　しかも、おれたちの縄張りで！

ジェット団のリーダーのリフが登場。

**リフ**　本当だ。A－ラブ、誰がやったんだ？

**アクション**　あのクソプエルトリコ人の連中だ。

**ディーゼル**　このあたりはおれたちの縄張りのはずだが。

**マウスピース**　プエルトリコの連中が家族ともども、このあたりにうじゃうじゃ押し寄せてきた。

**A－ラブ**　行動を起こそうぜ、リフ。

**アクション**　プエルトリコ人たちを痛い目に遭わせてやろうぜ。

**ベイビー・ジョン**　決闘だ！

**リフ**　あいつらのリーダーに使いを送って、決闘の時間と場所を決めるんだ。それから……。

**アクション**　一発かましてやろうぜ！

**リフ**　決を採るには、トニーを呼ばなくちゃ。

**アクション** 呼べばすぐ来るさ。さあ行こうぜ！

このバージョンの冒頭シーンでは、観客は幕が上がってから数分間でだいたいのプロットがわかる。人種の違う2組のギャングが対立し、抗争を繰り広げている。それぞれのギャングの内部には序列があって、明らかにリフがジェット団のリーダーだ。それなりの秩序もあって、決闘の前には事前打ち合わせがおこなわれるらしい。観客は舞台にみなぎるエネルギーと緊張を感じとる（「決闘だ！」）。また、トニーという人物が重要らしいということがわかる。全体として、効果的な幕開けだ。

ロビンズはこれを捨てた。彼は言った――平凡すぎる。月並みで、当たり前すぎる、と。ギャングはただ争うんじゃない。縄張りを自分たちのものとして所有しているんだ。ダンサーが舞台を自分のものにするように。移民とニューヨークのエネルギーを表現するオープニング・ナンバーは、大胆で危険でなければ。自分たち3人がこのアイディアを思いついたときに感じたのと同じものを、観客に感じさせなくては。おれたち作者自身が、さんざん苦労してきたじゃないか、とロビンズは熱弁をふるった。おれたちはユダヤ人で、いつでものけ者だった。このミュージカルは、排除され、野望を抱いた自分たち自身の経験を生かす絶好のチャンスだ。自分の情熱を舞台にのせるんだ。

ロビンズの伝記作家アマンダ・ヴェイルは言う。「ロビンズは時として粗暴になった。クリエイターが自己満足に陥るとすぐにそれを嗅ぎつけ、ふつうの人なら満足してしまうようなものにはけっして満足せず、もっと新しいものを作ろうと焚きつけた」。ロビンズはイノベーション・ブローカーだった。そして自分の周囲の者たちをも無理やりブローカーにした。

それは、後に『ウエスト・サイド物語』の「プロローグ」として歴史に残るものへと結実した。それはさらに映画のスクリーンでも再現された。それは過去60年の演劇史で最も大きな影響力をもったプロローグのひとつだ。

オープニングは音楽的で、半分ダンス、半分パントマイム。それは何よりも、ふたつの10代のギャング、ジェット団とシャーク団の抗争を凝縮している。どちらのグループも自慢げにそれぞれのユニフォームを着ている。もみあげの長い、長髪のジェット団は生き生きとして、じっとしていられず、皮肉屋でもある。シャーク団はプエルトリコ人だ。

幕が開くと、アスファルトの中庭にジェット団がいて、オーケストラの音楽にのせて、指をパチンパチンと鳴らしている。バスケットボールがフェンスにぶつかり、音楽が止まる。少年たちのひとり、リフが、怯えている持ち主にボールを返せと顎で合図する。リフの手下はそれに従い、音楽が再開する。

ジェット団は中庭をぶらぶら歩き、音楽が高まってくると、ピルエット〔バレエ用語。旋回〕をする。彼らは「イエー!」と叫び、一連のロン・ド・ジャンブ・アン・レール〔バレエ用語。空中で膝から下を動かす〕をする。この中庭は彼らの縄張りだ。彼らは貧しく、社会から無視されているが、いまこの瞬間は、この場所を所有している。

シャーク団のリーダーが登場。ジェット団の少年たちは動きを止める。シャーク団の他のメンバーたちも登場し、指をパチンパチンと鳴らし、自分たちのピルエットをしてあたりを飛び回る。シャーク団もまた、ここは俺たちの縄張りだと主張しているのだ。

双方のギャングは小競り合いをし、縄張り争いを繰り広げ、脅しや謝罪のパントマイムをする。揉めてはいるが、あからさまな格闘ではない。何十人ものシャーク団とジェット団の若者たちが、たがいを挑発しながら舞台を飛び回るが、ほとんど接触しない。そのうちに、シャーク団のひとりがジェット団のひとりを転ばす。そのジェット団は転ばせた相手を突き飛ばす。シンバルが鳴り響き、全員が取っ組み合いを始め、蹴ったり、殴ったりする。警官のホイッスルが聞こえると、全員が凍り付き、たがいに肩を組んだりして、クラプキ巡査の前で仲直りしたふりをする。

1957年に『ウエスト・サイド物語』が初演されたとき、観客はどう理解したらいいのか、わからなかった。役者たちはラフな服を着ているが、クラシック・バレエのように踊る。そのダンスは『白鳥の湖』のように形式的だが、路上での乱闘、強姦未遂、警察との小競り合いを表現している。楽団はワーグナーの管弦楽みたいなトライトーン〔三全音。「悪魔の和音」とも呼ばれる。増四度、減五度と同じ〕を響かせたと思うと、ラテン・ジャズのリズムを刻む。作品全体を通じて、役者たちは細かく交互に台詞をしゃべったり歌をうたったりする。

劇場史家ラリー・ステンペルは後にこう書いている。「『ウエスト・サイド物語』の底にある基本原則は、すべてオープニング・ナンバーの中に表現されている。聞き取れるような台詞が話される前に、あるいは歌の一節が流れる前に、本質的な情報をすべてダンスが表現している」

初日の夜、幕が下りた後の観客席は静まりかえっていた。たったいま自分たちが見たものは何だったのか。ギャングの抗争と殺人を描いたミュージカル。歌は人種偏見を告発し、ダンスではギャングたちがバレエを踊り、役者たちはオペラ歌手のような迫力で、でもスラングで歌う。

マリアのオリジナル・キャストをつとめたキャロル・ローレンスは後にこう語っている。「カーテンコールのとき、私たちは舞台に走っていって、あらかじめ決めておいた位置に立ち、手を繋いで並びました。幕が上がり、一瞬、私たちは観客を見つめ、観客は私たちを見つめました。『なんてこった、大失敗だ!』と思いました。でも次の瞬間、まるでジェローム の振り付けみたいに、観客が席から飛び上がりました。観客があんなに足を踏み鳴らしたり、大声で歓声をあげたりするのは、それまで一度も見たことがありませんでした。その間にレナードがオケピから裏を回って、最後のカーテンコールには舞台に立ちました。彼は私に近づき、抱きしめてくれました。ふたりして泣きました」

周知の通り、『ウエスト・サイド物語』は歴史上最も有名で最も大きな影響を及ぼしたミュージカルのひとつとなった。この作品は、独創性と伝統を混ぜ合わせて新しいものを作り出すことに成功した。古いアイディアをもってきて、それを新しい設定に置いたのだったが、その置き方がじつに見事だったので、観客は自分が見ているものが「ユニークだが、じつは前からよく知っているもの」であることに気づかなかった。ロビンズは自分の仲間たちを無理やりブローカーにし、彼ら自身の経験を舞台にのせさせた。「それがいちばんの収穫だった」と、ロビンズは後に書いている。

## ありのままに

『アナ雪』のチームの毎日の会議のために与えられたスペースは、大きくて、風通しが良く、居心地のいい部屋だった。壁は、城、雪の洞窟、フレンドリーなトナカイ、「マシュマロウ」という名の雪の怪物、トロールのさまざまなイメージなどを描いたスケッチで埋まっていた。毎朝午前9時に、監督のクリス・バックと、作家とアーティストからなるコアグループが、コーヒーカップとToDoリストをもって集まった。ソングライターのボビー・ロペスとクリステン・アンダーソン＝ロペスは、ブルックリンの自宅からビデオ会議システムで参加した。だいたい毎日、誰かが「時間が足りない」といって騒ぐのだった。

悲惨な試写とストーリー・トラストとの会議がおこなわれた日の翌日は、とくに不安が高まっていた。最初から『アナ雪』チームはたんに昔話をそのまま映像化するつもりはなかった。何か新しいことを語る映画にしたかった。監督のバックは著者にこう語った。「最後に王子がお姫様に接吻して、それが真の愛の姿だ、なんていう映画は作りたくなかった」。彼らはもっと大きな、少女たちは王子に救われる必要はなく、自分で自分を救えるのだ、というメッセージを発信したかった。『アナ雪』チームは、伝統的なお姫様物語を逆転したかったのだ。だからこそ、行き詰まってしまったのだ。

「本当に大胆な挑戦でした」。そう語るのは、同じくディズニー映画『シュガー・ラッシュ』を作り終えた後に、作家として『アナ雪』チームに加わったジェニファー・リーである。「だから本当に難しかった。どんな映画も緊張関係が必要です。でも『アナ雪』の場合は姉妹間の緊張関係で、どうしたら両方を愛すべき人間にできるでしょうか。私たちは嫉妬を軸とした対立の物語を作ってみたんですが、なんだかちっぽけな感じがしました。復讐の物語も作ってみましたが、ボビーは、われわれに必要なのは復讐の鬼じゃなくて楽天的なヒロインだと力説しました。ストーリー・トラストの言うことは当たっていました。映画は観客の心に訴えかけなくてはならない。でも、決まり切ったパターンを使わずにそれを実現するにはどうしたらいいか、私たちにはそれがわからなかったのです」

会議室に集まった全員が、今から1年半以内に完成させなければいけないということを知っていた。プロデューサーのピーター・デル・ヴェッチョは全員に目を閉じるように言った。

「ぼくたちはいろんなことを試してみた。まだ答えが見つからないが、それはしょうがない。どんな映画だってスムーズにはできない。失敗は成功のもとだ。これからはまずい点をあげつらうのではなく、どうすればうまくいくかを考えよう。もっと大きな夢を思い描いてほしい。もしなんでもできるとしたら、きみたちはどんな映画が観たい？」

数分間、会議室は静まりかえっていた。やがてみんなは目を開け、自分はこのプロジェクトのどこが好きなのかを語り始めた。何人かは、映画における少女の描かれ方を逆転させる好機会だと思った、と発言した。姉妹が和解するというテーマに惹かれたという者もいた。

リーが発言した。「子どもの頃、よく姉と喧嘩したわ」。彼女の両親はリーが小さい頃に離婚し、彼女は結局マンハッタンに移り住み、姉はニューヨーク州北部で高校教師になった。リーが20代前半の頃、ボーイフレンドがボートの事故で溺死した。姉は、妹の精神状態を深く理解して、必要なときにはすぐ来てくれた。「あのとき初めて、きょうだいを、自分の反映ではなく、ひとりの人間として見るようになった。この台本でいちばん気に入らないのはそこ。ふたりの姉妹がいて、一方が悪者で一方が英雄なんて、まったく現実的じゃない。現実にはそんなことはありえない。姉妹が別々に育つのは、一方が善で他方が悪だからじゃない。どちらも自分のことで頭が一杯だから別々に育つのよ。おたがいを必要としているんだと悟ったとき、和解する。私はそれを表現したい」

それから1ヵ月間、『アナ雪』チームはアナとエルサの関係に集中した。チームの誰もが、姉妹の関係を解き明かすため、自分自身の経験を振り返ってみた。デル・ヴェッチョは著者にこう語った。「自分にとって何がいちばん実感があるか、それを自分に問うてみれば、正しい物語が見つかる。自分自身の体験、自分の頭の中にあるものを素材として使うことを忘れてしまうと、行き詰まってしまうものだ。ディズニーのやり方が素晴らしいのはそこだ。自分自身をスクリーン上にのせるまで深く深く掘り下げるんだ」

ジェローム・ロビンズは共作者たちに、独創的なブローカーになるためには自分自身の体験を生かさなくてはいけないと力説した。トヨタ生産方式は、工員たちにより自由と責任をもたせることで、革新的なアイディアを生み出す彼らの潜在能力を引き出した。ディズニーのやり方はちょっと違う。ディズニーのクリエイターたちは自分自身の感情を用いてアニメの登場人物たちの台詞を書き、現実的な感情を非現実的で空想的な世界に溶け込ませる。この方法は検討に値する。誰もがアイディア・ブローカーになれる方法を示唆しているからだ。その方法とは、自分の人生を創造の素材として用いることだ。私たちは誰しも、創造の材料として自分自身の人生を振り返るという自然な本能をもっている。だが、ある状況で得られた洞察を別の状況へと移し替える、つまり現実と決まり切った型とを区別することができるようになるために最も重要なことは、私たちが事物に対してどう感じるのかにもっと注目することだ。アップルの共同創立者スティーヴ・ジョブズは１９９６年にこう語っている。「創造性というのはたんに物と物を結びつけることだ。創造的な人に向かって、どうやって創造したのかと尋ねても、明確な答えは得られないだろう。彼らはそんなふうにしてやったのではなく、ただ何かを見ただけなのだ。彼らにとってはごく自然なことなのだ。なぜなら彼らは自分の経験を結び合わせて新しい物を作りあげる能力に恵まれている。どうやってその能力を身につけたかといえば、彼らは普通の人たちよりも多くの経験をし、その経験について普通よりも深く考えてきたからだ」。いいかえれば、自分が物に対してどう反応し、どう感じるかに注目する術《すべ》を身につけさえすれば、誰もが独創的なブローカーになれる。

ディズニー・アニメーションの社長エド・キャットマルは著者にこう語った。「創造性をどう考えるかという点で、ほとんどの人は視野が狭すぎる。そこで私たちは膨大な時間を費やしてみんなに発破をかけ、自分自身の内部をもっと深く掘り下げ、奥のほうを見て、何か本当にリアルで、スクリーン上の登場人物にしゃべらせたら素晴らしく効果的な何かを発見させるよう、つとめている」

この方法が効果的なのは映画やブロードウェイだけではない。たとえばポストイットを発明した化学技師は、教会で使う讃美歌集に挟んだ栞《しおり》が年じゅう落ちるので、しっかりくっついて落ちない物を作ろうと考えたのだった。セロファンを発明した化学者は、なんとかワインの染みからテーブルクロスを守ろうと必死に考えたのだった。粉ミルクの発明は、部分的には、夜中に赤ん坊に食事を与えることに疲れ果てたある父親の、野菜の栄養を粉末にするというアイディアに負っている。これらの発明は、自分自身の人生をイノベーションの材料として利用することから生まれたのだ。ここで注目すべきは、どの事例においても、発明家たちはある種の精神状態にあったということだ。私たちは、必要に迫られたとき、自分自身の経験の中に隠されているものを発見しやすい。パニック状態や欲求不満を抱えているとき、私たちは古いアイディアを新しい状況の中へと投げ込んでみる。これは心理学では「創造的自暴自棄」と呼ばれている。もちろんすべての創造がパニックに依存しているわけではない。だが認知心理学者ゲイリー・クラインの研究によると、画期的発明のおよそ20パーセントは、『アナ雪』チームが抱えていたような、あるいはロビンズが共作者たちに与えたプレッシャーのような、ストレスに似た不安から生まれるという。発明者たちの多くは不安や懸念を抱いていたのだ。

ストーリー・トラストとの会合から数ヵ月後、ソングライターのボビー・ロペスとクリステン・アンダーソン＝ロペスの夫婦は、書かねばならない歌について頭を悩ませながら、ブルックリンのプロスペクト・パークを歩いていた。そのときクリステンが尋ねた。「もし自分がエルサだったら、どんな感じかしら？」。ブランコを通り過ぎ、ジョギングする人びととすれ違いながら、夫婦は、もし自分が呪われていて、自分では制御できない能力のために人びとから嫌われていたとしたらどうするだろうか、と話し合った。「つねに善良であろうと努力しているのに、まわりからはつねに嫌われているとしたら、どんなふうに感じるかしら」とクリステンは尋ねた。

クリステンには覚えがあった。娘に、自然食品ではなくアイスクリームを食べさせているときに感じた、まわりの親たちの冷たい視線。ボビーといっしょに行ったレストランで、しばしの安らぎを求めて娘をiPadで遊ばせていたときの、まわりの侮蔑的な視線。クリステンは超自然的な魔力を背負わされているわけではなかったが、まわりから冷たい目で見られるのがどんな感じなのかはよく知っていた。「どうして私が責められなくてはいけないの？」という感じだ。私は仕事で成功したいと思う。そのどこが悪いのか？　良き母でありたいと思うし、良き妻でありたいと思うが、同時にソングライターとしても成功したい。だから必然的に、手作りのお弁当とか、レストランでディナーを食べながらおしゃれな会話をするなんてことは無理だし、礼状を出したりメールに返信したりする時間もない。すべてに完璧じゃないからといって、謝らなくてはいけないのだろうか。謝る必要なんてない、クリステンはそう思った。だから欠陥があるからといって、エルサも謝る必要はないはずだ。

クリステンはボビーに言った。「エルサはこれまでずっと、すべてをちゃんとやろうと努力し続けてきたわ。それなのにいま彼女は、自分自身でいようとすることで罰を受けている。ここから抜け出す唯一の道は、あれこれ心配するのはやめて、すべてをあるがまま《レット・イット・オール》にする《・ゴー》ことよ」

ふたりは歩きながら、歌詞の一部を口ずさみ始めた。ボビーがこう提案した——毎晩娘たちに読んで聞かせているような、昔話の語り始めみたいに始めたらいいんじゃないか、と。クリステンはこう言った——その次にエルサが、いい子でいることのプレッシャーについて語るの、と。クリステンはベンチから飛び上がった。「エルサは少女から大人の女に変わるの。成長するっていうのはそういうことでしょ。あれこれ気を揉んでいないで、あるがままにすればいいのよ」

クリステンは、まわりの木々やゴミ箱といった聴衆に向かって、頭に浮かんだ歌詞を歌ってみた。エルサはいい子でいることをやめ、他人がどう思うかなんてもう気にしない。

クリステンが即興で口ずさんだメロディを、ボビーはｉＰｈｏｎｅで録音した。

クリステンは両腕を広げた。

ありのままに、ありのままに
いい子でいるのはもうやめた

「サビはこれで決まりだね」とボビーが言った。

アパートに帰ると、ふたりは間に合わせのスタジオでラフな原案を録音した。背景には、階下のギリシア料理店の、皿のガチャガチャという音が入っていた。翌日、彼らはそれをメールに添付して『アナ雪』チームに送った。曲の一部はパワー・バラード、一部はクラシックのオペラだったが、そこにはクリステンとボビーの欲求不満と、他人の期待はどうでもいいと思った瞬間の解放感がこめられていた。

翌朝、会議室に集合した『アナ雪』チームはみんなでその曲を聴いた。ディズニーの音楽部門のトップ、クリス・モンタンがばんとテーブルを叩いた。

「これだ！　これこそが私たちの歌だ。この映画が言おうとしているのは、これだ！」

リーが言った。「映画の最初の部分を書き直す必要があるわね」

リーは後に著者にこう語った。「うれしかった。ほっとしました。あんなに長い間苦しんできましたが、『レット・イット・ゴー』を聴いた瞬間、突き抜けた感じがしました。イメージが明確になったのです。それまで頭の中にたくさん断片が入っていましたが、誰かがそれを登場人物を使って描き、具体的にしてくれる必要があったのです。『レット・イット・ゴー』によって、エルサも私たちと同じように考えることができるようになったのでした」

## 創作のプロセス

7ヵ月後、最初の3分の2ができあがった。チームは映画に必要な緊張感を盛り上げながら、アナとエルサの両方をみんなから愛されるキャラクターにすることができた。そして姉妹を、問題を抱えているが希望はあるというふうに描くことができた。雪だるまのオラフさえ作りかえられ、愛すべき脇役に変わった。すべてが適切な場所におさまった。だが、結末をどうしたらいいかがわからなかった。

ウォルト・ディズニー・アニメーション・スタジオの社長アンドリュー・ミルスタインは言う。「巨大なパズルみたいだった。私たちはすべてを試した。アナが自分を犠牲にしてエルサを救う、という結末にすることは決まっていた。姉妹の間には真の愛があるのだと訴えたかった。でもその結末を、リアリティのあるものにしなくてはならない」

ディズニーでは、行き詰まっている映画人を「空回り」と呼ぶ。「空回りするのは、プロジェクトを異なった角度から見ることを忘れてしまったからだ」と、エド・キャットマルは言う。制作プロセスのほとんどは、作品から距離を置けるかどうか、つまり作品にのめり込みすぎないようにできるかどうかにかかっている。だが『アナ雪』チームは自分たちの姉妹イメージに慣れすぎてしまい、映画の基本線ができたことで安心しすぎ、行き詰まりが打開されたことで気分が楽になり、他の可能性がいっさい見えなくなってしまった。

長期間にわたる制作に携わったことのある人なら誰でもこの問題を知っているはずだ。イノベーション・ブローカーがさまざまな異なる視点を合体させると、しばしば創作エネルギーが流出してしまう。ちょっとした緊張、たとえば締め切りが迫っているという焦りや、畑の違う人びとがそれぞれのアイディアをすり合わせるときに生じる摩擦、もっとやれという同僚たちの圧力などがあると、創作エネルギーは高まる。そしてこうした「緊張がより大きな創作力を生む。なぜならそうしたすべての違いが、多様な思考の引き金を引き、他の人の視点でものを見ることを強制されると、何か新しいものが見えてくるからである」と、ハーバード大学ビジネススクールで創造心理学を研究しているフランチェスカ・ジーノは書いている。「ところが大きな問題が解決すると、その緊張がなくなって、みんなが同じ方向からものを見るようになる。みんなが同じような考え方をするようになり、他の可能性がすべて視野から消えてしまう」

『アナ雪』チームはそれまで抱えていた問題をほとんど解決した。彼らは自分たちがこれまでに築いてきた成果を捨てたくなかった。だが、映画をどう終わらせたらいいかがわからなかった。キャットマルは言う。「柔軟性が衰えると、すぐに行き詰まってしまう。それまでに築いてきたものをどうしても手放したくないからだ。だが前進するためには、時にはいちばん大事なものを手放さなくてはならないこともある。自分がそれまで必死になって築いてきたものにしがみつくと、どうしても行き詰まりを打開できない」

そこでディズニーの経営陣は方針を変えた。

キャットマルは言う。「大なたを振るわなくてはならなかった。ショック療法が必要だった。そこでジェン〔ジェニファー〕・リーを副監督に任命した」

ある意味で、この変更はそれほど大きな変化をもたらさないはずだった。リーはすでにこの映画の作者に名を連ねていたのだから。リーを、クリス・バックと同等の権限をもった共同監督に任命しても、毎日の会議の出席者は変わらない。新しいスタッフが加わるわけでもない。実際、リー自身が、自分もみんなと同じように行き詰まっていると告白した。

だがディズニーの経営陣は、チームの力学をほんのわずかでも変えることで、みんなを行き詰まりから救えるのではないかと期待したのだ。

＊

1950年代、ジョゼフ・コンネルという生物学者が、カリフォルニアの自宅から、しばしばオーストラリアへ熱帯雨林や珊瑚礁の調査に出かけるようになった。彼が抱いていたのは、どうして世界のほとんどの地域では生態系が単調なのに、ほんのいくつかの地域では驚くほど多様なのか、という疑問だった。

コンネルは、ふたつの理由からオーストラリアを選んだ。第一に、彼は新しい言語を学びたくなかった。第二に、オーストラリアの熱帯雨林と珊瑚礁は、ごく狭い範囲に生物学的多様性と均質性の理想的な例が隣接していた。オーストラリアの海は、何百種もの珊瑚、魚、海藻が密集して生息しているところもあれば、そこからほんの数百メートル離れると、外見はまったく同じ海に見えるのに多様性が激減し、珊瑚や植物が1種類か2種類しか見られないところもある。同様に、オーストラリアの熱帯雨林の何ヵ所かは数十種類の樹木、地衣類、キノコ類、つる植物が隣どうしで繁栄しているが、ほんの数百メートル離れると1種類しか生えていないこともある。どうして自然の多様性（これはいいかえれば、独創的なものを生む能力ということだ）はこれほど不均等に分布しているのか、コンネルはそれが知りたかった。

彼は手始めにクイーンズランドで、林冠〔樹木の上部だけが密集〕の森からユーカリの森までありとあらゆるものがそろっている3万平方メートルの熱帯雨林、海のすぐ近くに球果植物とシダが繁茂しているディンツリー熱帯雨林、木が密集しているために真昼でも地面にほとんど陽が差さないというユンゲラ国立公園を調査した。コンネルは来る日も来る日も森の中を歩き回ったが、時として、おそろしく多様な植物が生えている場所が、なんの前触れもなく出現するのだった。ところがそこからまた数分歩くと多様性は激減し、1種類か2種類の植物しか見られなくなった。この多様性と均質性の差をどう説明したらいいのか。

じきにコンネルは、多様な植物が生えている場所にはある共通点があることに気づいた。たいてい大きな木が倒れた形跡があった。腐った木の幹があったり、地面に深い穴があいていたりすることもあった。地面のすぐ下に焦げた木が見つかることもあった。おそらく雷が落ちて木が焼け、その後、森の高い湿度によって火が消えたのだ。

コンネルはこう信じるに至った――そうした倒れた木や焼けた木が、多様な植物の繁栄にとって決定的な役割を演じた、と。なぜだろうか？「木が枯れたり焼けたりすると、そこにぽっかり穴ができ、そのおかげで陽が差すようになり、多様な植物が育つ」と、コンネルは著者に語った。コンネルはすでに退職し、サンタ・バーバラに住んでいるが、当時のことを鮮明に覚えていた。「私がそれらの場所を発見するまでに何年も経っていたので、その場所には新しい木が生え、ふたたび太陽を遮っていたが、それまで一定の期間は陽が差していたので、その間にさまざまな植物がある程度の縄張りを築くことができた。何らかの事件が、新しい植物の進出を可能にしたというわけだ」

木が倒れたり焼けたりしなかった場所では、ある1種類の植物が支配し、ライバルたちを排除した。いいかえると、あるひとつの種が生存の問題を解決すると、他の生存方法を排除する。ところが何らかの原因で生態系がわずかでも変化すると、またたくまに多様性が広がるのだ。

コンネルは言う。「ただし、ある程度までだ。もし森にできた隙間が大きすぎると、逆効果になってしまう」。森林業者が広範囲に伐採したり、大嵐が森林のかなりの部分をなぎ倒したり、火事が広がったりすると、数十年経ってもわずかな種類の植物しか生えない。ある生態系につけられた傷が大きすぎると、いちばん強い木あるいはつる植物だけが生き残るのだ。

次にコンネルはオーストラリアの海岸沿いに珊瑚礁を調査した。彼はそこでも同じパターンを発見した。いくつかの場所では恐ろしく多様な珊瑚や海藻が生えていたが、ボートで数分離れると、成長の早い種類の珊瑚だけが一帯を支配していた。コンネルは、その差の原因が波と嵐の頻度と強度であることを発見した。生態系が多様である場所は、ときどき中程度の波と適度な嵐が来た。一方、波も嵐も来ない場所ではほんのわずかな種類だけが支配していた。波があまりに強く、頻繁に嵐が来る場所は、珊瑚が洗い流されてしまうのだった。

自然の創造能力は、木が倒れるとか時々嵐が来るといった、定期的な災害によって環境が一時的に変化することに依存しているかのようだ。ただしその災害は大きすぎても小さすぎてもだめだ。ちょうどいいサイズではないといけないのだ。コンネルによれば、「中くらいの災害が大事なのだ」。

生物学の世界では、これは中度災害仮説と呼ばれている。それによれば、「局地的に種の多様性が最大になるのは、環境災害が稀でも頻繁でもないときである」。多様性を異なったふうに説明する別の理論もあるが、中度災害仮説は生物学の主要理論のひとつとなっている。

カリフォルニア州モンタレーにあるスタンフォード大学海洋研究所の所長スティーヴ・パランビはいう。「どの生息地もさまざまな種が住み着いている。だが時間が経つうちに、一種あるいは数種が勝利する」。これは「競争的排除則」と呼ばれる。環境災害が起きないと、いちばん強い種の地位が確定し、右に出る者がなくなる。同様に、大きな災害が頻繁に起こる場合も、いちばん頑丈な種だけがふたたび生えてくる。だが中程度の災害が起きると、多様な種が繁栄し、自然の創造能力が高まる。

もちろん人間の創造性は生物学的多様性とは異なる。オーストラリアの熱帯雨林の倒れた木と、ディズニーの体制変更とを比較するのは適切とはいいがたいだろう。だが、とりあえずこの比較に付き合っていただきたい。貴重な教訓を含んでいるからである。いったん強力なアイディアが根づくと、しばしば徹底的にライバルを排除してしまい、代案が出てこなくなる。だから時には、創造性に火をつける最良の方法は、陽が差してくるくらいの規模の災害を起こすことだ。

＊

ジェニファー・リーは著者にこう語った。「共同監督に任命されたとき、最初に気づいたのは、これは小さな変更だが、同時にすごくリアルだったということです。もちろん作家だったときも作品に何が必要かわかっていましたが、私の意見は大勢の声のなかのひとつにすぎなかった。防衛的だと思われたくないし、攻撃的だとも思われたくない。だって他の人たちもそれぞれの考えをもっていて、それを調整するのが私の仕事でしたから。でも、監督には責任があります。ですから監督になったとき、みんなの意見をもっと注意深く聞かなくてはと思いました。それが監督の仕事ですから。真剣に耳を傾けると、それまで気がつかなかったことに目が留まるようになりました」

たとえば一部のアニメーターたちは、主役たちの内的混乱を表現するためには、大吹雪のシーンを映画のラストに使うべきだと主張した。結末であっと言わせるために、伏線はいっさい避けるべきだと主張する者もいた。作家だったとき、リーはそうした意見をそれぞれの工夫として見ていた。だが監督になったいま、彼女は理解した——みんなが求めているのは明確さだと。大吹雪のシーンを入れるかどうかとか、何を隠して何を見せるかといった選択の一つひとつが、ある中核的なアイディアを反映しているのだ。

リーが監督になってから数ヵ月後、ソングライターのクリステン・アンダーソン＝ロペスがリーにメールを送った。それまで1年近くにわたって毎日のように、ふたりは右のような点について話し合っていた。夜はじかに会って話し合い、昼間はメールをやりとりした。リーが監督になってもふたりの友情は変わらなかったが、やや変化した。

そのときクリステンは小学2年生の娘の付き添いで、スクールバスでニューヨークの自然史博物館に向かっていた。バスの中でクリステンは携帯を取り出し、リーに長いメールを送った。

「昨日、私はサイコセラピーに行った」。彼女はセラピストと、映画をどう終わらせるかをめぐっての『アナ雪』のメンバーたちの意見対立について話し合った。リーの監督就任についても話し合った。クリステンは続ける。「私はセラピストと、人間関係の力学、政治的かけひき、権力など、クソみたいなことについて話し合った。誰の意見に耳を傾けるべきか、とか、どうやって作業を始めるか、とか。そうしたらセラピストがこう言った。『あなたはどうしてそれをやろうとするの？』。金とエゴは別として、結局、私は自分の体験を他の人と共有したいのだと思う。自分が学んだこと、感じたこと、経験したことを他の人に伝えれば、その人の助けになる。そんなふうに考えているんだわ、私は。私やボビーやあなたが語ろうとしている『アナ雪』のストーリーって、一体なんの話かしら。それは私にとっては、自分の自由意志ではなくまわりから押しつけられた役割の中で凍りつかないってことと関係がある」

リー自身がその典型例だった。映画学校を卒業してディズニーに入社したとき、離婚したばかりで、幼い娘と学生ローンを抱えていた。すぐに彼女は世界最大のスタジオのひとつのシナリオライターになった。いまやディズニーの全歴史を通じて最初の女性監督になった。クリステンとボビーもまた、自分たちを取り巻く環境から逃げ続ける人間の典型例だった。ふたりは長年、仕事で成功しようと必死だったが、誰もが、歌を書いて生活できると思うなんて馬鹿じゃないのと言った。だがいま、彼らはブロードウェイで大成功し、望んでいた生活を手に入れた。

クリステンはリーにこう書き送った——『アナ雪』の結末を決定するには、この「できる」という感覚を観客に伝える方法を見つけることが必要だ、と。

「『アナ雪』は、あなたにとっては何なの？」と、クリステンはリーに問うた。

23分後、リーから返事が来た。ロサンゼルスでは朝7時だった。

「あなたも、あなたのセラピストも素敵だわ」。『アナ雪』チームの全員がそれぞれ違った考えをもっている。ストーリー・トラストのメンバーも全員、映画をどう終わらせるかについて、自分の考えに固執している。でも、そのどれひとつをとっても、どうもしっくりこないとリーは感じていた。

しかし、結末はひとつしかありえない。誰かが決断しなければならない。リーは書いていた——正しい決断はこうだ。「恐怖は私たちを滅ぼし、愛は私たちを癒やす。アナの旅は、愛とは何かを学ぶ旅だ。すごく単純なのだ。映画の最後で彼女がフィヨルドの上で姉を見るとき、真の愛からくる究極の行動によって、彼女の愛は完成する。究極の行動とは、誰かのために自分の欲求を犠牲にすることだ。愛は恐怖よりも大きい。愛こそがすべて」

監督になったことで、リーはものの見方が変わった。監督就任はほんのわずかな変化だったが、それによって彼女には、映画が何を必要としているかが見えてきた。そして、どうやってみんなに納得させたらいいかもわかってきた。

同じ月、リーはジョン・ラセターと話し合った。

リーはラセターにこう言った。「もっとはっきりさせなくちゃ。この映画は善と悪の物語じゃない。そんなことは現実には起こらないもの。この映画は愛と憎しみの物語でもない。この姉妹は愛と憎しみのために離ればなれになったんじゃない。この映画は愛と恐れの物語。アナは愛、エルサは恐れ。アナは見捨てられたために憧れの王子の腕に飛び込んだ。本当の愛と恋愛ゲームの違いを知らなかったから。彼女は、愛とは犠牲だということを学ばなくてはならない。エルサは、自分という存在を恐れてはいけない、自分の力からは逃れられない、ということを学ばなくてはならない。自分の力を受け入れなくてはならないのよ。だから結末もそういうふうにしなくちゃ。愛は恐れよりも強い」

「もう一度説明してくれ」とラセターは言った。

リーは愛と恐れの物語をもう一度説明した。雪だるまのオラフは無垢な愛を体現し、ハンス王子は、犠牲を伴わない愛は本当の愛とは程遠い、ただのナルシシズムであることを体現している。

「もう一度説明してくれ」とラセターは言った。

リーはもう一度説明した。

「わかった。チームのみんなに話そう」とラセターは言った。

2013年6月、公開予定日の数ヵ月前、『アナ雪』チームは飛行機でアリゾナの映画館まで行き、公開試写会を催した。上映されたものは、15ヵ月前にディズニーの試写室で上映されたものとはまったく違っていた。妹のアナは陽気で楽観的だが、孤独だ。エルサは魅力的だが、自分の力を恐れていて、幼い頃たまたま妹を傷つけてしまったという記憶に苦しめられている。エルサは人里離れた氷の城に閉じこもるが、うっかり王国に永遠の冬を招いてしまい、アナの心の一部を凍らせてしまう。

アナは、王子のキスが自分の胸の氷を解かしてくれると期待して王子を探すが、彼女が見つけたハンス王子は、自分が王位に就きたいのだった。ハンス王子はエルサを投獄し、ゆっくりと凍っていくアナを見捨て、姉妹を殺して自分が王位に就こうとする。

エルサは監獄から逃げ出し、最後のほうで、凍ったフィヨルドを駆け抜け、腐敗した王子から逃れる。アナは衰弱していく。胸の中の氷が徐々に彼女の心を蝕んでいく。大吹雪が吹き荒れ、姉妹とハンスは凍った海の上で遭遇する。アナは体内の寒気のせいで死にかけている。ハンスはエルサを殺して王位を手に入れるため、剣を抜く。だが、ハンスの剣が振り下ろされようとしたとき、アナが剣の前に飛び出す。剣はエルサではなく、アナの凍った体に振り下ろされる。自分を犠牲にすることでアナはエルサを救ったのだ。この献身行為、真の愛が、アナの胸を解かす。アナは生き返り、エルサは愛する人を傷つけてしまうという恐れから解放され、自分の力を邪悪なハンスをやっつけるために使うことができる。王国の冬をどうしたら終わらせられるかもわかる。力を合わせた姉妹は敵を退治し、自分自身に対する疑いに終止符を打つ。ハンスは追放され、春が戻ってきて、愛が恐れに勝つ。

ここには、伝統的なディズニー的物語の要素すべてが含まれている。お姫様、舞踏会用ドレス、ハンサムな王子、辛辣《しんらつ》で皮肉な脇役、次から次へと流れるビートのきいた歌。だが全編を通じて、これらの要素すべてが抑制され、新しい違ったものがあらわれている。ハンス王子は魅力的ではなく、ただの悪者だ。お姫様たちは無力ではなく、おたがいを救う。真の愛は降ってくるのではなく、姉妹たち自身が自分の力を受け入れることから生まれる。

「この映画はいつのまにこんなに良くなったの？」。試写会の後、クリステン・アンダーソン＝ロペスはピーター・デル・ヴェッチョにささやいた。『アナと雪の女王』は2013年度アカデミー長編アニメ映画賞を受賞した。『レット・イット・ゴー』はアカデミー歌曲賞を受賞した。その興行収入はアニメ映画としては歴代1位となった。

だが、創造性を公式で表すことはできない。その中核には新しさ、驚き、その他の要素が必要だが、それをあらかじめ新鮮なものとして計画することはできない。それをクリアすれば必要なイノベーションが実現できるようなチェックリストは存在しない。

だが創作のプロセスは違う。創造性が開花するのを促進するような諸条件を整えることはできる。たとえば、すでに述べてきたように、古いアイディアを新たな形で組み合わせれば、イノベーションを実現しやすい。斬新で多様な複数の視野をもち、さまざまな状況下におけるアイディアを見てきたアイディア・ブローカーが、自分の手中にある多様性をうまく利用できれば、成功率は高くなる。どんなにクリエイティブな人でも時には行き詰まるものだが、適正な規模の改革をほどこせば、ちょっとした障害のおかげでその行き詰まりが打破できることもある。

*

もしブローカーになり、自分の創作プロセスの生産性を上げたかったら、次の3つのことが役に立つ。第一に、自分の経験に対して敏感であること。自分の思考や感情を作りあげたのが何であるか、よく考えてみること。そうすれば、陳腐な思考と真の洞察との違いがわかる。スティーヴ・ジョブズの言葉を借りれば、最良のデザイナーとは「自身の経験について、人よりも多く考えてきた」人のことである。同様にディズニー方式は映画制作者たちに、自分の内面を見て、自分の感情や経験について考え、想像上の登場人物たちが生き生きとするような答えを見つけるようにと促す。ジェローム・ロビンズは『ウエスト・サイド物語』の共作者たちに、自分の野心や感情を舞台にのせるようにと圧力をかけた。創造の素材として自分の人生を振り返り、自身の経験を広く世界に広めろ、と。

第二に、創造のプロセスでパニックやストレスを経験したからといって、すべてがだめになるわけではないということを知るべきである。むしろその経験によって、何か新しいものを見つけられるような柔軟性が身につく。創造のプロセスで追いつめられることは大事だ。不安を覚えると、古いアイディアを新しい角度から見られるようになることが多い。停滞から抜け出すには、自分がこれまで見てきた伝統や因襲を見直し、それを新たな問題に応用するのがいちばんだ。苦労は買ってでもしろというではないか。

第三に、創作プロセスにおける大前進は心地よいが、他の可能性を見えなくしてしまう危険性があることを忘れてはならない。自分が作っているものからつねに一定の距離を保つ必要がある。自己点検を怠り、緊張感を失うと、ひとつのアイディアが他のすべてを駆逐してしまう。その批判的距離を取り戻すには、自分がすでに成し遂げたことを綿密に再検討する、それをまったく異なる視点から見る、部屋の中の力関係を変える、それまで権限を与えられていなかった誰かに権限を与える、などの方法がある。失敗は成功のもとだ。挫折と障害を受け入れることで、明晰な眼力を保つことができる。ただしそのためには、障害が大きくなりすぎないよう、つねに気をつける必要がある。

以上が、これまで紹介してきた事例すべてに共通する教訓だ。実際、創作プロセスは分解してはじめて説明できるようなものだ。どうしてこのことが大事かといえば、誰もがもっとクリエイティブに、誰もがイノベーション・ブローカーになれるということを意味しているからだ。誰にも経験と手段があり、自分をブローカーに変身させてくれるような障害や緊張関係がある。絶望的な状況や混乱を受け入れ、古いアイディアを新しい視点から見られるようになれさえすればいいのだ。

エド・キャットマルは著者にこう語った。「創造性とはたんなる問題解決のことだ。いったん問題解決だとわかると、創造性は神秘的ではなくなる。当然だ。創造性は神秘的なんかじゃない。ブローカーというのは、どこに問題があるか、自分は以前それをどうやって解決してきたかに深く注意を注ぐ人たちのことにすぎない。最もクリエイティブな人とは、恐れを抱くことは良い前兆であることを知っている人たちのことだ。創造性が湧き出してくるまで自分自身を信じなくてはいけない」

# 第8章　データを使えるようにする

## ――情報を知識に変える、市立学校の挑戦

### 成績アップの理由

サウスアボンデール小学校でのこと。児童たちが席に着くと、スピーカーから声が流れた。

「校長のメーコンです。これからホット・ペンシル・ドリルを始めます。準備はいいですか。テスト用紙はちゃんとありますか。さあ始めますよ。5、4、3、2、1。始め！」

2分33秒後、8歳のダンテ・ウィリアムズは勢いよく鉛筆をおくと、高く手を挙げ、じれったそうに手を振った。教師がテスト用紙のいちばん上に時間を書いた。ダンテは立ち

上がり、教室から飛び出し、テスト用紙を握りしめ、両腕を振って廊下を走った。

3年前の2007年、ダンテが幼稚園に入った頃〔幼稚園も小学校に含まれる〕、サウスアボンデール小学校はシンシナティ市で最低レベルの学校のひとつだった。シンシナティ市にはオハイオ州で最悪の学校がいくつもあった。ということは、サウスアボンデール小学校は州で最悪の学校のひとつだったということだ。その年、サウスアボンデールの児童たちは共通テストの成績があまりに悪かったので、市当局は同校に対し「非常事態」を宣言した。ダンテが初めてこの小学校に登校するほんの数週間前、同校で「ピース・ボウル」という名称のアメフト大会が開催されていたとき、近所で少年が殺害された。銃弾が頭に一発、背中に一発撃ち込まれていた。かねてより同校は機能不全に陥っていて、成績は悪く、しかも、同校が抱える問題はあまりに大きくて解決不可能だと見なされていた。そこにこの殺人事件が加わったため、ついに市当局は教育委員会に、閉校すべきではないかと提案したのだった。しかし、ダンテとその級友たちをどこに送るべきか。近隣の小学校はどこも成績がサウスアボンデールと大差ないので、もし児童が増えたら学級崩壊は避けられないだろう。

サウスアボンデール小学校の周辺地域は数十年前から貧しい地区だった。1960年代には人種暴動が起き、70年代に付近の工場が閉鎖されるようになると、失業率が急騰した。

サウスアボンデールの教師たちは、児童たちの栄養状態が悪く、しばしば虐待の痕があることに心を悩ませていた。80年代になると学校周辺での麻薬取引が盛んになり、一向に収まらなかった。時には暴力事件が多発し、警察が授業中に学校周辺をパトロールすることも珍しくなかった。「怖い場所でした」と、２００９年から13年まで校長をつとめたイズベッタ・メーコンは語る。「他に行く学校がないという子どもだけがサウスアボンデールに通っていたのです」

ただ、まったく問題がなかったのは財源だ。シンシナティ市はサウスアボンデール小学校に数百万ドル注ぎ込んでいたし、プロクター・アンド・ギャンブル社のような地元企業がコンピュータ室を寄贈したり、個人教授の費用を負担したり、スポーツ・プログラムを支援したりした。サウスアボンデール小学校の問題に対処するため、市は同校の児童全員に、たとえば市の反対側にある公立モンテッソーリ小学校のような、裕福な地区の小学校の3倍もの補助金を出していた。サウスアボンデールには、熱血教師たち、献身的な図書館司書、熱心な補習教師、読書の専門家がいたし、幼児教育の専門訓練を受けたガイダンス・カウンセラーが、児童の保護者が州や連邦政府の補助金を申請する手助けをしていた。

同校はまた、高度なソフトウェアを使って各児童の成績と日常行動を追跡調査していた。同校の事務局はデータを集積し、シンシナティ公立学校協会は、サウスアボンデールの児童一人ひとりの個人ウェブサイトを構築していた。そこには児童の出席状況、試験の成績、宿題や予習をやったかどうかについてのデータがアップされていて、保護者や教師がそこにアクセスして、誰が向上して誰が遅れているかをチェックすることができた。教師陣のもとには定期的に、週単位・月単位・年単位での、各児童の成績に関する情報が送られてきた。サウスアボンデール小学校は、教育におけるビッグデータ活用の最前線にいたわけである。「すべての小学校は、データ活用文化を発展させるための明確な戦略をもたなくてはならない」と、シンシナティ市の指針を決定した合衆国教育省のレポートには書かれている。個々の児童の統計を詳しく調べることで、教育者は、個々の児童がいちばん必要としている支援を自分がちゃんと与えているかどうかをチェックすることができる。

シンシナティ公立学校協会の調査・評価部長のエリザベス・ホルツァップルは言う。「私たちはどんなアイディアも新しいプログラムも取り入れました。データとその分析が他の地域をどれほど変革したか、すでに見てきましたから」

だが、サウスアボンデール小学校にはいっさいなんの変革も見られなかった。個人ウェブサイトが導入されてから6年後、同校の90パーセント以上の教員が、ウェブサイトはほとんど見たことがないし、市から送られてきたデータを使ったこともないし、毎週送られてくるレポートも開いたことがない、と答えたのである。2008年、同校の3年生の63

パーセントが、州の教育最低基準を下回っていた。

そこで同年、シンシナティ市は違う方法を試してみることにした。市当局は、サウスアボンデールを始め、成績の悪い16の小学校を対象に、後に「エレメンタリー・イニシアティブ（EI）」と呼ばれるようになるものに着手した。この作戦は消去法であるところに最大の特徴があった。すなわち、これらの学校に対しては助成金の追加はしない、教員数も増やさない、補習はおこなわない、放課後の活動もおこなわない、職員も児童会も現状のままとする。

EIは一方で、教室における教員の判断を変えることに焦点を定めた。その方針の背後にあったのは、データには変革力があるが、それはデータの使い方を知っている場合に限る、という考えである。児童たちの生活を変えるには、教員が、すべての解答用紙と統計とウェブサイトを、洞察と計画に変換する方法を学ばなくてはならない。教員は、データが児童たちの行動に影響を与えるようになるまで、データに取り組まなくてはならない。

EIが開始されてから2年後、ダンテは3年生になったが、その頃すでにこのプログラムは大きな成功をおさめ、ホワイトハウスでも自治体内部改革の成功例としてもてはやされていた。サウスアボンデール小学校のテストの成績は急上昇し、州当局により「秀逸」と判定されるほどになっていた。ダンテが4年生になる頃には、級友の80パーセントの読書力は標準レベルに達し、84パーセントが州の共通算数テストに合格していた。州の標準レベルに達した児童は4倍になっていた。学区評価には、「サウスアボンデールでは2010／11学年度に児童の成績が劇的に向上し、同校の雰囲気をがらりと変えた」と書かれている。同校の変化があまりに劇的だったので、アメリカじゅうの調査員たちが、EIのどこが優れていたのかを調べるためシンシナティに押し寄せた。

調査員たちがサウスアボンデール小学校を訪れたとき、教員たちは、学校変革の最も重要な要素はデータだったと語った。地区が長年にわたって蓄積してきたあのデータのことだ。教員たちは口々に、「データ中心文化」が自分たちの教室での判断を大きく変えたと語った。

だが調査員たちから突っ込まれると、教員たちはこう洩らした――じつはウェブサイトも、市から定期的に送られてくるメモも報告書もほとんど読んだことがない、と。実際、EIが成功した最大の要因は、教員たちが複雑なデータ処理装置やソフトウェアのことは忘れて、自分の手で情報を処理するようにと命じられたことだった。

各学校は市当局から「データ室」を設置するようにと命じられた。使われていない会議室や、掃除道具が置かれていた物置がそれに用いられた。教員たちはそこで、テストの成績を分類カードに写すようにと命じられた。厚紙にグラフを描き、それを壁に貼るのだった。教員たちは、読書グループの人数を減らしたら成績は上がるか、とか、教師が受け持ちクラスを交換したらどうなるか、といった実験を思いつき、それを実践してみて、その結果をホワイトボードに書きつけた。教員たちは、たんに情報を受け取るのではなく、情報を積極的に操作することを求められたのだ。ＥＩが成功したのは、教員たちが、受動的にデータを受け取るのではなく、それを「非流動的」にした、つまり流れにくくしたからだ。そうなると最初は処理しにくいが、ひとたびそれを理解すれば定着しやすい。統計を手で書き出したり、自分の先入観を反省したりすることで、教員たちは自分の受け取った情報をどう利用したらいいかを体得したのである。皮肉な話だが、ＥＩはデータを、より扱いにくいが、より利用しやすいものに変えた。そしてその分類カードや手書きのグラフが、より優秀なクラスを出現させたのである。

「データ室では何か特別なことが起きたのです」とメーソン校長は言う。サウスアボンデール小学校のレベルが向上したのは、教員たちがより多くの情報を得たからではなく、彼らがそれをどう理解するかを学んだからである。メーソンは続ける。「インターネットやグーグルを使えば、ほとんどどんな問いに対しても数秒で答えが見つかります。でも答えを見つけることと、それが何を意味しているのかを理解することは違うのだということをサウスアボンデールは実証したのです」

## 情報失明

ここ20年間に、私たちの生活に流れ込む情報は急増した。スマートフォンは歩数を計ってくれ、ウェブサイトは出費を記録してくれ、デジタルマップは通勤経路を考えてくれる。私たちがどのウェブサイトにアクセスしたかを記録するソフトウェアもあれば、スケジュールを管理してくれるアプリもある。毎日どれくらいのカロリーを摂取しているか、コレステロール量が毎月どのように変化しているか、外食にいくら使っているか、毎週どれだけの時間ジムにいるか、そうしたすべてを正確に知ることができる。そうした情報は計りしれない力をもっている。正しく利用すれば、データは私たちの生活をより生産的にし、食事をより健康的にし、学習をより効果的にし、ストレスを減らしてくれる。

しかし残念ながら、情報から何かを学びとる能力は、情報の急増に追いついていない。出費やコレステロールをチェックすることはできるが、それでもしばしば、食べてはいけない物を食べ、買ってはいけない物を買ってしまう。レストランを選ぶとか、どのクレジットカードに入会するかといった情報の簡単な使い方も、けっしてより簡単になったとはいえない。おいしい中華料理の宅配店を探すには、グーグルで探すのがいいか、フェイスブックを見るのがいいか、友だちに電話して訊くのがいいか、インターネットの履歴を見て前回どこに頼んだのかを調べるのがいいのか。どのクレジットカードに入会するかを決めるには、インターネットの案内サイトを見るのがいいか、取引銀行に訊いてみるのがいいか、食卓に山積みされているダイレクトメールを読んでみるのがいいか。

　理論上は、情報の爆発的急増によって、適切な答えを得ることはより簡単になったはずだ。だが実際には、データが増えれば増えるほど、決めるのがますます難しくなることも多い。

　データが増えるとそれだけデータを利用できなくなるというこの現象は「情報失明」と呼ばれている。雪による（一時的）失明とは、一面の雪を見ていると木と地面を見分けられなくなることを意味するが、それと同じように「情報失明」とは、データが多すぎると、データを受け付けなくなることを意味する。

　２００４年、コロンビア大学の研究者グループが情報失明に関する調査結果を発表し、４０１（k）〔税制上の特典がある個人年金制度〕に申し込む人と申し込まない人がいるのはなぜか、という問いに答えようとした。この調査は、４０１（k）個人年金への加入の機会を与えられた数百の企業のほぼ80万人を対象にしていた。多くの労働者にとって、この老後プランに加入することは簡単な選択だったはずだ。４０１（k）は税制上の大きな特典があり、しかも多くの企業はそれに加えてそれなりの褒美を用意していた。ストレートに報奨金を払う企業もあった。労働者がふたつの401(k)プランに関する情報を提供された企業では、75パーセントが加入した。労働者たちは調査員に、加入するのは当り前だと思ったと語った。ふたつのパンフレットを読み、納得のいく、退職後の預金の増え方が大きいほうを選ぶだけのことだった、と。

他の企業でも、たとえ提示されたプランの数が増えても、加入者数はあいかわらず多かった。25の異なるプランを提示された場合でも、72パーセントが加入した。

ところが30以上のプランを提示されると、変化が生じるようだった。受け取る情報量が多くなりすぎると、正しい選択ができなくなり、時にはどれも選ばなくなってしまった。39のプランを提示されると、401(k)に加入する率は65パーセントまで下落し、60のプランを提示されると、53パーセントまで落ちた。調査結果によると、「選択肢が10増えるごとに、加入率は1・5〜2パーセント下がった」。401(k)に加入するのは正しい選択だったにもかかわらず、情報が多くなりすぎると、人はパンフレットを引き出しにしまい込み、二度と見ようとはしないのだった。

「多くの事例で、同じような傾向が見られる」と、スイスのザンクトガレン大学教授で、情報過多の専門家であるマルティン・エプラーは言う。「一般的には、関連情報をより多く受け取ると、決断の質はよくなる。しかしデータが多くなりすぎると、脳はある限界点に達してしまう。人の意見を無視するようになり、まちがった選択をしたり、情報に向き合うことを拒否したりするようになる」

情報失明が起きるのは、私たちの脳の学習能力の進化の結果だからである。ヒトは情報の吸収に群を抜いて優れている。データを、より小さな断片に分割できるからだ。このプロセスは「選別」とか「足場作り」と呼ばれている。脳の足場は、フォルダーの一杯入ったキャビネットのようなものだ。私たちはそこに情報をしまっておき、必要に応じて取り出すことができる。たとえばレストランで分厚いワインリストを渡されても、自分が飲みたいワインが選べないという人はいないだろう。私たちの脳は、自分がワインについて知っていることを、二者択一が利用できるような、カテゴリー別の足場に整理することができ（「私の飲みたいのは白か赤か？　白だ！」）、それをさらに細かいカテゴリーに分け（「高いほうか、安いほうか？　断じて安いほうだ！」）、最終的な比較をして（「6ドルのシャルドネか、7ドルのソーヴィニョン・ブランか？」）、すでに習得している自分の好みを思い出し（「私はシャルドネが好きだ！」）、決定する。たいてい私たちはこれを高速でおこなうので、そういう過程を経ていることすら自分では気づかない。

意思決定について研究しているコロンビア大学の認知心理学者エリック・ジョンソンは

意思決定のプロセス

言う。「私たちの脳は物事を2つか3つの選択肢に還元する。そこで多数の情報に接すると、私たちは自動的にその情報を、脳のフォルダー、フォルダーの中のサブフォルダー、サブフォルダーの中のサブサブフォルダーに分類しようとする」

膨大な情報を細かい断片に分解することによって消化するというこの能力がそなわっているおかげで、私たちは情報を知識に変えることができる。どのフォルダーを開けばいいかを覚えておけば、ある状況にどの事実や教訓をあてはめたらいいかが即座にわかる。専門家と初心者の違いは、ひとつには、頭の中に入っているフォルダーの数だ。ワイン愛好家はワインリストを見たとたん、豊作年とか地域に関する膨大なフォルダーを動員するが、初心者の場合にはそういうことは起こらない。ワイン愛好家は、情報をどう整理するか（まず収穫年を選び、それから値段を見る）を心得ているため、情報に圧倒されてしまうことはない。だから初心者がワインリストを端から丁寧に見ている間に、愛好家はほとんどのページを飛ばして、お目当てのページに直行するのだ。

だから４０１（k）加入のプランを60も提示され、それを分類する方法がわからないと、私たちの脳は二者択一に飛びついてしまう――これらすべての情報を理解すべきか、それとも全部引き出しにしまい込んで無視するか。

情報失明を克服するひとつの方法は、目の前にあるデータにとにかく取り組んで、それらの情報を一連の質問あるいは選択肢に変換して、情報を操作することだ。この方法は「創造的非流暢性」と呼ばれることがある。ちょっとだけ面倒な作業をする必要があるからだ。何も考えずにハウスワインを選ぶ代わりに、一連の自問自答をする（「白か赤か」「高いほうか安いほうか」）。４０１（k）のパンフレットを全部引き出しにしまってしまうのではなく、各プランの利益を比較したうえで選択する。そのときはちょっと面倒だと思うかもしれないが、情報失明を避けるには、そのちょっとした手間が重要なのだ。創造的非流暢性の作業は、たかだか数ページのメニューを見るというようなごく簡単なことかもしれないし、４０１（k）の支払額を比較したスプレッドシートを作成するというような面倒な作業になるかもしれないが、その労力の大小にかかわらず、その根底にある認知的活動は同じである。膨大な情報を受け取り、それを消化しやすくしてくれる手順を踏むことだ。

非流暢性を研究してきたニューヨーク大学のアダム・オルター教授は言う。「重要なのは、なんらかの作業をすることだと思われます。新しい単語を覚えさせるとき、それを使って文章を作れと命じると忘れにくいものです。それを使った文章を書かせると、会話でも使うようになります」。オルター教授は実験をおこなうとき、読みにくいフォントでプリントされた教材を用いる。みんなは字が読みにくいと、それだけ注意を集中して読むようになる。「文章が読みにくいと、それについてより深く考えるようになります。理解するために、余計な時間と労力を注ぎ込むのです」。ワインに関して一連の自問自答をおこなえば、あるいはさまざまな401(k)プランの利益を比較すれば、データはより分解しやすくなり、一連の選択に集約されていく。情報をわかりにくくすればするほど、私たちはより深く学ぶのである。

＊

1997年、チェース・マンハッタン銀行の取り立て部門を統括する経営陣は、クレジットカードの支払いについて顧客を説得するにあたって、フロリダ州タンパのある特定のグループが、他の同僚たちと比較して桁違いに成功率が高いことを発見し、その理由を検討し始めた。当時チェースは、アメリカで最もカード発行数の多い銀行のひとつだった。したがって集金代行、すなわち取り立てについても最大手のひとつだった。取り立てを担当する社員はアメリカ全土に数千人いて、その誰もが個人用の小さなオフィスで朝から晩まで顧客一人ひとりに電話をかけ、クレジットカードの未払い分について、客の説得に努めていた。

内部調査によって、取り立てを担当する社員たちが自分の仕事を好いていないことはわかっていた。経営陣も、彼らのやる気のなさに対して、見て見ぬ振りをするようになっていた。彼らの仕事を少しでも楽にするため、社は、債務者を説得するのに役立つようなツールを配付していた。たとえば各債務者に電話をかけるたびに、各顧客に合わせた説得法ができるように、担当社員の目の前のコンピュータが、債務者の年齢、これまでどれくらいの頻度で返済してきたか、クレジットカードを何枚もっているか、以前はどのような会話術が効果的だったか、といった情報を提供した。担当社員たちは定期的に研修を受け、どの説得法の成功率が高いかを示す図や表の書かれたメモを毎日配付された。

だがほとんどの社員が、与えられた情報をまったく見ていないことが判明した。研修の回数を増やしても、日々配付するメモを増やしても、回収率は少しも上がらないようだった。だからタンパのあるチームの成績が他を引き離したことに、経営陣はうれしい悲鳴を上げたのだった。

そのグループを統括していたのはシャーロット・フラッドという、いつも福音教会の宣教師みたいなロングスカートをはき、フーターズのチキンウィングに目がないという女性部長だった。彼女自身、取り立て担当社員として入社し、順調に出世して、ついには、4ヵ月から5ヵ月も返済を滞納しているような、いちばん手強い顧客を扱うグループの責任者になった。そこまで滞納した顧客はたいてい返済しないものだが、フラッドのグループは、ろくに電話にも出ないような顧客を相手にして、他のどのグループより100万ドルも多く集金していた。おまけにフラッドのグループは、仕事に対する満足度ではチェース全社でもトップクラスだった。しかも顧客の満足度に関する調査では、顧客は社員の態度をひじょうに高く評価していた。

チェースの経営陣は、フラッドが他の部長たちにもその戦術を伝授してくれることを期待して、タンパの近くのイニスブルック・リゾートで開かれたこの地域の支部会議にゲスト・スピーカーとして招いた。彼女のスピーチの演題は「モザイクス／ヴォイスリンク自動ダイヤル・システムを可視化する」というものだった。会場は満員だった。

ある管理職が質問した。「自動ダイヤル・システムをどのようにスケジュール管理しているんですか」

「注意深く管理しています」。彼女の説明によると、社員たちは午前9時15分から11時50分の間に顧客の自宅に電話する。その時間は、子どもの世話をしている妻たちを捕まえやすいからだ。女性のほうが小切手を送ってくる確率が高い。

「正午から1時半までの間に顧客の勤務先に電話します。いちばん顧客が捕まる時間なんです。ただし、『ああよかった。昼食にお出かけになる前にお話しできて』というふうに口火を切ります。『あなたはとても大事なお客様です。でも、あなたがとても忙しい人であることはよくわかっています』と聞こえるように。彼はその期待に応えようとして、支払いを約束してくれるでしょう。独身者には夕食時に電話します。ひとりぼっちでいる可能性が高く、誰かと話をしたがっているからです。払ったり払わなかったりする顧客には夕食後の時間に電話します。もうワインを一杯飲んでいて、くつろいでいるからです。そこで私たちは、返済するととても気分がいいですよ、と話しかけるわけです」

フラッドはそうした例をさらにいくつも挙げ、次のように助言した。電話を通して連続テレビドラマが聞こえてきたら、慰めるような口調で語りかける。債務者が子どものことを言い出したら、個人情報を話して聞かせる。債務者が宗教を持ち出したら、断固とした態度をとる、等々。

聞いていた管理職たちは、この提案をどう理解したらいいのかわからなかった。どのアドバイスも完璧に筋が通っているが、とても自分の部下たちがその戦術を使えるとは思えなかった。取り立てを担当している社員たちのほとんどは高卒だった。おまけに、彼らにとってはこれが最初の仕事だった。管理職は口を酸っぱくして、杓子定規な話し方をしないように注意していた。彼らは自分の部下たちが、電話からどんなテレビ番組が聞こえてくるか、とか、債務者が宗教の話をしているのかどうか、とか、チェックできるとは考えられなかった。債務者の記録を分析して、夫と妻のどちらに働きかけるべきかを判断できるような部下はひとりもいなかった。彼らは誰彼かまわず、電話を取った人と話した。チェースは毎朝、取り立て担当社員にメモを送り、情報がコンピュータの画面にあらわれるようにし、さかんに研修をおこなっていたが、管理職は、メモを読んだりコンピュータの画面を見たり、研修で習ったことを実践するものは皆無であることを知っていた。未払いなどという微妙なテーマについて電話で話すというだけで、全神経を磨り減らしていたのだ。ほとんどの社員は、電話をかけているあいだ、追加情報を利用できなかった。

だが、「どうしてあなたの部下たちは他の社員よりもはるかに効果的により多くの情報を利用できるのか」と質問されたとき、フラッドははっきり答えることができなかった。

どうして自分の部下は他の社員よりもはるかに多くの情報を処理できるのか、彼女には説明できなかったのだ。そこで会議の後、チェースはミッチェル・マディソン・グループというコンサルティング会社に依頼して、彼女の戦術を分析してもらった。

会社に戻ったフラッドに、トレイシー・エンテルというコンサルタントが質問した。「女性には朝電話したほうがいいことを、どうやって発見したんですか」

「カレンダーをご覧に入れましょう」とフラッドは答えた。コンサルタントたちは、戦術を説明するのにどうしてカレンダーが必要なのかわからなかったが、とりあえず「ぜひ見せて下さい」と答えた。彼らは手帳とか日誌のようなものを予想していたが、フラッドは分厚いバインダーを机の上にどんと置いた。さらに、似たようなバインダーを何冊も載せたカートを引っ張ってきた。

フラッドは「ちょっとお待ち下さい」と言って、ページを次々にめくり始めた。ページにはナンバーがふってあり、どのページにもたくさん書き込みがされていた。探していたページを見つけると、フラッドはこう言った。「ある日、若い人のほうが取り立てやすいのではないか、という仮説がひらめきました。クレジットカードの経歴をきれいにしておきたいからです」

フラッドの話では、そうした仮説を思いつくことは、彼女のチームでは日常的だった。

社員たちは昼食時や仕事の後に集まって、いろいろな仮説について腹蔵なく話し合った。ほとんどのアイディアは、少なくとも最初は下らないものだった。たとえば、かなり返済期限に遅れている無責任な若者も、ある日突然、クレジットカードの履歴を良くしなければと考え出す、とか。でもそれでいいのだった。狙いは良いアイディアを提案することではなかった。どんなものでもいいから、とにかくアイディアを出し、それを検証することが大事だった。

フラッドは自分のカレンダーを見た。「そして翌日、私たちは21歳から37歳の間の顧客に電話しました」。仕事が終わった後、部下たちは、どれだけの顧客に返済を約束させることができたかに関して、目立った変化はないと報告した。そこで翌朝、フラッドは条件をひとつ変えた。部下たちに、26歳から31歳の間の顧客に電話するようにと命じた。成績はわずかに向上した。翌日には、26歳から31歳の間で、未払いが3000ドルから6000ドルの顧客に電話した。成功率は下がった。翌日は5000ドルから8000ドルの顧客に電話したが、成功率はその週で最高だった。その日の夕方、みんなが退社する前に、管理職が集まってその日の結果を振り返り、どういう努力が成功し、どういう努力が実を結ばなかったのかについて議論した。通信記録をプリントアウトし、どの通話がいちばんうまくいったかをチェックした。これがフラッドのいう「カレンダー」だった。註釈と、社員のコメントと、どのような戦術が成功したのかについての覚え書きを書き込んだ紙だ。

さらに検証を続けた結果、フラッドは自分の仮説は役に立たないという結論に達した。だが、それ自体はべつに驚くべきことではなかった。ほとんどの仮説は、最初は役に立たないものだ。社員たちの予想はことごとく裏切られた。だが検証が進むにつれ、社員たちは、それまで気づかなかったパターンに対してどんどん敏感になっていった。以前よりも注意深く耳を澄ますようになった。彼らは、さまざまな質問に対して債務者がどのように答えるかを記録した。そして最後には重要な発見がなされた。たとえば、9時15分から11時50分の間に電話したほうがいい、なぜなら妻が電話を取る可能性が高く、女性のほうが家族の借金を払う可能性が高い。取り立て担当者たちはときどき本能的な直感を得る。それを言葉であらわすことはできないのだが、それでも、それまで気づかなかったことに気づくようになる。

すると今度は別の誰かが新しい理論あるいは実験を提案し、同じことが最初から繰り返される。「すべての通話を記録し、書き留め、隣のデスクで電話している同僚に何が起きたのかがわかると、それまで気づかなかったことに気づくようになるのです。いろんなことが見えてきます」とフラッドは著者に語った。

コンサルタントたちに言わせると、フラッドは変数を抽出・検証する科学的な方法を実践していた。コンサルタントのひとり、ニコ・カンターは報告書にこう書いている。「シャーロット・フラッドの同輩たちは一度にいくつもの変数を変えたが、シャーロットは一度に変数をひとつだけ変えた。そのせいで因果性を突き止めることができたのである」

だが同時に別の何かが進行していた。フラッドが変数を突き止めたというだけではない。むしろフラッドのチームは、仮説を思いつき、それを検証することを通じて、流れ去っていく情報に対する感性がどんどん鋭くなっていったのである。ある意味で、彼らは自分たちの仕事に非流暢性という要素を付け加え、毎回の電話から得られる「データ」に加工を施すことで、教訓をより見えやすくしたのだ。彼らが毎朝受け取るスプレッドシートやメモ、ディスプレイにあらわれるデータ、電話の背後に聞こえる雑音——それらを素材として、彼らは新しい仮説を立て、さまざまな実験をした。一回の電話には膨大なデータが含まれているが、取り立て担当者のほとんどはそれに気づかない。だがフラッドの部下たちは気づいた。それは彼らが仮説を立証あるいは否定するための糸口を探していたからだ。彼らは毎回の会話から得られるデータに取り組み、それを利用できるようなものに変えていたのである。

学習というのはそういうものだ。私たちはデータに埋もれているので、自分の知らないうちにデータを吸収している。フラッドは部下たちに、毎朝届く膨大なデータを、より理解しやすくなるようなフォルダーに分類する方法を教えた。彼女は部下たちに、毎朝受け取るメモと、自分の催促電話を使って、何かをする方法を伝授した。そしてその結果、部下たちの学習能力も上がったのである。

## データ室の発見

ナンシー・ジョンソンがシンシナティの教師になったのは、他の職業を何ひとつ思いつかなかったからだ。大学を卒業するのに7年かかり、卒業後、フライト・アテンダントになり、パイロットと結婚して腰を落ち着けることにした。1996年、常勤職に繋がると期待して、シンシナティの公立学校の代用教員になった。彼女は教室から教室へと移動しながら、国語から生物までありとあらゆる科目を教え、ついに4年生を受け持つ常勤教師職を得た。初めて出校した日、校長は彼女を見て、「ああ、きみがジョンソンさんか」と言った。彼は後にこう語った――応募者にはジョンソンという苗字が大勢いたので、どのジョンソンを採用したのかわからなかったのだ、と。

数年後、連邦政府の「どの子も置き去りにしない法」に対処するため、シンシナティ市は標準テストを導入して読解と算数の成績を追跡することにした。じきにジョンソンは情報の山に埋もれるはめになった。毎週彼女には、児童たちの出席、語彙習得、算数の成績、読み書き能力、そして「認知操作」なるもの、また、彼女の受け持ち学級の成績、彼女自身の教育能力、学校全体の成績に関するメモが送られてきた。データが膨大だったので、市はデータの可視化の専門家グループと契約し、毎週のメモをデザインし、それをインターネットのダッシュボードで発信していた。そのデザインはよくできていて、ジョンソンが受け取る図やグラフは見やすく、またウェブサイトには明快な要約やカラーのグラフが掲載されていた。

だが最初の数年間、ジョンソンはそれをほとんど見る暇がなかった。その情報をすべて使ってカリキュラムを組み立てることになっていたが、これは頭の痛い作業だった。ジョンソンは言う。「メモや統計が山のようにあって、それを教室運営に組み入れなくてはならないってことはわかっていたんですけど、なんだか高波に足をさらわれてしまったような感じでした。膨大な数字の海と、良い教師になるために必要なこととの間に大きなギャップがあるように感じていました」

彼女が受け持った4年生のほとんどは貧困家庭の子で、多くは父親か母親のどちらかしかいなかった。ジョンソンは優秀な教師だったが、彼女の児童の成績はかなり悪かった。2007年、すなわちシンシナティのEIが始まる前年、彼女の児童の成績は全米統一読解力テストで平均38点だった。

そして2008年にEIが始まった。改革の一環として、ジョンソンの勤める小学校の校長は全教員に、毎週少なくとも2日は、午後、新しく設置されたデータ室で過ごすようにと通達した。教師たちは会議用の大きなテーブルの前に座って、長時間、データ収集と表作成を強いられた。学期の初めに、ジョンソンと同僚たちは、EIの一環として、自分のクラスの全児童のインデックス・カードを作成するようにと命じられた。そして隔週水曜にはデータ室に行って、過去2週間のテストの成績をそのカードに書き写し、それを色分けしなければならなかった。平均未満はレッド、平均はイエロー、平均よりはグリーン。学期の半ばには、誰の成績が上がり、誰が下がったかによって、カードを分類するように命じられた。

じつに退屈な作業だった。いや、はっきりいって無意味な仕事に思われた。なぜならすべてのデータはすでに各児童のオンライン・ダッシュボードに載っていたのだから。しかもデータ室に集まる教師の多くは何十年も勤めているベテランだった。自分のクラスがどんなレベルなのかを知るのに、カードの山が必要だとは思えなかった。だが命令は命令なので、1週間おきにデータ室に行かねばならなかった。ジョンソンは言う。「要するに全教員が実際に自分の体を使ってカードをいじらなくてはいけなかったのです。誰もが嫌気がさしていました。少なくとも最初のうちは」

ある日、3年生を受け持つある教師が、あることを思いついた。どうせ時間をかけてテストの成績をカードに書き写すのだから、その児童がどんな問題を間違えたのかもカードに記録しておこう、と。彼は同じく3年生を受け持つ教師に、同じことを勧めた。そしてふたりはおたがいのカードをいっしょにして、どの問題を間違えたかによって分類した。やってみると、あるパターンが見えてきた。あるクラスの多数の児童は母音の使い方については成績が良く、分数では悪かった。別のクラスの多数の児童はその反対だった。ふたりがカリキュラムを交換すると、どちらのクラスの成績も上がった。

翌週、別の教師が、複数のクラスのカードを集めて、住んでいる地域で分類したらどうかと提案した。教師たちが同じ地域の児童たちに同じ読解のテストをやらせると、成績が大幅に上がった。児童たちは帰りのバスの中でいっしょに宿題をやったのだ。

ジョンソンは受け持ちクラスのカードをいくつかのグループに分けてみることにした。すると各児童の得手不得手が以前よりもよくわかってきた。彼女は週に何度もデータ室に行き、グループをさらに細分化していき、その小グループごとに違った教え方をしてみることにした。それまで彼女は自分の児童たちのことを熟知していると思い込んでいた。だが、グループを細分化することで、個々の児童のことがはるかによく理解できるようになった。「25人の児童に教員1名ですから、自然と児童たちを個人として見なくなるんです。つねに児童たちをひとつのクラスとして見ていたんですね。データ室のおかげで、一人ひとりの児童に焦点を合わせることができるようになりました。この子には何が必要なのか、と考えるようになりました」

学年の半ばになると、ジョンソンの同僚たちの一部は、どのクラスにも算数の苦手な児童が数人いることに気づいた。ごく少数だったので個々の教師は気づかなかったのだが、データ室ではパターンがより明確に見えた。かくして全校で「ホット・ペンシル・ドリル」が始まった。じきに児童たちは、8歳のダンテのように、毎朝、全速力で掛け算のドリルをやり、急いで教員室に走り、いちばん速かった児童の名前がスピーカーで発表される。3ヵ月後、この学校の算数の成績は9パーセント上がった。

EIが開始されて8ヵ月後、ジョンソンのクラスは共通テストを受けた。それまでジョンソンは毎日のようにデータ室を訪れた。彼女や同僚たちはカードを何十にも分類していた。さまざまな授業計画を試し、ロールペーパーを細長くちぎって、それに成績を記録し、壁に貼った。成績とメモが記された長い紙が、データ室の壁を埋め尽くした。

共通テストの成績は6週間後に出た。ジョンソンのクラスは平均72点で、前年のほぼ2倍だった。全校平均は2倍以上に上がった。2009年、ジョンソンは教育指導員になり、シンシナティの他の学校をまわり、データ室の使用法を教えた。２０１０年、彼女は「シンシナティ市ベスト・ティーチャー」賞を受賞した。

## エンジニアリング・デザイン・プロセス

シンシナティ市がＥＩを開始したとき、デリア・モリスは高校１年生だったので、サウスアボンデールのような地域で起きていた改革の恩恵を受けるには年がいきすぎていた。市当局はＥＩをしだいに拡大していったが、それも他の事情で、彼女には遅すぎた。デリアの父親は地元の食料品店のガードマンをしていたが、その年に解雇された。その後、彼は家主と大喧嘩した。しばらくした頃、デリアが家に帰ると、玄関の扉にオレンジ色のステッカーが貼ってあり、彼女と７人の家族の持ち物はすべて玄関ホールに置かれた黒いビニールのゴミ袋に詰められていた。一家はしばらく教会関係の人の世話になったが、その後、友人の家を数ヵ月ごとに転々とするはめになった。

デリアはいい子で、勉強も熱心だった。教師たちは、彼女は頭がいいのでシンシナティ市の貧困街を抜け出して大学に進めるだろうと言っていた。しかし現実は厳しい。毎年、数人の生徒は明るい将来を嘱望されたが、結局は貧困が彼らを元の場所に連れ戻してしまうのだった。デリアの教師たちは希望を捨てなかったが、現実もよく知っていた。たとえ才能のある生徒でも、より良い生活にはなかなか手が届かない。デリア自身もそれを知っていた。ほとんどホームレスであることを少しでも悟られたら、教師たちの自分を見る眼が変わってしまうだろう。だから彼女は家庭のことはいっさい口にしなかった。彼女は著者に語った。「学校にいるときがいちばん楽しかった。それを失いたくなかった」

デリアがウェスタンヒルズ高校の２年生になった２００９年、市は教育改革を高校にまで拡大した。だがデリアの上級生たちの間での結果ははかばかしくなかった。教師たちは、データ室設置のような改革は出発点であって解決ではない、と不平を洩らした。教師たちは口々にこう言った──上級生はもう頭が固まっているので、残された期間での改革は無理だ。子どもたちの生活を変えるには、より賢明な選択ができるよう指導することが喫緊の課題であり、実験などしている暇はない、と。生徒たちはさまざまな選択を迫られている。大学に進学するか、就職するか。中絶するか、結婚するか。家族全員が助けを必要としているとき、誰を助けるか。

そこでデリアのいた学区では、高校については重点を変えることにした。ＥＩと併行して、ウェスタンヒルズ高校やその他の高校に、地元の大学や自然科学基金と提携して工学（エンジニアリング）クラスが設置された。プログラム紹介文によれば、その目的は「生徒たちが日常生活において現実の問題に対処できるよう、彼らの工学技術を高めるための教育への複合的なアプローチ」だった。ウェスタンヒルズ高校の生徒たちの90パーセントが貧困ライン以下だった。教室の床のリノリウムは剝がれ、黒板は割れていた。生徒たちが必要としていたのは「工学技術を高める」ことなどではなかった。でもデリアは工学クラスに申し込んだ。担当教師デオン・エドワーズの紹介スピーチは、生徒たちみんなを取り巻いていた現実を反映していた。

彼は生徒たちに言った。「このクラスでは、どうすれば科学者と同じように考えられるかを学びます。両親や友だちのことは忘れ、周囲がみなさんに背負わせようとしている荷物を捨て、澄んだ眼で選択する術を学びます。もし朝食を食べられなかった人がいたら、教卓にエネルギー・バーを入れておきますから、自由に食べていいです。空腹を我慢する必要はありません」

エドワーズ先生のクラスの真の狙いは「エンジニアリング・デザイン・プロセス」と呼ばれる意思決定のシステムだった。生徒たちは自分の抱えるジレンマを特定し、データを収集し、解決策を議論し、さまざまなアプローチを検討し、実験を繰り返さなくてはならない。ある教授指導書にはこう書かれている。「エンジニアリング・デザイン・プロセスとは、技術者たちが、ある問題を解決しようとするときに辿る一連のステップのことであり、問題解決のための方法論的アプローチである」。エンジニアリング・デザイン・プロセスの前提となっている考え方はこうだ――多くの問題は、最初は解決不能のように見えるが、より小さな部分に分解し、さまざまな解決策を繰り返し検証することで、最後には最適な解決法が見つかる。生徒たちはまず自分たちが解決したいジレンマがいったい何かを特定し、いろいろ調べてみて、いくつかの解決策を考え、それを試してみて、結果を計測するという作業を、答えが見つかるまで繰り返す。この方法を使えば、多くの問題はより小さな部分に分解でき、頭のフォルダーに入れて持ち運びできるようになる。

生徒たちに与えられた最初の大きな課題は、電気自動車をデザインすることだった。何週間ものあいだ、生徒たちはいくつかのチームに分かれ、エンジニアリング・デザイン・プロセスの各ステップを詳しく定めたフローチャートに従った。教室には材料がほとんどなかったが、それは問題ではなかった。この課題の狙いは、その出所がどこであろうと、自分を取り巻く環境から情報を集めてきて、それを絞り込むことだ。生徒たちは車の販売店や工具店に出かけたり、リサイクル用ゴミ箱からアルミ缶を盗んできて、インターネットで得た知識を使って、バッテリーテスト用キットを作ったりした。デオン・エドワーズは著者にこう語った。「私の最初の仕事は生徒たちを少し落ち着かせることでした。あの子たちは毎日問題に直面しているんです。失踪した両親、暴力を振るうボーイフレンド、

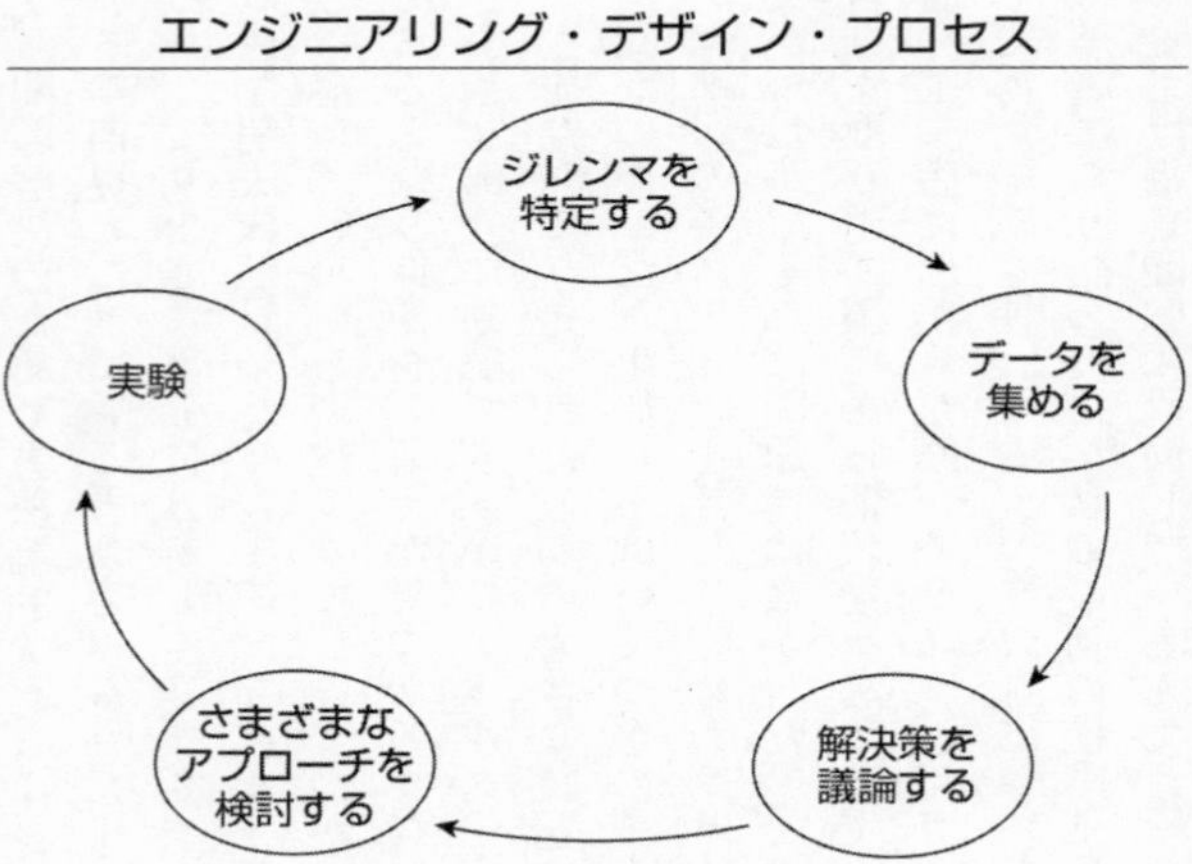


ドラッグをやっているクラスメイト。彼らは毎日即断を迫られているのです。選択のシステムを体得すればゆっくり時間をかけて考えることができるのだ、ということを私は教えたいのです」

学期の半ば、生徒たちが電気自動車のデザインを終え、次にゴミ選別機のデザインに取りかかった頃、デリアの21歳の姉が子どもを産んだ。子どもの父親は誰だかわからず、消耗しきったデリアの姉はデリアに、午後は子守をしてくれと懇願した。デリアはとても断れなかった。父親は言った——当然だ、家族なんだから。

ある日、エドワーズ先生のクラスで、デリアはバインダーからエンジニアリング・フローチャートを取り出し、デザイン・プロセスの過程に自分の個人的な問題をあてはめてみた。もし子守をするようになったら、どうなるか。エンジニアリング・デザインにおける最初の課題のひとつはデータを探すことだ。そこでデリアはまず自分の問題と密接に関連していることを列挙してみた。デリアは仲間たちに説明した――デリアのもうひとりの姉は数年前から放課後にアルバイトをしているが、家族はすぐに姉の給料に頼るようになり、姉はアルバイトを辞められなくなり、コミュニティ・カレッジに進む夢を保留しなければならなくなった。もし子守をするようになったら、デリアにも同様のことが起きるだろう。これが第一のデータ。

そこでデリアは、もし毎日子守をするようになったら自分のスケジュールがどうなるかを書いてみた。8時半から3時半まで学校、3時半から7時半まで子守、7時半から10時まで宿題。甥の世話をしていたら疲れてしまって、数学や試験勉強をする代わりにテレビを見てしまうだろう。きっとだんだん腹が立ってきて、週末も下らない過ごし方をするだろう。これが第二のデータ。

他の生徒たちが色の付いたビー玉と透明なビー玉を分別する方法について議論している間、デリアのグループは彼女のフローチャートを辿りながら、デリアの抱える問題をより小さな部分に分け、解決策について議論し、一人ひとりがデリアの家族を演じ、仮想の会話をしてみた。ようやく答えが見えてきた。子守は些細な犠牲のように見えるが、じつはそうではない。デリアは自分が辿ったステップを振り返りながら、父親宛ての手紙を書いた。子守はできない、と。

心理学者によれば、このような決定プロセスを学ぶことは、とくに若い人たちにとって重要だ、なぜなら彼らはこれによって自分の経験からより多くのことが学べ、選択肢をさまざまな視点から見られるようになるからだ。この一種の非流暢性のおかげで、自分の生活をより客観的に見られるようになり、感情や偏見を脇に退けておくことができる。感情や偏見があると、過去の経験に含まれている教訓が見えにくくなるのだ。『アナと雪の女王』のアニメーターたちが制作の行き詰まりを打開しようとしたとき、ディズニーのシステムは彼らに、自分自身の人生のなかに創作の源泉を見出すようにと仕向けた。だが自分の経験から掘り出せるのは創作の材料だけではない。私たちは過去からデータも得られる。私たちは、過去の経験に含まれている情報を無視しがちだし、選択をするたびに何千という試行錯誤をしてきたことを忘れがちである。自分の経験はあまりに身近なために、それをより小さな部分に分解する方法が見えにくい。

だがエンジニアリング・デザイン・プロセスのようなシステムでは、私たちは情報を探し、可能な解決策を議論し、さまざまな異なる洞察を探し、いくつものアイディアを検証する。そうしたシステムによって非流暢性が得られ、私たちは過去を新たな参照枠に入れることができる。私たちは「姉を助けるべきか、家族の願いを無視すべきか」というような二項対立でものを考えがちだが、エンジニアリング・デザイン・プロセスを応用することで、私たちは選択肢を新たな視点から見ることができるようになる。

1984年、そうした決断プロセスの力を示す重要な研究結果が公表された。ノースウェスタン大学の研究者たちが、一群の実験参加者に、どうしてビデオレコーダーを買う必要があるのか、自分の経験にもとづいて理由を述べてほしいと依頼した。参加者たちはさまざまな理由を挙げた。「楽しみが増えるから」「教育投資だ」「家族で過ごす時間が増える」など。次いで参加者たちは、ビデオレコーダーを買わない理由を列挙してくれと依頼された。参加者たちはかなり苦労して、買わない理由をなんとか思いついたが、多くの人は近いうちに買うつもりだと述べた。

次に研究者は別のグループの参加者に、ビデオレコーダーを買わない理由を挙げてほしいと頼んだ。彼らは苦もなく答えた。「ビデオを見るのに時間を取られて、家族で過ごす時間が削られる」とか、「映画を観ているとものを考えなくなるので、そうした誘惑を避けたい」とか。次いで、同じ人びとに、ビデオレコーダーを買う理由を挙げてほしいと依頼すると、彼らはなかなか理由が思いつかず、「自分はたぶん買わないだろう」と答えた。

この実験をおこなった研究者にとって興味深かったのは、どちらのグループも、決断するための枠をいったんはめられると、なかなか反対の視点に立てなくなるということだ。ふたつのグループは人口統計学的にほぼ同じだったので、ビデオレコーダーに対する関心は同程度のはずだし、それを買う、あるいは拒否する理由も同じだけ考えつくはずだ。ところがある枠組み（「教育投資だ」「家族と過ごす時間を奪われる」）に飛びつくと、選択を別の視点から見ることがきわめて難しくなる。見方の違いによって、ビデオレコーダーは学習の道具にもなりうるし、ただの時間の浪費にもなりうる。その後、何度も同様の実験が繰り返され、「どのように死を迎えるか」といった人の生き死にに関する問いから、「車を買うべきかどうか」といった高価な買い物に関する問いまで、さまざまな問いが投げかけられたが、つねに結果は同じだった。いったん枠がはめられると、そこから逃れるのは容易ではなかった。

だが新鮮な視点さえ見つけられれば、その枠を外すことができる。デリアは子守をめぐる問題にエドワーズ先生のフローチャートをあてはめることで、非流暢性を得ることができ、はじめのうち使うべきだと思っていた枠を壊すことができた。家に帰ってそのことを父親に説明すると、父親がもっていた枠組みにも変化が生じた。彼女は説明した――甥の世話をすることはできない、なぜなら火曜と木曜はエドワーズ先生の「工学クラブ」があるので6時まで学校にいなければならないし、このクラブは大学進学に必須なのだ。他の日は学校の図書館に残って宿題をやらなくてはならない。喧噪に満ちた家ではとても宿題を終えられない。デリアは自分の問題を、いま家族を助けるか、それとも学校でいい成績をとって、将来、もっと多くの人を助けるか、という問いに置き換えた。父親もそれで納得した。デリアは学校に残らなければならないのだから、別の子守を探そう、と。

コロンビア大学の認知心理学者エリック・ジョンソンは言う。「私たちの脳は単純な枠組みを探し、それに執着しようとします。それでティーンエイジャーはボーイフレンドと別れるべきか否かという問題を、『自分は誰かと付き合っていたいのか』それとも『大学に進学したいのか』という問いとしてではなく、『私は彼を愛しているのか否か』という問いとして捉えます。また、たとえば車を買うとき、『本当にこの車を買えるのか』ではなく、『自分はパワーウィンドウが欲しいのか、それともGPSが欲しいのか』という問いを設定するのです。私たちが人びとに選択の枠組みの変え方を教え、選択肢が以前とは違ったふうに見えてくるような一連のステップを教えると、彼らは頭の中で、問題により適切に対処できるようになります」

自分の経験を以前とは違ったふうに見られるようになるには、脳が安易な選択に飛びつくのを阻止するようなフローチャートや、一連の決まった問い、エンジニアリング・デザイン・プロセスのような、一定の形式にのっとった決断システムが必要なのである。ジョンソンは言う。「システムに従えば、それまで見えなかった問いが見えてくるようになり、考えていなかったような選択肢があらわれてくるのです」

＊

デリアがウェスタンヒルズ高校の４年生に進級する頃、彼女の家庭はますます混乱してきた。姉はあいかわらず家にいて、子育てをしていた。別の姉は学校を辞めてしまった。新しい場所に引っ越すと、かならず何かが起きる。誰かが失業したり、１DKのアパートに大勢の家族が同居しているからうるさいという苦情が近所から出たりして、また引っ越さなくてはならなかった。デリアが４年生のとき、長期間住めるアパートが見つかったが、そこには暖房がなく、電気代が払えないとしばしば電気を止められた。

その頃になると、教師たちはデリアの家庭状況がよくわかり、また、彼女がいかに勉強熱心であるかもわかっていた。成績はオールAだった。教師たちはできるだけの支援をしてくれた。洗濯が必要なときは、国語のトール先生が自分の家にデリアを招き、洗濯させてくれた。デリアが疲れ切っているように見えると、エドワーズ先生は彼女に「教室にいていいよ」と声をかけてくれ、彼女が机に突っ伏して爆睡している間、先生は試験の採点をしていた。教師たちは彼女の能力をよく知っていて、手を貸してやりさえすれば大学に進学できると考えていた。

とくにエドワーズ先生は一貫してデリアを助けた。彼はデリアを進学相談室に連れて行き、奨学金への応募を手伝った。大学に提出する願書を添削してやり、期限内に送れるよう腐心してくれた。デリアは友だちとうまくいかないとき、ボーイフレンドと喧嘩したとき、父親と口論したとき、時間が足りなくて宿題が終わらないとき、つまり人生に押しつぶされそうになるとかならずエドワーズ先生のフローチャートを取り出し、エンジニアリング・デザイン・プロセスを喫緊の問題にあてはめてみた。そうすると心が落ち着き、冷静に解決策を見出すことができるのだった。

4年生も終わりに近づくと、奨学金の団体から次々に手紙が届いた。ノードストローム奨学金は1万ドル、ロータリー奨学金、そしてシンシナティ大学のマイノリティ学生奨学金。手紙はその他にもたくさんきた。デリアは全部で17の奨学金に合格した。卒業式ではクラスの総代に選ばれ、いちばん将来を嘱望される生徒だった。卒業式の前夜、デリアはトール先生の家に泊まった。温かいシャワーを浴びて、卒業式の前に髪をカールさせることができるからだ。その秋、デリアはシンシナティ大学に進学した。

「大学は予想していたよりはるかに大変でした」とデリアは著者に語った。彼女は現在2年生で、情報工学を専攻している。彼女はしばしばクラスで唯一の女子、かつ唯一の黒人だった。大学はデリアのような「第一世代」の学生たちの支援に力を入れ、「第一世代」というプログラムを創設して、指導教授、助手、必修の個人面談、進路指導などを提供した。第一世代の学生たちは1年生の間同じ寮に住み、「門限を守る」「夜は静粛にする」「勉強は自習室でする」など、7ページにも及ぶ契約書に署名した。大学の狙いは、学生たちを生まれ育った環境から引き離し、新しい環境で自分を見られるようにすることだった。

「家庭は依然として波乱に満ちていました」とデリアは言う。だが途方に暮れたとき、デリアはエドワーズ先生のクラスを思い出した。どんな問題も、段階を追っていけばかならず解決策が見つかる。「何か壁にぶつかったら、それを小さな部分に分解すれば、うろたえずに対処できるんです」

「さんざんいろいろ経験しましたけど、頭を切り替えるシステムさえあれば、その経験から何かを学ぶことができます。私の身に起きることはすべて教訓になりうるんです、正しく考えさえすれば」

＊

学ぶことのうまい人、つまり自分を取り巻く情報を消化し、過去の経験から何かを発掘し、どんどん通り過ぎていく情報を活用することのできる人は、非流暢性の有効な使い方を知っているのだ。彼らは日々直面するさまざまなことを、ただ受け止めるのではなく、別のものに変える。彼らは知っている——最良の教訓とは、彼らに行動を起こさせ、情報操作を強いるような教訓だ。彼らはデータをできるかぎり実験に変える。エンジニアリング・デザイン・プロセスをするにせよ、アイディアを検証するにせよ、たんにある概念について友だちと徹底的に話し合うにせよ、情報をより非流暢的にすることで、逆説的に、私たちは情報をより理解しやすいものにする。

２０１４年に発表された論文で、プリンストン大学とＵＣＬＡの研究者たちは、大学の講義中に手書きでノートをとる学生と、ノートパソコンでノートをとる学生の差に着目して、学習と非流暢性の関係を研究した。手でノートをとるのは、キーボードを打つより大変で、効率も低い。長時間にわたって字を書いていると、指が痛くなってくる。書くのはタイプするよりも遅いから、そんなにたくさん記録できない。それに対してノートパソコンを使っている学生は実際に手を動かしている時間が少ないが、手書きの学生の約2倍のノートがとれる。いいかえると、手書きはタイプよりも非流暢的だ。より多くの労力を必要とし、記録できる量はより少ない。

ところが講義の内容を覚えているかどうかのテストをしたところ、手書きの学生の成績はノートパソコンの学生の約2倍だった。研究者たちはこの結果をにわかには信じられなかった。手書きの学生たちは講義の後でより時間をかけて復習したのではないか？　そこで再度試験してみることにしたが、今回は手書きの学生とノートパソコンの学生に同じ講義を受けさせ、講義のすぐ後でノートを取り上げ、復習できないようにした。1週間後にまた全員を集め、講義の内容に関する試験をおこなったが、今回も手書きの学生の成績がノートパソコンの学生よりも上回った。より面倒なノートの取り方をした学生、いいかえると、わざわざ非流暢的に情報を操作した学生のほうが、多くを学んでいたのである。

同じ教訓は私たちの生活にもあてはまる。新しい情報に出合い、そこから何かを学びたかったら、その情報を用いて何かをする必要があるのだ。浴室で体重を量ると自動的にスマホのアプリに記録される、というだけではだめなのだ。もし痩せたかったら、面倒でもそれをグラフ用紙に書き込めば、ランチにハンバーガーではなくサラダを食べるようになる。新しいアイディアを満載している本を読むときは、本を置いて、本で学んだアイディアをそばにいる人に説明すると、そのアイディアを実生活に生かせるようになるだろう。新しい情報を得たら、それを積極的に操作し、実験に使ったり、友人に説明したりするとよい。そのときあなたはすでに、学習の核である「頭の中のフォルダー」を作り始めている。

人生における選択はすべて実験である。決断のためのより良い枠組みを発見する機会は毎日訪れる。現代社会には情報が溢れ、情報を分析する費用はより安くなり、それを行動に移すのはより容易になっている。スマホ、ウェブサイト、デジタル・データベース、アプリなどのおかげで、どんな情報でも手に入る。だが、その意味を理解しないかぎり、情報は役に立たない。

＊

2013年、ダンテ・ウィリアムズはサウスアボンデール小学校を卒業した。小学校生活最後の日、ダンテは児童公園で開かれたパーティに出席した。それは6年前、地域の平和と安全のためのアメフトの試合中に、ティーンエイジャーが殺された場所だった。風船、空気で膨らましたお城、綿あめの機械があり、DJが場を盛り上げていた。サウスアボンデールは依然としてシンシナティの最貧困地域のひとつだった。学校の周りでは今もドラッグが取り引きされ、掘っ立て小屋が立ち並んでいた。だがその年、86パーセントの児童の成績が州全体の平均を上回った。前年は91パーセントが州平均を上回った。この地域に越境してきたいという子どもたちのウェイティング・リストが作られるほどだった。

もちろん新しいプログラムひとつで学校が変わるなどということはないし、クラスが良かったとか、いい先生に恵まれたというだけで、児童の成績が上がるわけでもない。ダンテもデリアも、サウスアボンデール小学校もウェスタンヒルズ高校も、さまざまな要因が組み合わさって変わったのだ。教育熱心な教師たちがいて、管理職の間にも進取の気性があった。校長たちにしっかりとした目的意識があり、親たちも改革を支援した。だが、そうした献身的努力と目的意識があっても、それをどこに向けたらいいかがわからないと、成功に結びつかない。データ室は情報を真の知識へと変えた。教師たちは児童を、それぞれ異なった欲求と能力をもった個人として見る術を身につけた。それがシンシナティの公立学校を変えたのである。

卒業式で、ダンテが仮設の演壇に上がると、家族が歓声を上げた。他の児童たちと同様に、ダンテの卒業証書にも空欄があった。校長は言った。「さあ最後の課題だ。これをやらないと、誰も小学校を卒業できないのですよ」。卒業証書に手を加えて、自分の卒業証書にしなくてはならないのだ。校長はダンテにペンを渡した。ダンテは空欄に自分の氏名を書き入れた。

# 付録 ――本書で述べたアイディアを実践するためのガイド

アトゥール・ガワンデに連絡をとってから数ヵ月後、私は本書のための資料収集を始めた。ガワンデとは、生産性の科学に対する興味を掻き立ててくれた医師・著述家である。それからほぼ2年間、私は大勢の専門家たちにインタビューし、山のような学術論文を読み、数々の事例を調べた。ある程度まですすんだ時点で、私は自分が生産性に関する専門家になったような気がした。だから実際に執筆に取りかかれば、これまでに得た知識を文字にするのはきっと簡単だろうと予測していた。滑るように筆がすすむにちがいない、と。

ところが実際には、そうはいかなかった。

何日間もデスクの前に座ったまま、最新の研究を読むためにネット上であちこちのウェブサイトを飛び回り、ノートをとっていった。学術論文を鞄に一杯詰めて飛行機に乗り、機上ではメールの返事を書き、本で書くべきことのリストを作成した。だが何よりも先にやるべき、いちばん大きな、最も重要な仕事を忘れていた。

目標はちゃんと見えていた。私が書きたかったのは、生産性に関するさまざまな発見をどうすれば自分自身の生活に適用できるかという内容の本だ。だがその目標はあまりに遠く、あまりに巨大だったので、私はもっと容易に達成できる小さな目標にばかり目を向けていた。数ヵ月経っても、できたのはいくつものアウトラインだけで、まだ1章も書きあがらなかった。

私はすっかり落ち込んで、編集者にこうメールを送った。「書けないような気がしてきた。どこがいけないのか、自分でもわからない」

編集者は、明白なことを指摘してくれた――専門家たちから教えてもらったことを、きみ自身の生活に応用してみたらどう？　つまり、本書に書かれているような原理にもとづいた生活をしてみたらどうか、というのだ。

## やる気

私が抱えていた最大の問題は、やる気だった。肝腎なときにやる気が萎《な》えてしまうのだ。

本書を執筆しているとき、私はまだ「ニューヨーク・タイムズ」紙の取材記者を続けていた。それに加えて、前の本の宣伝に出かけなくてはならなかったし、良き父、良き夫であろうとした。要するに、働きづめだったのだ。昼間はずっと「ニューヨーク・タイムズ」紙で働き、家に帰ると、集めた資料をパソコンに入力したり、原稿を書いたりし、かつ子どもを寝かしつける手伝いをしたり、皿洗いをしたり、メールの返事を書いたりしていた。その間に、やる気がすっかり萎えていた。とくにメールはちょっとした拷問だった。受信トレイにはつねに、同僚たちからの質問や、著者たちからの問い合わせや、インタビューする予定の研究者たちからの連絡や、返事に時間がかかるようなややこしいメールがどっさり詰まっていた。

私はすべてを放り出して、テレビが見たかった。

メールを書く気力をなんとか絞りだそうと、私は第1章で紹介した、チャールズ・クルーラック将軍が海兵隊の初年次教育を改革するときに用いた方法、すなわち新兵の内的コントロール意識を高めるという方法を思い出した。

**・退屈な仕事をひとつの選択に変えれば、より容易にやる気が出てくる。自分で自分をコントロールしているという感覚が快いからだ。**

たとえば、ある1日に50通のメールに返事を書かなければならなかったとする。そのためには夕食が終わったらすぐにパソコンに向かい、返事を書く作業に取りかからなくてはならない。ところが私ときたら、その作業を先送りするために、子どもたちにいつもより余計にお話を聞かせたり、居間を掃除したりする。あるいは返信ボタンを押したはいいが、何も書くことが思い浮かばないものだから、次々に返信ボタンだけ押して、何も書けないまま、また次のメールの返信ボタンを押し、いつのまにか、返事を書かなくてはならないメールで画面が一杯になってしまう。

クルーラック将軍は私にこう語った。「ほとんどの新兵に難しい課題を与えると、彼らはどこから始めたらいいかがわからずに途方に暮れる。ところが最初の一歩だけ教えると、自分で自分をコントロールしているという意識が生まれる。後は簡単さ」

クルーラックのアイディアを利用すれば、きっと私もやる気が出るだろう。私はそう考えて、ある日、子どもたちを寝かした後、パソコンの前に座って、返信ボタンを押して、思いつくままに一文だけ返事を書いてみた。たとえば同僚から、会議に出席してくれるかという問い合わせのメールが来ていた。なかなか返事を書けなかったのは、出席したくなかったからだ。その会議が退屈で、しかも長時間続くことがわかっていたからだ。かといって、断るわけにもいかない。そこでこんなふうに一文だけ書いてみた。

出席できる。でも20分だけしかいられない。

これと同じように、ほとんど頭を使わずに、20通ほどのメールに対して、まず一文だけの返事を書いた。それから、それぞれのメールに戻り、文章に肉付けしていった。

やあ、ジム、
もちろん出席できるよ。でも20分しかいられない、それでもいいよね?
チャールズ

私はそこでふたつのことに気づいた。ひとつは、最初に一文だけ返事を書くと、後を続けるのがずっと楽になるということ。もうひとつは、こちらのほうが重要なのだが、最初の一文を書いたことで、自分が自分をコントロールしているという意識が得られ、やる気がぐんと増すこと。20分しか会議に出られないとジムに返事したとき、出たくないときには出なくてもいいのだということを思い出した。ある集会でスピーチをしてくれないかという依頼に対しては、こんな返事を書いた。

火曜日にはそちらに行きますが、木曜の晩までにはニューヨークに戻らなくてはなりません。

出席するにせよ、しないにせよ、自分の意志で決めているのだという感覚が得られた。いいかえると、短い返事を書いていると、自分の意志で選択しているのだという感覚が得られた（心理学者ならこう言うだろう、私はその短い返事を用いて、「内的指令中枢」を強化しているのだ、と）。35分もかからずに、私は受信トレイのメールすべてに返事を書き終えた。

だが他の種類の引き延ばしについてはどうだろうか。長いメモを書くとか、同僚と厄介な問題について話し合うといった、もっと大きく複雑な問題に直面したときには、どうしたらいいだろう。自分で自分をコントロールしているという感覚が簡単には得られないときには、どうしたらいいだろう。そうした問題に対しては、同じ第1章の別の教訓を思い出した。

**・その選択を、自分のより深い価値観や目標の肯定として受け止めれば、やる気が出**

やすい。

だから海兵隊員たちはおたがいに「なぜ？」と尋ね合った。「なぜこの山を登っているのか」「なぜ娘の出産に立ち会えないのか」「もっと気楽な生き方があるのに、なぜ汚れた廊下を掃除していたり、腕立て伏せをしたり、戦場に駆けつけたりするのか」。その理由を無理に説明しようと知恵を絞ることで、一見すると取るに足らないような仕事が、じつは長い道のりの第一歩であること、そしてその道を選ぶことで、自分はより意味のある目標に近づいているのだということを、自分に思い出させることができるのだ。

たとえば、航空機に関する論文を読む作業に取りかかるとき、私は各論文の冒頭に「なぜこの論文を読まなくてはならないのか」と書きつけた。すると、バッグから論文を引っ張り出すたびに、読み始めるのが楽になった。読まなくてはならない理由をひとつふたつ書きつけるだけで、読む作業がぐんと楽になった。

自分は自分の意志でこれをやっているのだ、自分は意味ある目標に近づいているのだ、ということを（自分に）証明できるような選択をすることで、やる気が引き出される。私たちを駆り立てるのは、自己決定という意識だ。

Why read this paper?

- It will help me find the right character for Ch. I.
- It will help me finish the book.
- It will help me solve how productivity works.

Journal of Personality and Social Psychology
1998, Vol. 75, No. 1, 33–52



## Praise for Intelligence Can Undermine Children's Motivation and Performance

Claudia M. Mueller and Carol S. Dweck
Columbia University

Praise for ability is commonly considered to have beneficial effects on motivation. Contrary to this popular belief, six studies demonstrated that praise for intelligence had more negative consequences for students' achievement motivation than praise for effort. Fifth graders praised for intelligence were found to care more about performance goals relative to learning goals than children praised for effort. After failure, they also displayed less task persistence, less task enjoyment, more low-ability attributions, and worse task performance than children praised for effort. Finally, children praised for intelligence described it as a fixed trait more than children praised for hard work, who believed it to be subject to improvement. These findings have important implications for how achievement is best encouraged, as well as for more theoretical issues, such as the potential cost of performance goals and the socialization of contingent self-worth.

Praise for high ability is a common response to a job well done. Whether it is on the sports field or in the classroom

smart, the greater will be their enjoyment of and motivation for achievement

## なぜこの論文を読まなくてはならないのか？

・第１章の特徴をつかむのに役立つから

・この本を書き終えるのに役立つから

・生産性がどのような働きをするのか理解するのに役立つから

**やる気を引き出す方法**

・自分は自分の意志で行動しているのだと思えるような選択をすること。メールの返事を書くときは、自分の意見あるいは決断を表明するような最初の一文を書くこと。厄介な問題について話し合わなくてはならないときは、それをいつにするかを決める。やる気を引き出すには、何を選択するか、よりも、選択することそれ自体のほうが重要だ。

・その課題が、自分が大事にしていることといかに深く結びついているかを理解すること。どうしてこの下らない仕事をすることで、意味ある目標に近づけるのか、自分に対して説明すること。どうしてこれが大事なのか、それを自分に説明できれば、仕事を始めるのがずっと容易になる。

## 目標設定

だが、やる気を引き出すだけでは不十分だった。一冊の本を書くというのは大きな目標だ。あまりに大きくて、最初は全貌がつかめない。目標から外れないためにどうしたらいいかを考える際、ひじょうに役立ったのは、目標設定に関して調べたことだった。最も重要な発見は、2種類の目標が必要だということだ。

**・大きな野心に火をつけるようなストレッチゴールが必要である。**
**・同時に、具体的な計画を立てるのに役立つようなスマートゴールが必要である。**

専門家たちから聞いた話によれば、ふたつの目標を同時に立てる最も効果的な方法は、ある特殊なToDoリストを作ることだ。ただし、ストレッチゴールとスマートゴールを明確に区別できなくてはならない。そこで私はまずToDoリストを作成し、各項目の頭に、最終的に私が到達するかもしれない理想的な目標を書いてみた（それによって、短期的な、実現しやすい目標に目を奪われるのを避けることができる）。そしてその下に、サブの目標と、スマートゴールの各要素を書きつけた。そこから自動的に、ある具体的な計画が浮かび上がってくる。その計画を立てることで、結果的には目標がより到達しやすくなる。

たとえば本書執筆のための資料収集における私のストレッチゴールのひとつは、頭脳の働きをうまく例証しているような物語を見つけることだった。航空機操縦の専門家たちによれば、パイロットが危機に対処するとき、メンタルモデルがきわめて重要な役割を演じる。そこでその章のためのToDoリストの最初に、私はこう書きつけた。

**第3章のToDoリスト**

**ストレッチゴール**：メンタルモデルの例証になるような飛行機のエピソード（危うく回避された事故とか）を見つけること。

そしてこのストレッチゴールの下に、この野心的な目標に関連したスマートゴールを書きつけた。

**具体的**：飛行機操縦の専門家を探す↓グーグル・スカラーを使う。

**計測可能**：最適な人物とエピソードを見つけるまで、毎朝、4人の専門家に連絡する。

**達成可能**：そのためには午前9時から11時半まではスケジュールを空けておき、メールは見ない。

**現実的**：月曜日に1時間かけて飛行機操縦の専門家を探し、リストを作る。専門家たちをランク付けし、午前10時15分には毎日4人に電話をするという作業を開始する。

電話を切る前に、他の専門家を紹介してもらう。

**タイムライン**：毎日4人ずつ電話すれば、木曜までには最低16人に電話できる。木曜までに適当な人が見つからなかったら、計画を立て直す。もしドンピシャのエピソードが見つかったら、金曜日に編集者に梗概を送る。

これだけのストレッチゴールとスマートゴールを書き出すのに、ほんの数分しかかからなかったが、その週、仕事の効率がぐんと上がった。いまや私は大きな仕事に取り組むときはかならずこれと同じようなToDoリストを作成する。すると毎朝パソコンの前に座ったとき、何をすべきかがすぐにわかる。あれこれ判断する必要もなく、また何か他のことに気を取られる危険性もなく、仕事をどのように進めればいいかが明確にわかる。

しかも、つねに自分のストレッチゴールを覚えているので、脇道に逸れることもないし、いちいちリストを再確認する必要もない。科学者の言葉を借りれば、私は認知のトンネルに逃げ込みたいという欲求を殺したのだ。私が仕事を放り出さなかったのは、いいインタビューがとれたからでも、役に立つ論文が見つかったからでも、使えそうな面白いエピソードを見つけたからでもなく、自分はより大きな理由があってスマートゴールを追求しているのだということをつねに意識していたからだ。その大きな理由とは、完璧なエピソードを発見する、ひとつの章を書き上げる、そして1冊の本を書き上げることだ。実際、私は自分の大きな野心を忘れないように、一連のストレッチゴールを書き並べた。

**ストレッチゴール**：メンタルモデルを説明する
**ストレッチゴール**：AF447便のファイルを開き、事故がどうして起きたのかを説明する
**ストレッチゴール**：「認知のトンネル」を説明する
**ストレッチゴール**：飛行機事故が回避された例を見つける
**ストレッチゴール**：日常におけるメンタルモデルを説明している論文を探す

**目標を設定するには**
・ストレッチゴール、すなわちあなたの大きな野心を反映しているような目標を設定する。
・次いでそれをサブゴールに分割し、スマートゴールを発展させる。

## 焦点

だが現実にはあれこれ邪魔が入ったり、他のことをやらなくてはならなかったりする。そこで、計画を立てるだけでなく、焦点を見失わないようにする必要があった。私がつねに忘れないようにしていたのは、本書で紹介した、墜落事故を回避したカンタス32便の話だ。

**・主旨を見失わないためには、自分が何を見たいのかについて、繰り返し自分に物語を聞かせることで、メンタルモデルを構築することだ。**

ストレッチゴールとスマートゴールを見失わないために、私は毎朝机の前に座るとき、自分は何が起きることを期待しているのかを視覚化しようと努めた。そして毎日曜の夜にはかならず、明日は、そしてこれからの1週間はどんな1日、どんな1週間になるのかを、ペンで紙に書いた。たいていは確実に起こりそうなことを3つ4つ書いて、それから一連の問いに自分で答えた。

このように自分がこれから何をするのかについて書き留めるのに、ほんの数分しかかからない。だがこれをやり終えると、頭の中にひとつの物語ができあがる。午前中をどのように過ごすかに関するメンタルモデルだ。これがあると、たとえ邪魔が入っても、それを無視すべきかどうか、咄嗟《とっさ》に判断がつく。もし受信トレイに30通のメールがきていたら、私は11時半まで無視していいと判断する。私の頭の中にある物語がそうしろと命じるからだ。もし電話が鳴って、ディスプレイに私が接触しようとしている専門家の名前が表示されたら、もちろん電話をとる。この行為はメンタルモデルに織り込み済みだからだ。

ストレッチゴールがあり、スマートゴールがあり、さらにそれらの計画をどのように実現していくかという見取り図があれば、どんな選択に直面しても判断ははるかに容易になる。

**主旨を見失わないために**

・これから何が起きるかを思い描く。最初に何が起きるか。どんな邪魔が入る可能性があるか。いかにしてそれを阻止するか。何が起きてほしいかについての物語を自分に聞かせることで、計画が現実と衝突したときにどこに重きを置けばいいかという判断が、はるかに容易になる。

目標

メンタルモデルを例証するような旅客機の例を見つける

最初に何が起きるか

航空機操縦の専門家のリストを完成させる

↓

どんな邪魔が入りそうか

大量のメールに返事を書かなくてはならない

↓

その邪魔に対してどう対処するか

午前11時半までメールをチェックしない

↓

計画がうまくいったかどうかをどのように計測するのか

10人に電話して、4人の航空機操縦の専門家と話ができたら成功

↓

成功するにはどうすればいいのか

席から離れたくならないように、コーヒーを用意しておく

↓

次に何をするか

手がかりを探し、翌日用の電話番号リストを用意する

## 決断

私はストレッチゴールもスマートゴールもちゃんと設定し、焦点を見失わないためのメンタルモデルも構築し、やる気を引き出す方法も見つけたが、それでも頻繁に邪魔が入り、入念に築き上げた私のモデルをぶちこわそうとするのだった。妻が「いっしょにランチしない?」と言ってくるような些細な出来事もあったが、もっと大きな、たとえば編集者が面白そうな、だが予想もしていなかったような仕事をもちかけてくることもあった。予想外のことに直面したとき、どのように決断すればいいのか。おそらく、確率論的思考についての章の中に、有益なアイディアがある。

**・複数の未来を思い描き、どの未来が最も実現性が高いか、それはなぜかを考える。**

妻といっしょにランチを食べるかどうかといった単純な決断の場合は、計算は簡単だ。ひとつの未来は、1時間ランチして、リフレッシュして会社に帰ってくる。別の未来は、ランチは長引き、家庭のさまざまなこと、とくにベビーシッターの問題について妻と延々

## 起こりうる４つの未来

未来1
時間をかけて
台本を書いたが、
採用されなかった
未来2
時間をかけて
台本を書いたら、
大ヒットした
未来3
最少の時間で
台本を書いたが、
採用されなかった
未来4
最少の時間で
台本を書いたら、
大ヒットした

と話し合い、会社に戻ったときには頭が働かなくなって、仕事の予定が大幅に遅れる。

さまざまな未来の実現可能性について十分に考えれば、どの未来が実際に起きるかという問いに対して、より影響力を与えられるようになる。たとえば妻と会うレストランを選ぶときには、会社にすぐ戻れるように、会社の近くのレストランを提案した。ランチの最中に家庭の問題が話題に上がると、夜まで待ってくれるように妻に頼んだ。未来を予測することで、より賢い判断ができるようになる。

だがもっと大きな決断、たとえば面白そうな大きな仕事を引き受けるかどうかといった問題は、もっと分析が必要になる。たとえば本書を半分くらい書き上げたとき、

## 最も実現可能性が高いのは……

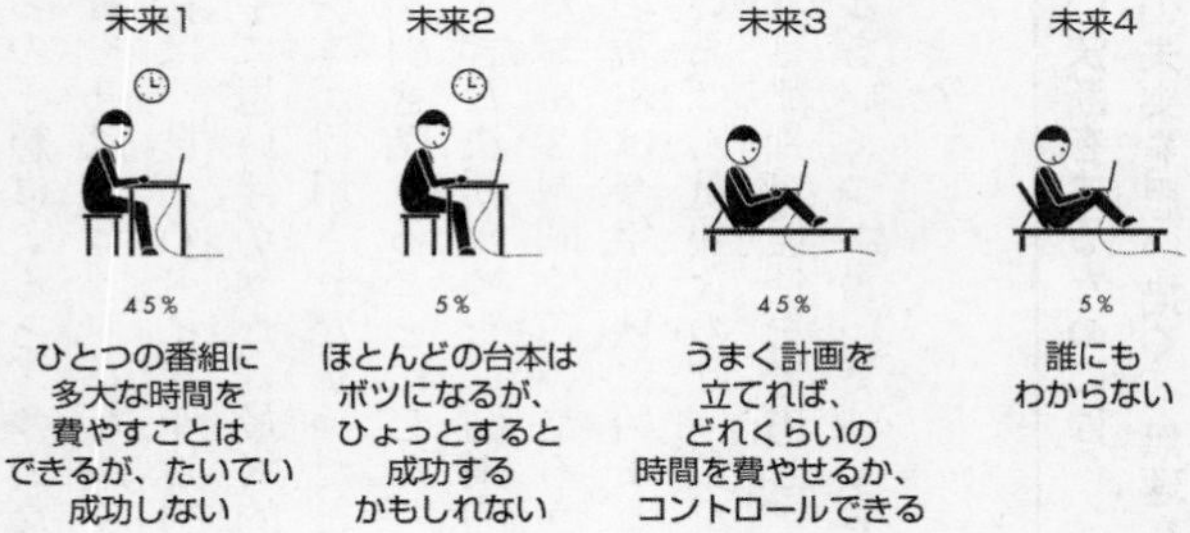

| 未来1 | 未来2 | 未来3 | 未来4 |
|---|---|---|---|
|  |  |  |  |
| 45% | 5% | 45% | 5% |
| ひとつの番組に多大な時間を費やすことはできるが、たいてい成功しない | ほとんどの台本はボツになるが、ひょっとすると成功するかもしれない | うまく計画を立てれば、どれくらいの時間を費やせるか、コントロールできる | 誰にもわからない |

あるプロダクションから「テレビのショーの台本を書かないか」という仕事がきた。その仕事を引き受けたら、本書のための資料収集が遅れるだろうが、長い目で見たら自分のためになるかもしれない。そこで私は、もしテレビ台本の仕事を引き受けたらどうなるか、いくつかの可能性を書き出してみた。

この4つのうち、実現可能性が最も高いのはどれか、まるで見当もつかなかった。他の何十という可能性も考慮に入れなくてはいけないということはわかっていたが、何も思いつかなかった。そこでテレビ業界にいる友人たちに電話した。彼らの話を聞いて、次の4つの未来の実現可能性を考えた。

プロたちの予想によると、多大な時間を費やしてもヒットする可能性は低い。だが適度な時間を費やせば、ヒットしなかったとしても、何か学ぶことがあるだろう。

そこで私は、自分のベイズ理論的直感を働かせたいと思い、2〜3日、さまざまな可能性を頭の中に思い浮かべた。最終的に、起こりうる未来はこの4つ以外にはないと結論した。もし台本が採用されなかったとしても、この仕事は面白いかもしれない。そこで私はその仕事を引き受けることにした。ただし、ごく一部だけを引き受けるという条件で。

それは大きな決断だった。結果的に、私がそのプロジェクトに関わったのはごく短期間だった。たぶん2週間くらいだろう。だがそこから得られたものは自分の予想を上回っていた。その番組は今年の秋に始まるが、私はその仕事に関わることで、多くを学んだ。

しかしいちばん重要なのは、私が慎重にこの決断をしたということだ。あらかじめ起こりうるさまざまな可能性を考慮し、実際に仕事に取りかかる前にストレッチゴールやスマートゴールをいくつか書いていたおかげで、その仕事への関わりを自分でコントロールすることができた。

## よりよい決断をするためには

・複数の未来を思い描く。無理してでもさまざまな可能性を想像することによって

（そのいくつかはたがいに矛盾しているかもしれない）、より賢い選択ができるようになる。
・さまざまな経験や視点や他の人びとの意見を集めることで、ベイズ理論的直感を研ぎ澄ますことができる。情報を集め、じっくりその情報を分析することで、選択はより明確になる。

## ビッグ・アイディア

最後に、私自身の日常生活において重要な意味をもついくつかのキー概念をざっと概観する。もっとやる気を出したい、もっと集中したい、もっとうまく目標を設定し、より良い決断をしたいと思った時点で、あなたはすでにより生産的になる道をかなり進んできている。もちろん本書には、他の人びとを扱うときや、より速く学びたいときや、より速く改革を進めたいときに役立つようなアイディアが他にも書かれている。そうした生産性の領域の一つひとつが、それなりの洞察を与えてくれる。

## チームワークをより効果的にするには

・誰がチームに加わるかではなく、どのようにチームを運営するかのほうが重要だ。全員がほとんど平等に話ができ、チーム全員が「私は他のメンバーがどう感じているかを気にしていますよ」と表明することができるときにはじめて、心理的な安心感が生まれる。

・もしあなたがチームのリーダーだとしたら、自分の選択がどのようなメッセージを発しているかを考えるべきだ。みんなが均等に話すことを推奨しているのか、それとも声の大きな人を優遇しているのか。誰かの発言を繰り返し、質問に答えることで、「私は聞いていますよ」ということを伝えているか。誰かが動揺していたり不満を抱いていたりするときに、すぐに反応することで、自分の感受性を証明しているか。他のメンバーたちが見習えるようなお手本を示しているか。

## まわりの人の生産性を高めるには

・柔軟で機敏なマネジメント技術によれば、社員たちは、自分にはより大きな決定権が与えられているのだと感じ、かつ、同僚たちは自分の成功を支援してくれていると信じることができたとき、より効率よく、より速く、働く。
・問題のいちばん近くにいる人に決定を委ねることによって、経営側は、各社員の専門知識を活用することができ、改革を促進することができる。
・自分で自分をコントロールしているという意識がやる気を引き出す。だがその意識が洞察や解決策を生み出すためには、自分の提案が無視されないことや、失敗しても罰が与えられないことを知っている必要がある。

改革を促進するためには
・しばしば創造性は、古いアイディアを新しい形で組み合わせることから生まれる。そのとき、「イノベーション・ブローカー」の存在が重要になる。自分自身がブローカーになり、組織内の流動性を高めることだ。
・自分の経験に対して敏感になること。自分はどうしてこんなふうに考えるのか、感じるのかに対して敏感になると、月並みなアイディアと真の洞察とのちがいが見えてくる。自分の感情的反応を詳しく分析することだ。
・創造プロセスで生じるストレスは、すべてが悪い方向に向かっているという兆候ではない。むしろ創造上の絶望的な状況は、驚くような結果を生むことがある。不安のせいで、古いアイディアに新しい光を当てられるようになることもある。

・最後に、創造的突破に伴う安堵感はたしかに快いが、他の可能性を見えなくすることもある。自分たちがすでに成し遂げたことを批判的に振り返り、別の視点から見て、まったく新しい人に新たな権限を与えることで、眼の曇りを防ぐことができる。

**データをより良く吸収するためには**

・新しい情報に出合ったら、無理にでもそれを使って何かをやってみることだ。自分が学んだことを説明するノートを作るとか、そのアイディアを検証する方法を考え出すとか、データを紙の上に図示してみるとか、友人にそのアイディアを説明してみるとか。私たちが人生においておこなうすべての選択は実験である。大事なのは、その決断の中に含まれているデータが何であるかを見極めることだ。それができれば、そこから何かを学ぶことができる。

これらすべてのうちで最も重要なのは、これらの教訓に共通している根本的な理念だ。それが、本書を構成している8つのアイディアを結びつけている。それは「生産性が上がるかどうかは、他の人びとがしばしば見落としている選択を見抜けるかどうかによる」という発想である。いいかえると、ある種の方法である種の決断をすることである。それは自分の人生をどのように見るかということでもある。自分にどんな物語を話して聞かせるか、どんな目標を詳しく述べられるか、チームの中にどんな雰囲気を生み出せるか。生活する中で、情報をどう処理し、選択をどう組み立てるか、ということである。生産的な人間や企業は、ほとんどの人が無視するような選択をあえてする。人びとがあえて常識とは異なったふうに考えるとき、生産性は上がる。

本書を執筆しているとき、私はある物語に出合った。私の大好きな話のひとつだ。それは現代の輸送用コンテナの生みの親であるマルコム・マクリーンにまつわる話だ。マクリーンは2001年に亡くなったが、たくさんのビデオテープや音声記録を残した。私は何ヵ月もマクリーンに関する文献を読みあさり、彼の家族やかつての同僚にインタビューした。彼らの話を総合すると、マクリーンはあるひとつのアイディアを追求し続けた。物資を大きな金属の箱に入れて輸送すれば、桟橋はもっと生産的になる、というアイディアだ。結局、そのアイディアは工場生産、輸送産業、そして世界全体の経済を変えることになった。誰もが、マクリーンがあれほど生産的だったのはあるひとつのアイディアに取り憑かれていたからだと証言した。

私は膨大な時間を費やしてマクリーンについて調べた。この本に使えるのではないかと思って、何度も彼の話を書いてみた。

だが結局、うまくいかなかった。彼が残した教訓、すなわちあるアイディアに全身全霊を捧げることが世界を変えるという教訓は、私が説明したかった別の考え方に比べると、それほど普遍的でも重要でもない。マクリーンの物語は興味深いが、決定的な意味に欠ける。彼にあてはまったことが誰にでもあてはまるわけではない。ただひとつのことを追求することが裏目に出たという実例はいくらでもある。マクリーンの信念は、本書で説明した8つの考え方と並べるほど重要ではない。

とはいえ、マクリーンについて調べるのに費やした時間は無駄ではなかった。彼の話を捨てることで、自分の言いたいことが何であるかが明確にわかってきたからだ。本書のメンタルモデルは、マクリーンについて学んだことと、どうしても相容れなかった。マクリーンの話についての私のスマートゴールは、普遍的に応用可能な教訓を述べるという私のストレッチゴールに合致しなかったのだ。いいかえると、マクリーンについて調べたおかげで、本書が何を言おうとしているのかがより明確になった。本書が語るのは、どういうときに生産性が上がるのかという話である。生産性は、すべての行動がそれなりの効果を生むという意味ではない。どんなことでも無駄にはならないという意味でもない。実際、ディズニー・プロダクションが学んだように、創造性を高めるためには、緊張感や危機感を高めなくてはならないこともある。間違った一歩が、成功へと至る最も重要な一歩だった、ということもありうる。

結局のところ、長い目で見てより賢く、より速く、より良くなるためには、他の人には見えないような選択を見抜くことである。誰でももっと創造的になれるし、もっと集中できるし、目標設定がうまくなれるし、賢明な判断ができるようになる。データの処理の仕方を変えるだけで、学校全体が変わることもある。チームの場合も、失敗からどう学んだらいいかを覚えれば、あるいは危機感をうまく利用する方法を覚えれば、また、無駄に費やしたかのように思われる時間を教訓に変えることができれば、それだけ目標に近づくことができる。問題のいちばん近くにいる人に大きな権限を与えることで、学校全体を改革することもできる。反抗の仕方を教えることで、施設にいる老人たちの生活を変えることもできる。

私たちの誰もがより生産的になれる。本書を読んだあなたなら、何から始めればいいか、もうおわかりのはずだ。

# 訳者あとがき

本書の原題は *Smarter Faster Better : The Secrets of Being Productive in Life and Business*（『より賢く、より速く、より良く――人生においてもビジネスにおいても生産的になるための秘訣』）。

著者のチャールズ・デュヒッグは、この本を書いていた頃は、「ニューヨーク・タイムズ」のライターだった。現在は「ニューヨーカー・マガジン」その他のライターをつとめている。2012年、最初の著書『習慣の力〔新版〕』（渡会圭子訳、ハヤカワ文庫）によって一躍有名になった。この本は大ベストセラーとなり、ニューヨーク・タイムズのベストセラー・リストになんと3年間も留まった。

２０１３年には、ニューヨーク・タイムズのリポーターのチーム・リーダーとして、ピューリッツァー賞（解説報道部門）を受賞している。本書を読んだ方は、この受賞にも納得がゆくだろう。彼はあるテーマに関して、幅広く膨大な文献を調べ、数多くの人にインタビューし、その成果をコンパクトにまとめ上げる。

その際、読者の興味を惹きそうな、内容にぴったりの具体例を出して説明してくれるので、とても取っつきやすい。

この本のテーマは「生産性」である。生産性というと、多くの人が、製造業においていかに生産量を増やすか、とか、企業経営をいかに効率化するか、といったことを思い浮かべるだろう。実際この本では「トヨタ生産方式」や、それをアメリカふうにアレンジした「リーン生産方式」もちゃんと扱われている。だが、この本の特徴は、生産性を、たとえば製造業において生産性向上に携わっている人々だけでなく、すべての個人にとって重要なものとして、捉えている点である。人生全体をひとつの「生産」と捉えている、といっても過言ではないだろう。もし人生全体が生産だとしたら、生産性を向上させるということは、人生をより良くするということになる。

人生の長さを、90年とか１００年といった物理的な時間で考えるのではなく、その中身、すなわちどれだけのことを成し遂げたかという基準で考えるとしたら、生産性が上がることは、それだけ寿命が延びたことを意味する。そう、生産性の向上は実質的な長寿化をもたらすのだ。本書の根底にあるのは、この主張だと思う。

著者は、生産性を上げる8つのアイディアを提案している。(1)やる気、(2)チームワーク、(3)集中力、(4)目標設定、(5)人を動かす、(6)決断力、(7)改革(イノベーション)、(8)データ活用。それぞれの中身はじつに具体的だ。おまけに巻末には実践ガイドが付いている。一人でも多くの人がこれらのアイディアを実践するようになったら、訳者としては望外の喜びである。

2024年1月

本書は、二〇一七年八月に講談社より刊行された単行本『あなたの生産性を上げる8つのアイディア』を改題・文庫化したものです。

本書の原注は https://www.hayakawa-online.co.jp/seisansei よりご覧いただけます。

訳者略歴　法政大学名誉教授　翻訳家　東京大学文学部卒　専攻は文学，精神分析思想，舞踊史　著書に『ニジンスキー　踊る神と呼ばれた男』『バレリーナの肖像』『フロイト以後』など　訳書にフロム『愛するということ』，キューブラー・ロス『死ぬ瞬間』，ドラーイスマ『なぜ年をとると時間の経つのが速くなるのか』他多数

HM=Hayakawa Mystery
SF=Science Fiction
JA=Japanese Author
NV=Novel
NF=Nonfiction
FT=Fantasy

# 生産性《せいさんせい》が高《たか》い人《ひと》の８つの原則《げんそく》

〈NF608〉

二〇二四年三月十日　印刷
二〇二四年三月十五日　発行
（定価はカバーに表示してあります）

著者　チャールズ・デュヒッグ
訳者　鈴《すず》木《き》晶《しょう》
発行者　早川浩
発行所　株式会社　早川書房
郵便番号　一〇一 - 〇〇四六
東京都千代田区神田多町二ノ二
電話　〇三 - 三二五二 - 三一一一
振替　〇〇一六〇 - 三 - 四七七九九
https://www.hayakawa-online.co.jp

乱丁・落丁本は小社制作部宛お送り下さい。
送料小社負担にてお取りかえいたします。

印刷・三松堂株式会社　製本・株式会社フォーネット社
Printed and bound in Japan
ISBN978-4-15-050608-7 C0198



本書は活字が大きく読みやすい〈トールサイズ〉です。